Martina Seuß / Robert Seuß
GeoMedia
GIS-Arbeitsbuch

Martina Seuß / Robert Seuß

GeoMedia

GIS-Arbeitsbuch

Herbert Wichmann Verlag · Heidelberg

Die Deutsche Bibliothek – CIP-Einheitsaufnahme

Seuß, Martina:
GeoMedia : GIS Arbeitsbuch / Martina Seuß ; Robert Seuß. –
Heidelberg : Wichmann, 2002
   ISBN 3-87907-289-2

Alle in diesem Buch enthaltenen Angaben, Daten, Ergebnisse usw. wurden von den Autoren nach bestem Wissen erstellt und von ihnen und dem Verlag mit größtmöglicher Sorgfalt überprüft. Dennoch sind inhaltliche Fehler nicht völlig auszuschließen. Daher erfolgen die Angaben usw. ohne jegliche Verpflichtung oder Garantie des Verlags oder der Autoren. Sie übernehmen deshalb keinerlei Verantwortung und Haftung für etwa vorhandene inhaltliche Unrichtigkeiten.

Diejenigen Bezeichnungen von im Buch genannten Erzeugnissen, die zugleich eingetragene Warenzeichen sind, wurden nicht besonders kenntlich gemacht. Es kann also aus dem Fehlen der Markierung ® nicht geschlossen werden, dass die Bezeichnung ein freier Warenname ist. Ebensowenig ist zu entnehmen, ob Patente oder Gebrauchsmusterschutz vorliegen.

Dieses Werk einschließlich aller seiner Teile ist urheberrechtlich geschützt. Jede Verwertung außerhalb der engen Grenzen des Urheberrechtsgesetzes ist ohne Zustimmung des Verlags unzulässig und strafbar. Das gilt insbesondere für Vervielfältigungen, Übersetzungen, Mikroverfilmungen und die Einspeicherung und Verarbeitung in elektronischen Systemen.

1. Auflage 2002
© Herbert Wichmann Verlag, Hüthig GmbH & Co.KG, Heidelberg
Druck: Laub GmbH & Co, Elztal-Dallau
Printed in Germany

ISBN: 3-87907-289-2

Vorwort

Dieses GeoMedia-Arbeitsbuch soll dem Einsteiger aber auch dem fortgeschrittenen Anwender neben der Software und der Online-Hilfe ein Nachschlagewerk an die Hand geben, das eine Einführung und Ergänzung bei der täglichen Arbeit liefert. Um das Geo-Informationssystem (GIS) GeoMedia in der aktuellen Version 4.0 optimal einsetzen zu können, sind umfassende Kenntnisse über die Arbeitsweise und die Terminologie die Voraussetzung. Deshalb beschreibt das Buch anhand einzelner Workflows, wie bestimmte Fragestellungen bearbeitet werden und erläutert aufbauend an weiteren Funktionen den Gesamtzusammenhang. Ergänzt wird die Beschreibung durch Ratschläge wie „Wichtig", „Hinweise" und „Tipp", die dem Anwender zusätzliche Hilfestellungen geben sollen. Jedes Kapitel wird mit einer Zusammenfassung abgeschlossen, in der nochmals die wichtigen Kernpunkte komprimiert zusammengestellt sind.

Der Aufbau dieses Buches orientiert sich an der klassischen GIS-Bearbeitung und beginnt nach einer Einführung in die GeoMedia-Welt mit der Datenerfassung und Datenintegration aus unterschiedlichen Quellen. Der zweite Teil befasst sich mit der Datenvisualisierung und Datenanalyse, anschließend wird die Datenausgabe erläutert. Wie GeoMedia durch eigene Programmierung erweitert wird und wie man die Benutzeroberfläche für eigene Zwecke anpasst, werden in den letzten beiden Kapiteln behandelt. Das GeoMedia-Arbeitsbuch legt ausdrücklich nicht den Hauptschwerpunkt auf das Customizing.

Ergänzt wird das Arbeitsbuch zum einen durch einen umfangreichen Anhang, der Dateiendungen mit dazugehörigen Programmen und verschiedene Links zu weiteren Informationen rund um die GeoMedia-Familie enthält. Zum anderen liegt diesem Buch eine CD bei, die neben einer zeitlich befristeten aktuellen Vollversion von GeoMedia 4.0 auch Demodatensätze zum Selbsttest enthält. Weitere Informationen zu der CD finden Sie im Anhang A.

Bedanken möchten wir uns bei allen, die uns bei der Erstellung dieses Buchs unterstützt haben. Insbesondere bei Herrn Dr. Matthias Alisch, Frau Angelika Ochmann und Herrn Jens Hartmann von der Firma Intergraph (Deutschland) GmbH und Herrn Gerold Olbrich vom Herbert Wichmann Verlag. Ebenso danken wir dem Katasteramt Darmstadt sowie den Firmen NavTech, Terra Map Server und Ingenieurbüro Wenninger, die wie Intergraph bereit waren, Testdaten zur Verfügung zu stellen und somit dem Leser die Möglichkeit eröffnen, direkt in die Welt von GeoMedia einzusteigen.

Harpertshausen, Frühjahr 2002   Martina und Robert Seuß

Integration – ganz praktisch gesehen

Dynamische Informations-Welten – in einem Geo-Tool vereint

Kommunikation ist wichtiger denn je. GeoMedia® schafft Verbindungen durch die Integration von Geodaten (Landkarten Satellitenbilder etc.) mit anderen Daten. Das Ergebnis: nützliche und verständliche Informationen, die unternehmensweit auf einfache Weise genutzt werden können.

GeoMedia erfüllt die anspruchsvollen Bedürfnisse der Geo-Kommunikation. Dadurch wurde GIS zum Bestandteil des IT-Mainstream. Inzwischen kann jeder auf Geoinformationen zugreifen und sie nutzen. Geoinformationen sind nicht mehr von anderen Daten des Unternehmens getrennt, sondern integraler Bestandteil der wertvollsten Ressource – des Wissens.

Nun lassen sich Liegenschaften durch die räumliche Analyse aktueller Daten höchst effizient verwalten. Servicefahrzeuge werden über Displays direkt mit Informationen zu den wechselnden Einsatzorten versorgt. Und der Bürger erhält Zugriff auf Daten zu Kanalarbeiten vor seiner Haustür. GeoMedia führt alles zusammen und macht Information (be)greifbar.

Weitere Informationen zu den Kartographie- und GIS-Lösungen von Intergraph finden Sie unter www.intergraph.de/geomedia und www.intergraph.com/gis

Mapping and GIS Solutions

Intergraph, das Intergraph-Logo und GeoMedia sind eingetragene Warenzeichen, das GeoMedia-Logo ist ein Warenzeichen der Intergraph Corporation. Andere Marken und Produktnamen sind Warenzeichen ihrer jeweiligen Eigentümer © 2001 Intergraph Corporation, Huntsville, AL 35485

Grußwort

Verehrte Leser,

ich begrüße Sie in der Welt modernster Geo-Informationstechnologie. Intergraphs GeoMedia ist zum Inbegriff für innovative und höchst anwenderfreundliche GIS-Technologie avanciert. Seit über 30 Jahren bürgt der Name Intergraph für Innovation und praxisgerechte IT-Lösungen. Nur wenige Unternehmen können im Haifischbecken der IT-Branche auf eine derart lange und erfolgreiche Tradition zurückblicken.

Bis Anfang der 1990er Jahre geprägt vom Image eines High-End-Hardwareherstellers (vgl. dazu http://www.intergraph.com/ingrhistory.htm), wandelte sich Intergraph ab 1995 zu einem der weltmarktführenden Komplettanbieter für Lösungen und Dienstleistungen, insbesondere im Segment Geo-Informationssysteme. Im Rahmen eines groß angelegten Entwicklungsprojektes namens „Jupiter Technology" wurden vor rund zehn Jahren zukünftige Anforderungsprofile der DV-Anwender in Industrie, Wirtschaft und Verwaltung erforscht. Darauf aufbauend und unter Beachtung von bestehenden und kommenden DV-Standards entwickelte Intergraph eine völlig neue Software-Architektur.

GeoMedia ist das Resultat dieser Anstrengungen und wurde zwischenzeitlich in sechsjähriger Fortentwicklung perfektioniert. Einige unserer Wettbewerber setzen seit kurzem ebenfalls auf diese – im GIS-Umfeld erstmals von GeoMedia genutzten – DV-technischen Fundamente. Dies ist geradezu eine Bestätigung für Intergraphs frühzeitig beschrittenen Weg – und für unsere Mitbewerber folgte sogleich die ernüchternde Erkenntnis: Der über viele Jahre errungene Vorsprung der GeoMedia-Produktfamilie, entstanden aus ungebremster Entwicklungsoptimierung gepaart mit konstruktiven Rückmeldungen der zigtausend Anwender, ist nur schwer aufzuholen.

Wir versprechen Ihnen: Sie werden als GeoMedia-Anwender nicht allein vom Umfang der Funktionalität und der an Microsoft Office orientierten intuitiven Bedienbarkeit angetan sein. Zudem gewährt Ihnen die Komponententechnologie von GeoMedia ein nahezu grenzenloses Spektrum zur individuellen Erweiterung dieses Geo-Informationssystems. GeoMedia dient mittlerweile knapp 100 angesehenen Fachlösungen weltweit als einfach zu handhabende Entwicklungsumgebung – eine Auszeichnung ganz besonderer Art.

Bereits kurz nach der Markteinführung von GeoMedia wurde 1997 das Team GeoMedia als Nutzer- und Entwicklergemeinschaft ins Leben gerufen. Das Team GeoMedia hat sich als Informations- und Entwicklungsforum bewährt. In den USA folgte 1998 die Publikation eines englischsprachigen GeoMedia-Anwenderhandbuchs. Nun ist mit dem vorliegenden deutschsprachigen GIS-Arbeitsbuch, verfasst von den intimen GeoMedia-Kennern Frau Dr. Martina Seuß (Ingenieurbüro Dr.-Ing. M. Seuß) und Herrn Dr. Robert Seuß (Geodätisches Institut der TU Darmstadt), eine wichtige Informationslücke geschlossen.

Wir wünschen Ihnen viel Freude an diesem Werk. Gehen Sie mit uns *In GeoMedias Res.*

Ismaning, im April 2002

Dr. Horst Harbauer
Geschäftsführer
Intergraph (Deutschland) GmbH

GISquadrat
Maßgeschneiderte Dienstleistungspakete für integrierte Geo-Informationssysteme.

Vom Consulting bis zum Datenmanagement - von intelligenter Software-Entwicklung bis zur Bereitstellung individueller GIS-Anwendungen im Intra- und Internet: GISquadrat hat für Sie die besten Köpfe unter einem Dach versammelt.

Know-how aus einer Hand: vom Technologie- und Marktführer.

Geodäten, Raumplaner, Kulturtechniker, Informatiker, Forstwirtschaftsingenieure, technische Mathematiker, Software- und Applikationsentwickler und Datenbankspezialisten: Sie alle garantieren die maßgeschneiderte Gesamtlösung für jedes Ihrer Projekte.

Komplexe Dienst-Leistung bis ins kleinste Detail.

Gemeinden, Verbände, Behörden, Ver- und Entsorgungsunternehmen, Land- und Forstwirtschaft, Transport- und Handelslogistik sowie die Telekom- und Medienbranche: Ihnen allen ist die Qualität unserer Erfahrung sicher.

**ÖFFNEN SIE IHREN ZIELEN DEN RICHTIGEN RAUM.
UNSER KNOW-HOW – IHR VORSPRUNG.**

Mehr unter www.gisquadrat.com

Inhaltsverzeichnis

1	**Einleitung**	1
2	**GeoWorkspaces**	5
2.1	Erstellen eines neuen GeoWorkspaces	6
2.2	Weitere Möglichkeiten im Umgang mit GeoWorkspaces	12
2.2.1	Öffnen von zuletzt bearbeiteten GeoWorkspace-Dateien	12
2.2.2	Anpassen der Pfade für die Dateiablage der GeoWorkspace-Dateien	12
2.2.3	Senden eines GeoWorkspaces per E-Mail	13
2.2.4	Schnelles Laden eines GeoWorkspaces	14
2.3	Zusammenfassung	15
3	**Warehouses**	17
3.1	ACCESS-Warehouses	18
3.2	Import von CAD-Daten	23
3.2.1	Definition einer Koordinatensystemdatei .csf	23
3.2.2	MicroStation DGN	26
3.2.3	Schnelle Darstellung einer MicroStation-Zeichnungsdatei	35
3.2.4	AutoCAD .dwg/.dxf	37
3.3	Import von ESRI-Daten	37
3.3.1	ArcView	37
3.3.2	ArcInfo	41
3.4	Verbinden mit einem MapInfo-Warehouse	43
3.5	Verbinden mit einem Oracle-Warehouse	44
3.6	Verbindung mit einem SQL-Server-Warehouse	45
3.7	Verbindung mit einem ODBC-Warehouse	46
3.8	Weitere Datenserver	47
3.9	Arbeiten mit Warehouse-Verbindungen	48
3.9.1	Verbindungen bearbeiten	48
3.9.2	Räumliche Filter	50
3.9.3	Übersichtsverbindungen	51
3.9.4	Import von Daten in ein Warehouse mit Schreibzugriff	53
3.9.5	Ausgabe an eine Objektklasse	56
3.9.6	Auffrischen mit Änderungen im Warehouse	58
3.9.7	Erstellen einer ACCESS Warehouse-Vorlage	59
3.10	Zusammenfassung	60
4	**Datenerfassung und Datenintegration**	61
4.1	Integration von Vektordaten	61
4.1.1	Erstellen einer neuen Objektklasse	65
4.1.2	Eine bestehende Objektklasse in eine neue Objektklasse des gleichen Warehouses kopieren	75
4.1.3	Eine Objektklasse durch eine externe Datenquelle anhängen	76
4.2	Integration von Rasterdaten	78
4.2.1	Einfügen, Visualisierung und Löschen von Rasterbildern	79

4.2.2	Bearbeiten von Rasterbildern	82
4.3	Zusammenfassung	83

5 Das Kartenfenster ... 85
- 5.1 Arbeiten mit Kartenfenstern ... 86
- 5.1.1 Änderung der Eigenschaften des Kartenfensters ... 89
- 5.1.2 Änderung der Darstellungseigenschaften ... 91
- 5.2 Die Legende ... 92
- 5.2.1 Legendeneigenschaften ... 93
- 5.2.2 Inhalt des Legendeneintrages ... 94
- 5.2.3 Änderung der Darstellungseigenschaften von Kartenobjekten ... 96
- 5.2.4 Hauptlegende ... 113
- 5.2.5 Anpassen und Benennen einer Legende ... 114
- 5.3 Weitere Kartenfensterfunktionen ... 115
- 5.3.1 Nordpfeil ... 115
- 5.3.2 Maßstabsleiste und Maßstabsanzeige ... 117
- 5.3.3 Präzisionskoordinaten ... 120
- 5.3.4 Messen im Kartenfenster ... 120
- 5.3.5 Kopieren eines Kartenfensters in die Zwischenablage ... 122
- 5.4 Zusammenfassung ... 122

6 Das Datenfenster ... 125
- 6.1 Arbeiten mit Datenfenstern ... 126
- 6.2 Kombiniertes Arbeiten mit Daten- und Kartenfenster ... 130
- 6.3 Zusammenfassung ... 132

7 Analysieren der Daten ... 133
- 7.1 Abfrage ... 133
- 7.1.1 Attributive Abfrage ... 133
- 7.1.2 Räumliche Abfrage ... 137
- 7.1.3 Kombinierte Abfrage ... 140
- 7.1.4 Datenserver-spezifische Abfrage ... 140
- 7.2 Beschriften von Objekten ... 143
- 7.3 Thematische Karte ... 145
- 7.4 Pufferzone ... 149
- 7.5 Join ... 153
- 7.6 Räumliche Schnittflächen und Differenz ... 156
- 7.6.1 Räumlich Schnittfläche ... 156
- 7.6.2 Räumliche Differenz ... 158
- 7.7 Koordinaten und Adressen identifizieren ... 159
- 7.8 Geometrie analysieren ... 161
- 7.9 Manipulieren von Abfragen ... 164
- 7.9.1 Abfragen darstellen ... 165
- 7.9.2 Abfrage bearbeiten ... 166
- 7.9.3 Abfrage löschen ... 167
- 7.10 Zusammenfassung ... 167

8	**Layout und Drucken**	169
8.1	Layoutfenster	169
8.1.1	Grundkenntnisse für den Umgang mit Layoutfenstern	169
8.1.2	Erzeugen eines neuen Plotlayouts	171
8.1.3	Verwalten der Layoutblätter	176
8.1.4	Erzeugen eines Plotlayouts über eine Vorlage	177
8.1.5	Exportieren eines Plotlayouts	180
8.1.6	Optionen des Layoutfensters	180
8.2	Drucken	182
8.2.1	Kartenfenster drucken	183
8.2.2	Datenfenster drucken	185
8.2.3	Druckausgabe in eine Datei	187
8.2.4	Layoutfenster drucken	187
8.3	Zusammenfassung	190
9	**Customizing und Programmierung**	193
9.1	Anpassen der Benutzeroberfläche	193
9.1.1	Symbolleisten	193
9.1.2	Menüs	195
9.1.3	Tastatur	199
9.2	Programmierung	200
9.2.1	Vorbereitung der Programmierung	203
9.2.2	Einbinden eines Befehls mit dem GeoMedia-Befehlsassistenten	204
9.2.3	Integration eines Befehls in GeoMedia	210
9.3	Zusammenfassung	211
10	**Ausblick auf die weiteren Softwareprodukte der GeoMedia-Produktfamilie (Stand: März 2002)**	213
11	**Intergraph-Hochschulprogramm**	217
12	**Literatur**	219

Anhang A: Beschreibung der beiliegenden CD 221

Anhang B: Funktionalitätsvergleich GeoMedia 4.0 / CADdy++ GeoMedia / GeoMedia Professional 4.0 227

Anhang C: Neue Funktionen in GeoMedia 5.0 (Stand: März 2002) 231

Anhang D: Verzeichnis der Dateiendungen und ihrer dazugehörigen Programme 235

Anhang E: Links für weitere Informationen zu GeoMedia 237

Anhang F: Links zu GeoMedia WebMap Beispielen 239

Anhang G: Hinweise zum Erstellen von .ini-Dateien 241

Sachwörterverzeichnis 242

1 Einleitung

Die Firma Intergraph mit Firmensitz in Huntsville/Alabama (USA) gilt als einer der Pioniere bei der Entwicklung und Anwendung von CAD- und Geo-Informationssystemen. Dabei zeichnen sich die Produkte durch hohe Innovation und langfristige Investitionssicherheit aus. Mit GeoMedia wird seit Mitte der 90er eine Produktfamilie geschaffen, die vollständig in Microsoft Windows als Betriebssystem integriert ist und neue Möglichkeiten bei der Speicherung und Analyse von Geodaten eröffnet.

Zu dieser Familie zählen neben der Desktop-Lösung GeoMedia noch die Produkte GeoMedia Professional (GeoMedia Pro) sowie GeoMedia WebMap und GeoMedia WebMap Professional (GeoMedia WebMap Pro). Während sich GeoMedia an den Nutzer richtet, der Daten analysieren und auswerten möchte, verfügt GeoMedia Pro darüber hinaus über umfangreiche Funktionalität zur Datenerfassung und Datenprüfung. GeoMedia WebMap stellt die Funktionalität zur Publikation der Daten ins World Wide Web (WWW) zur Verfügung und GeoMedia WebMap Professional ergänzt diese Fähigkeiten noch um zusätzliche Analysedarstellungen und vorkonfigurierte Webapplikationen (WebGIS).

GeoMedia löst die bisherige GIS-Plattform MGE ab und wurde als nächste Generation von GI-Systemen von Grunde auf neu konzipiert. Kennzeichnend für diese neue Generation von GIS sind unter anderem:

- Vollständige Integration in das Betriebssystem Windows auf Basis von OLE/COM und mit der GeoMedia-Version 5.0 auch Unterstützung der DOT.Net-Technologie von Microsoft.
- Keine neue Definition eines proprietären Datenformates, sondern die Verwendung von Standarddatenbanken, wie z. B. ACCESS, SQL Server oder Oracle, und direkte Datenverarbeitung „on-the-fly".
- Durchgängigkeit der Softwarekomponenten, d. h. das einmal entwickelte Softwarekomponenten in der gesamten Produktlinie verwendet werden.
- Fähigkeit, verschiedene Datenformate anderer Anbieter lesen bzw. lesen/ausgeben zu können (Stichwort: Datenserver).

GeoMedia ist in seiner Version 1.0 seit Juli 1997 in deutscher Sprache auf dem Markt. Die aktuelle Version ist V4.0, und es soll nach den Produktplänen der Firma Intergraph jährlich ein neues Release erscheinen. Die Version 5.0 erscheint im Sommer 2002.

Für den Einsatz von GeoMedia sind folgende Systemvoraussetzungen notwendig (gilt für Version 4.0):

Prozessor:	Pentium II oder vergleichbarer Mikroprozessor
Arbeitsspeicher:	64 MB
Freier Festplattenspeicher:	181 MB für die Standardinstallation inkl. Demodaten
Betriebssystem:	Windows NT 4.0 Service Pack 6a, Windows 98, Windows 2000, Windows ME

Auf der beigefügten Beispiel-CD befindet sich eine Vollversion GeoMedia 4.0. Weitere Information zur Installation dieser Version sowie zur Registrierung finden Sie im **Anhang A**.

Arbeiten mit GeoMedia

Grundsätzlich umfasst jede Arbeitssitzung in GeoMedia folgende Arbeitsschritte:
Beim Starten von GeoMedia ist zunächst ein bestehender GeoWorkspace zu öffnen oder ein neuer anzulegen.
Befindet man sich in einem GeoWorkspace, muss die Verbindung zu den Daten hergestellt werden, die anschließend in einem Kartenfenster darzustellen sind.
Nach dem Öffnen eines Datenfensters und der Bearbeitung der Daten (Definition und Durchführung von Abfragen, Darstellung der Ergebnisse) kann eine thematische Darstellung erstellt werden (Wahl einer geeigneten grafischen Ausgestaltung durch Veränderung der Darstellung des Kartenfensterinhaltes und Hinzufügen einer Beschriftung). Abschließend wird die Karte gedruckt, und alle projektbezogenen Einstellungen und Verbindungen können in einem neuen GeoWorkspace gespeichert werden, so dass diese zur Wiederverwendung in einer späteren Arbeitssitzung zu Verfügung stehen. Alle diese Bearbeitungsschritte werden Ihnen in den folgenden Kapiteln ausführlich erläutert, so dass Sie mit der Arbeitsweise und den Funktionen von GeoMedia Stück für Stück vertraut werden.

Für den deutschen Markt gibt es noch ein zusätzliches Produkt unter dem Namen CADdy^{++} GeoMedia. Dabei handelt es sich von der Funktionalität um eine Zwischenstufe zwischen GeoMedia und GeoMedia Pro. Die genauen Unterschiede in der Funktionalität sind in **Anhang B** zusammengestellt. Weitere Informationen zu CADdy^{++} GeoMedia und den darauf aufsetzenden Fachschalen finden Sie unter http://www.caddy.de.

Steuerungselemente

Dialogfenster enthalten folgende Steuerungselemente:

[OK] [Abbrechen]	• **Schaltflächen** sind Flächen, auf die der Anwender klickt, um eine bestimmte Aktion auszulösen. Um beispielsweise eine Datei zu öffnen oder zu speichern und das Dialogfenster zu schließen, muss man auf eine Schaltfläche klicken, meist die mit der Bezeichnung "OK". Ist eine Schaltfläche in einem Dialogfenster fett umrandet, so handelt es sich um die **Standardschaltfläche**. Das Drücken der **Eingabe**-Taste auf der Tastatur hat dann die gleiche Wirkung wie das Klicken mit der Maus auf diese Schaltfläche. Im Dialogfeld "Zeichnungsdatei öffnen" beispielsweise ist die Schaltfläche "OK" die Standardschaltfläche. Wenn man hier also die **Eingabe**-Taste drückt, kann man die gewählte Datei genauso öffnen wie mit einem Klick auf "OK".
[☑ QuickInfo anzeigen]	• **Kontrollkästchen** (Check-Box) sind Flächen, auf die man klickt, um eine Einstellung zu aktivieren oder zu deaktivieren. Ist die Einstellung aktiviert, so weist das Kontrollkästchen ein "✓" auf.

1 Einleitung 3

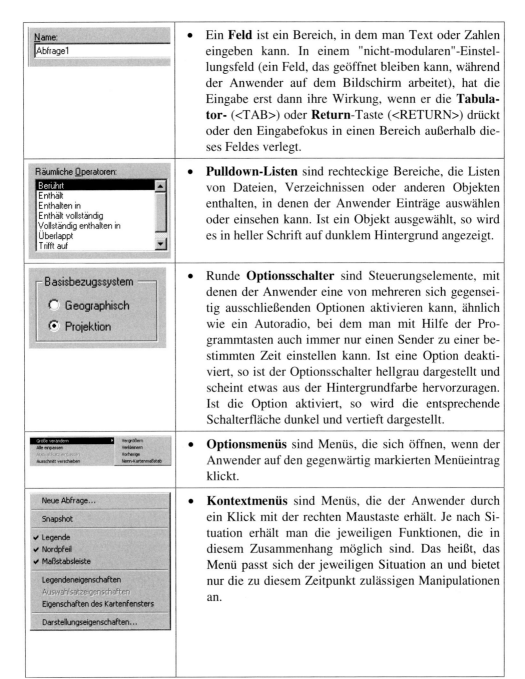

- Ein **Feld** ist ein Bereich, in dem man Text oder Zahlen eingeben kann. In einem "nicht-modularen"-Einstellungsfeld (ein Feld, das geöffnet bleiben kann, während der Anwender auf dem Bildschirm arbeitet), hat die Eingabe erst dann ihre Wirkung, wenn er die **Tabulator-** (<TAB>) oder **Return**-Taste (<RETURN>) drückt oder den Eingabefokus in einen Bereich außerhalb dieses Feldes verlegt.

- **Pulldown-Listen** sind rechteckige Bereiche, die Listen von Dateien, Verzeichnissen oder anderen Objekten enthalten, in denen der Anwender Einträge auswählen oder einsehen kann. Ist ein Objekt ausgewählt, so wird es in heller Schrift auf dunklem Hintergrund angezeigt.

- Runde **Optionsschalter** sind Steuerungselemente, mit denen der Anwender eine von mehreren sich gegenseitig ausschließenden Optionen aktivieren kann, ähnlich wie ein Autoradio, bei dem man mit Hilfe der Programmtasten auch immer nur einen Sender zu einer bestimmten Zeit einstellen kann. Ist eine Option deaktiviert, so ist der Optionsschalter hellgrau dargestellt und scheint etwas aus der Hintergrundfarbe hervorzuragen. Ist die Option aktiviert, so wird die entsprechende Schalterfläche dunkel und vertieft dargestellt.

- **Optionsmenüs** sind Menüs, die sich öffnen, wenn der Anwender auf den gegenwärtig markierten Menüeintrag klickt.

- **Kontextmenüs** sind Menüs, die der Anwender durch ein Klick mit der rechten Maustaste erhält. Je nach Situation erhält man die jeweiligen Funktionen, die in diesem Zusammenhang möglich sind. Das heißt, das Menü passt sich der jeweiligen Situation an und bietet nur die zu diesem Zeitpunkt zulässigen Manipulationen an.

- **PickQuick** dient zur Auswahl von übereinander oder nahe beieinanderliegenden Objekten. Steht der Mauszeiger über mehreren Objekten im Kartenfenster, so erscheint ein Unendlichzeichen. Klickt man jetzt mit der linken Maustaste, erscheint der PickQuick und man kann über die Zahlenfelder zwischen den einzelnen, übereinanderliegenden Objekten wählen. Das jeweilig aktive Objekt wird dabei im Kartenfenster farblich herausgehoben.

- Der **PinPoint** ermöglicht präzises Zeichnen von Elementen durch die Anzeige von Koordinatendaten am Mauszeiger. Die angezeigten Koordinaten beziehen sich auf eine vorher eingestellte Zielposition, die man jederzeit neu einstellen kann. Mit Hilfe von **PinPoint** lassen sich Elemente an spezifische Positionen auf dem Layoutblatt zeichnen, die Elemente mit definierten Abständen zueinander einzeichnen usw. **PinPoint** ist mit sämtlichen Zeichnungsbefehlen verwendbar.

Typografische Konventionen im Buch

TIMES NEW ROMAN	Tastenbezeichnungen Tasten, zwischen denen ein Komma steht (z. B. **ALT, F5**), sind nacheinander zu drücken. Tasten, zwischen denen ein Pluszeichen steht (z. B. **STRG + Z**), sind gleichzeitig zu drücken.
Times New Roman	Bezeichnen Elemente der Benutzeroberfläche, beispielsweise den Titel eines Dialogfensters, oder eines Befehls. Menüoptionen in Befehlsfolgen werden durch eine spitze Klammer (>) voneinander getrennt. Beispiel: Wählen Sie **Datei > Öffnen**, um eine neue Datei zu laden.
`Courier New`	Befehle, die Sie entweder direkt auf der Kommando-Ebene eingeben oder mittels eines Editors in einer Hilfsdatei eintragen. Beispiel: Tippen Sie `cd GeoMedia`, um in das Verzeichnis „GeoMedia" zu wechseln.
Times New Roman	Informationen (z. B. Name einer neu anzulegenden Datei, Beschreibung, Name einer Warehouse-Verbindung etc.), die Sie in einem Eingabefeld eines Dialogfensters eingeben oder Einträge, die Sie aus einer Pulldown-Liste auswählen.
Times New Roman <Bezeichnung>	Dateinamen, Bezeichnungen von Verzeichnissen bzw. neue Begriffe und Fachausdrücke, die zum ersten Mal genannte werden. In Befehlen müssen Sie die in spitzen Klammern enthaltenen Bezeichnungen durch die entsprechenden Angaben aus Ihrem konkreten Anwendungsfall ersetzen. Handelt es sich um den Namen eines Dialogfensters, nimmt das System die Eintragung in Abhängigkeit Ihrer vorangegangenen Auswahl automatisch vor.

2 GeoWorkspaces

Der GeoWorkspace bildet in GeoMedia den Kern einer Arbeitssitzung, vergleichbar den Projektdateien anderer Softwareprodukte. In ihm werden alle grundlegenden Einstellungen zur Visualisierung von Objekten sowie zur Gestaltung der Arbeitsumgebung getroffen. Hierzu zählen die Verbindungen mit den entsprechenden Datenquellen, das Ansichtskoordinatensystem, die Gestaltung der Legende, die grafische Ausprägung von Objekten, die definierten Abfragen, die Anordnung von Symbolleisten und Menüs sowie die Anordnung der Fenster beim Verlassen des Programms. Es werden in einem GeoWorkspace also keine Geodaten abgelegt, sondern es wird festgehalten, in welcher Kombination welche Daten in welcher Ausprägung visualisiert werden. Die Daten selbst liegen in den sogenannten Warehouses (s. Kapitel 3) vor.

Innerhalb eines GeoWorkspaces arbeitet der Anwender dann mit Karten-, Daten- bzw. Layoutfenstern, um die Daten anzuzeigen.

Kartenfenster
Ein Kartenfenster dient der Darstellung grafischer Objekte. Als zentrales Steuerelement liefert die Legende die Funktionalität zur Manipulation der Grafik.

Datenfenster
Ein Datenfenster ist eine tabellarische Ansicht der nichtgrafischen Attribute von Objekten.

Layoutfenster
Im Layoutfenster werden die Daten für eine spätere Karten- oder Druckausgabe grafisch ausgestaltet. Das Layoutfenster ist in GeoMedia das zentrale interaktive Element zur Steuerung der Präsentation der Kartenfenster.

GeoWorkspaces sind in Dateien mit der Endung .gws gespeichert. Um grundlegende Arbeitseinstellungen nur einmal treffen zu müssen, können GeoWorkspaces aber auch als Formatvorlagen definiert werden, die dann für alle weiteren Arbeiten, z. B. im Rahmen einer Projektbearbeitung, als Templates (Vorlagen) zur Verfügung stehen. Templates erhalten die Dateierweiterung .gwt.

Wichtig: *GeoWorkspace-Dateien* haben die Dateiendung *.gws* und *GeoWorkspace-Vorlagen* enden auf *.gwt*.

Jede Arbeitssitzung in GeoMedia beginnt mit dem Öffnen eines bestehenden oder der Erstellung eines neuen GeoWorkspaces. Da man stets nur mit einem GeoWorkspace gleichzeitig arbeiten kann, wird beim Öffnen eines zweiten automatisch der erste geschlossen.

GeoMedia umfasst die beiden Beispiel-GeoWorkspaces „Deutschland.gws" und „US-SampleData.gws", die im Pfad „LW:\GeoWorkspaces" gespeichert sind. Um einen der beiden zu öffnen, ist wie folgt vorzugehen:

Workflow: Öffnen eines vorhandenen GeoWorkspaces
1. Starten Sie GeoMedia über **Start > Programme > GeoMedia > GeoMedia**.
2. Wählen Sie im Willkommensfenster die Option **Vorhandenen GeoWorkspace öffnen**.

ODER:

Falls das Willkommensfenster nicht erscheint, klicken Sie auf das folgende Icon:

3. Wählen Sie im sich nun öffnenden Dialogfenster den gewünschten GeoWorkspace aus der Liste der bestehenden aus und klicken auf **Öffnen**.

Haben Sie „Deutschland" ausgewählt, erscheinen als Ergebnis die beiden Kartenfenster „Vertriebsgebiete" und „Deutschland" sowie ein Layoutfenster mit einer leeren Seitenansicht im Hintergrund des GeoMedia-Fensters.

Der Datensatz „US Sample" enthält ein schattiertes Reliefbild der USA, komplett mit Höhenschichtfarben. Es handelt sich um eine GeoTIFF-Datei im RGB-Format mit einer Auflösung von 1.000 Metern pro Pixel.

*Wichtig: Einen geöffneten GeoWorkspace können Sie wieder schließen über **Datei > GeoWorkspace schließen** oder das Icon, ohne GeoMedia zu verlassen. Sie werden dabei auf bisher nicht gespeicherte Änderungen innerhalb eines GeoWorkspaces – beispielsweise das Verschieben eines Kartenfensters, Ihre individuelle Anordnung der Menüs und Symbolleisten oder die Erstellung einer neuen Warehouse-Verbindung – hingewiesen und erhalten jetzt die Möglichkeit, diese zu speichern.*

Hinweis: Wenn eine Verbindung beim Öffnen eines GeoWorkspaces fehlschlägt, wird eine Fehlermeldung eingeblendet, die Sie dazu auffordert, die Richtigkeit Ihrer Warehouse-Verbindungsparameter (s. Abschnitt 3.9.1) zu überprüfen.

2.1 Erstellen eines neuen GeoWorkspaces

Jeder neue GeoWorkspace entsteht als Kopie einer Vorlage, die der Anwender entsprechend den projektbezogenen Anforderungen verändert. Zum Lieferumfang von GeoMedia gehört die Vorlagedatei „Normal.gwt", abgelegt im Pfad „LW:\Programme\GeoMedia\Templates\GeoWorkspaces". Sie enthält ein leeres Kartenfenster, eine leere Legende und ein vordefiniertes Koordinatensystem.

Hinweis: Falls Sie die Standard-Vorlagedatei „Normal.gwt" versehentlich löschen, müssen Sie das Programm erneut installieren, um die Vorlage wiederherzustellen. Es ist deshalb ratsam, eine Sicherungskopie dieses Templates zu erstellen.

Um einen neuen GeoWorkspace zu erstellen sind folgende Arbeitsschritte durchzuführen:

Workflow: Erstellen eines neuen GeoWorkspaces
1. Starten Sie GeoMedia über **Start > Programme > GeoMedia > GeoMedia**.
2. Wählen Sie im Willkommensfenster die Option **Neuen GeoWorkspace erstellen**.

ODER:

2.1 Erstellen eines neuen GeoWorkspaces

Falls das Willkommens-Fenster nicht erscheint, wählen Sie **Datei > Neuer Geo-Workspace**.

ODER:

Benutzen Sie die Tastenkombination **STRG + N**.

ODER:

Klicken Sie auf das folgende Icon:

3. Im erscheinenden Dialogfenster **Neuer GeoWorkspace** wählen Sie eine Vorlagedatei aus der Liste der vorhandenen aus und entscheiden jetzt, ob Sie eine neue Vorlage definieren (**Öffnen als: Vorlage**) oder eine Arbeitssitzung beginnen möchten, die auf einer bereits vorhandenen Vorlage basiert (**Öffnen als: Dokument**).

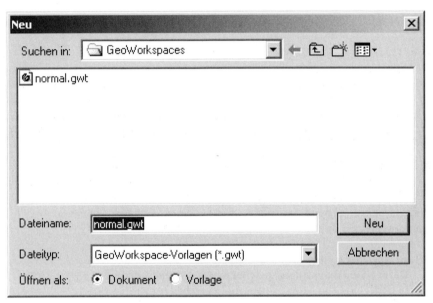

Abb. 2.1: Dialogfenster Neuer GeoWorkspace

4. Öffnen Sie mit **Neu** eine Arbeitssitzung (d. h. **Öffnen als: Dokument** gewählt), erhalten Sie ein GeoMedia-Fenster mit der Bezeichnung **GeoWorkspace1**, das ein leeres Kartenfenster, eine leere Legende sowie ein vordefiniertes Koordinatensystem (Cylindrical Equirectangular, WGS 84) enthält.

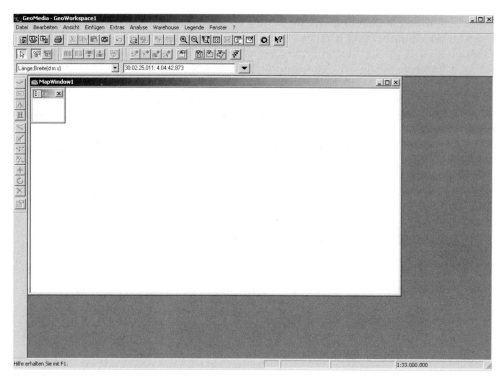

Abb. 2.2: Standard-GeoWorkspace

Um diese Arbeitsumgebung unter dem Namen „Standard" abzuspeichern, sind folgende Schritte notwendig:

Workflow: Speichern eines GeoWorkspaces
1. **Datei > GeoWorkspace speichern** bzw. folgendes Icon.
2. In dem Feld Dateiname „*Standard*" eingeben.
3. Mit **Speichern** bestätigen.

Während einer Arbeitssitzung können Sie diesen Workflow auch zur Sicherung von Zwischenergebnissen nutzen. Gespeichert werden stets alle aktuellen Einstellungen: Fensterkonfiguration, Koordinatensystem, Abfragen, Legenden, thematische Darstellungen und Warehouse-Verbindungen – auch jene Verbindungen zu schreibgeschützten Warehouses.

Wichtig: *Ohne zusätzliche Pfadangabe werden die GeoWorkspaces unter „LW:\GeoWorkspaces" abgelegt.*

Beim Arbeiten mit Geodaten aus mehreren Datenquellen sind die Koordinatensysteme, in denen die Daten abgespeichert sind, oftmals nicht identisch. Greift GeoMedia nun auf die verschiedenen Datenquellen zu, werden die unterschiedlichen Koordinaten automatisch in ein gemeinsames Koordinatensystem, das sogenannte GeoWorkspace-Koordinatensystem, transformiert. Dies ist eines der vielen innovativen Vorteile von GeoMedia. Für die Arbeit mit einem neuen GeoWorkspace muss daher bei der Erstellung des GeoWorkspaces ein Ansichtskoordinatensystem definiert werden. Eine Veränderung des gewählten Ansichtskoordinatensystems ist während des Arbeitens jederzeit möglich (z. B. ein Zonenwechsel bei Gauß-Krüger- oder UTM-Koordinaten).

Hinweis: *Änderungen am Ansichtskoordinatensystem des GeoWorkspaces wirken sich nur auf die Daten im Kartenfenster, jedoch nicht auf die Daten im Warehouse aus.*

Workflow: Erstellen einer neuen Vorlagendatei mit Gauß-Krüger-Koordinaten als Ansichtskoordinatensystem und zwei geöffneten Kartenfenstern
1. Öffnen Sie mit **Datei > Neuer GeoWorkspace** das Dialogfenster **Neu**.
2. Wählen Sie als **Dateiname** „*Normal.gwt*" und unter **Öffnen als Vorlage** aus.

Jetzt ist wieder der „GeoWorkspace1" geladen und Sie ändern im nächsten Schritt das Ansichtskoordinatensystem:

3. Dazu öffnen Sie über **Ansicht > GeoWorkspace-Koordinatensystem...** das Dialogfenster für die Koordinatensystemeinstellungen.

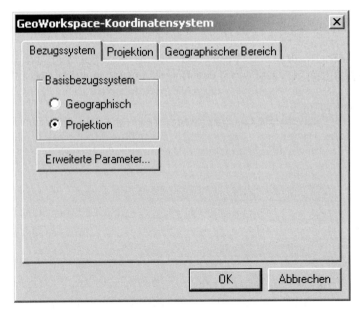

Abb. 2.3: Dialogfenster GeoWorkspace-Koordinatensystem

4. Auf der Registerkarte **Bezugssystem** wählen Sie als **Basisbezugssystem Projektion** aus. Die **Erweiterten Parameter** bleiben unverändert.

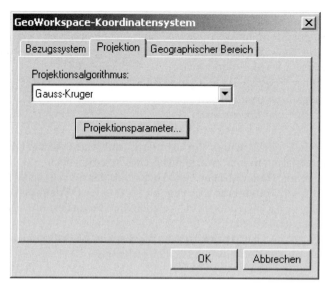

Abb. 2.4: Projektionsalgorithmus

5. Auf der Registerkarte **Projektion** wählen Sie den **Projektionsalgorithmus** „*Gauss-Kruger*", und unter den **Projektionsparametern** stellen Sie die **Zone** (z. B. „*3*") ein, worauf alle übrigen **Projektionsparameter** dann automatisch angepasst werden.
6. Auf der Registerkarte **Geographischer Bereich** wählen Sie „*Potsdam*" als **Geodätisches Datum** aus. Die vorgegebenen **Ellipsoidparameter** bleiben unverändert. Sie können diese nur einsehen, aber nicht manipulieren.

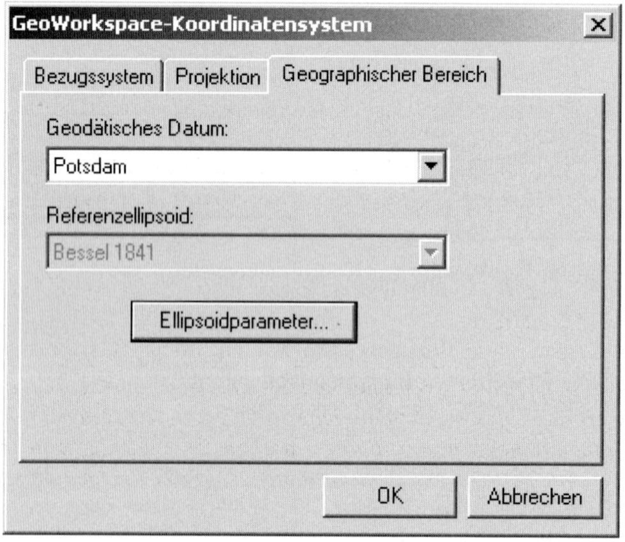

Abb. 2.5: Dialog Geographischer Bereich

2.1 Erstellen eines neuen GeoWorkspaces

7. Damit sind alle Parameter definiert und Sie können diese mit **OK** bestätigen.

Als zweiter Schritt wird noch ein zweites Kartenfenster geöffnet:

8. Öffnen Sie im GeoMedia-Hauptmenü über **Fenster > Neues Kartenfenster...** das entsprechende Dialogfenster und bestätigen Sie mit **OK**.

Für eine übersichtlichere Gestaltung des Bildschirmes sollten Sie die beiden Kartenfenster nebeneinander positionieren.

9. Dazu wählen Sie den Befehl **Fenster > Nebeneinander** im GeoMedia-Hauptmenü.

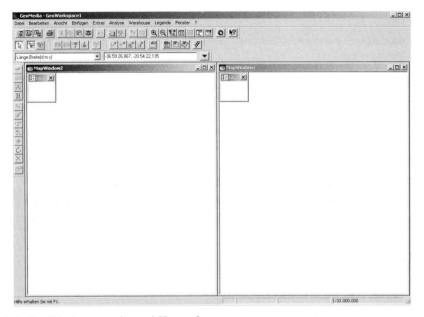

Abb. 2.6: GeoWorkspace mit zwei Kartenfenster

Damit die Einstellungen in einem GeoWorkspace gespeichert bleiben, muss dieser noch unter einem eindeutigen Namen abgelegt werden.

10. Wählen Sie **Datei > GeoWorkspace speichern** im GeoMedia-Hauptmenü.
11. Geben Sie in das Feld **Dateiname** „*GK3*" (für Gauß-Krüger-Koordinatensystem Zone 3) ein.
12. Bestätigen Sie mit **Speichern**.
13. Schließen Sie den GeoWorkspace mit **Datei > GeoWorkspace schließen** im GeoMedia-Hauptmenü.

Wichtig: *Jetzt ist eine neue Vorlagendatei erstellt, die bei Bedarf, z. B. während der Bearbeitung eines Projektes, immer wieder als Template verwendet werden kann. Um ein versehentliches Ändern dieser Datei zu verhindern, kann man die Vorlage noch zusätzlich mit einem Schreibschutz über die **Dateiattribute** im **Windows-Explorer** versehen. Danach ist ein Abspeichern von Veränderungen nur unter einem neuen Dateinamen möglich.*

2.2 Weitere Möglichkeiten im Umgang mit GeoWorkspaces

2.2.1 Öffnen von zuletzt bearbeiteten GeoWorkspace-Dateien

Am Ende des Menüs **Datei** finden Sie eine Liste von maximal vier zuletzt geöffneten Geo-Workspaces. Sie können einen GeoWorkspace aus dieser Liste öffnen, indem Sie direkt auf den entsprechenden Dateinamen klicken.

2.2.2 Anpassen der Pfade für die Dateiablage der GeoWorkspace-Dateien

Bei der Installation von GeoMedia werden folgende Standardablagepfade für GeoWorkspace-Dateien festgelegt:

> **Wichtig:** *Das Standardverzeichnis für GeoWorkspace-Dateien ist „LW:\GeoWorkspaces"
> im Stammverzeichnis Ihres Computers, während die GeoWorkspace-**Vorlagedateien** standardmäßig im Verzeichnis „LW:\Programme\GeoMedia\Templates\GeoWorkspaces" gespeichert werden.*

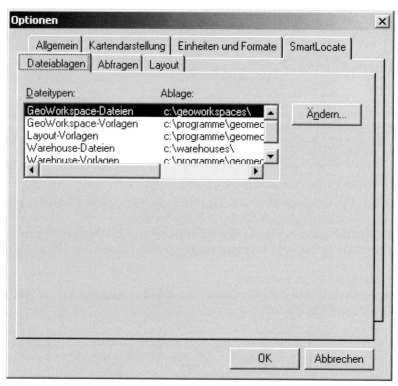

Abb. 2.7: Ändern der Dateiablage von GeoWorkspaces

2.2 Weitere Möglichkeiten im Umgang mit GeoWorkspaces

Tipp: *Diese Standardablage kann auf der Registerkarte* **Dateiablagen**, *die über die Befehlsfolge* **Extras > Optionen** *aufgerufen wird, mittels der Funktion* **Ändern** *jederzeit an eigene Bedürfnisse angepasst werden. Es wird jedoch empfohlen, die Pfadvorgabe „LW:\GeoWorkspace" beizubehalten, um eine Trennung von Programmdateien und benutzerdefinierten Dateien zu erreichen. So ist z. B. im Falle eines Programmupdates oder einer Neuinstallation der Erhalt der projekt- und anwendungsbezogenen GeoWorkspaces mit den darin getroffenen Einstellungen sichergestellt.*

2.2.3 Senden eines GeoWorkspaces per E-Mail

Da Teamarbeit in der Projektbearbeitung immer wichtiger wird, bietet GeoMedia auch die Möglichkeit, einen GeoWorkspace direkt per E-Mail zu versenden. Dadurch hat der Empfänger die Gelegenheit, die Daten mit denselben Voreinstellungen zu betrachten wie der Absender. Zum Versenden eines GeoWorkspaces nutzt GeoMedia das E-Mail-Programm des Systems und hängt eine Kopie des GeoWorkspaces als Anhang an. Der Workflow besteht aus folgenden Schritten:

Workflow: Senden eines GeoWorkspaces per E-Mail
1. Öffnen Sie mit **Datei > Senden** Ihr E-Mail-Programm.
2. Füllen Sie die Felder **An** und **Betreff** aus.
3. **Senden** Sie die Nachricht.

Abb. 2.8: Senden eines GeoWorkspaces per E-Mail

Hinweis: *Es werden nur die Ansichtseinstellungen ausgetauscht – nicht die Geodaten selbst.*

2.2.4 Schnelles Laden eines GeoWorkspaces

Das Laden eines GeoWorkspaces kann je nach Anzahl der Warehouse-Verbindungen sowie der darin enthaltenen Objekte längere Zeit in Anspruch nehmen. Möchte man die Ladezeit beschleunigen, so kann man auf die sofortige Darstellung der Daten verzichten. Die entsprechende Option finden Sie unter **Extras > Optionen**. Auf der Registerkarte **Allgemein** müssen Sie unter **Allgemeine Optionen** das Kontrollkästchen **Beim Öffnen des GeoWorkspaces keine Daten laden** aktivieren.

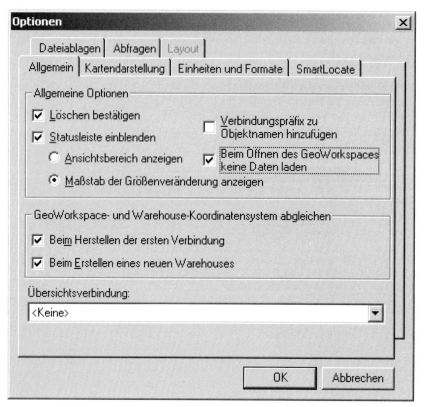

Abb. 2.9: Dialogfenster Optionen Allgemein

Wenn die Option aktiviert ist, sind das Karten- und Datenfenster beim Öffnen des GeoWorkspaces leer. Die Legendeneinträge in der Kartenansicht werden erstellt, aber nicht geladen. In der Datenansicht erscheint ein Titel, aber es werden keine Einträge angezeigt. Bestehende Abfragen werden nicht ausgeführt. Diese Einstellung gilt generell für alle weiteren GeoWorkspaces, die Sie zur Bearbeitung öffnen, bis das entsprechende Kontrollkästchen wieder deaktiviert wird (Standardeinstellung). Wie Sie die entsprechenden Daten laden können, finden Sie im Abschnitt 5.2.3.1.

2.3 Zusammenfassung

GeoWorkspaces stellen dem Anwender eine Arbeitsumgebung mit folgende Einstellungen bereit: Fensterkonfiguration, Koordinatensystem, Abfragen, Legenden, thematische Darstellung und Warehouse-Verbindungen. Jede Arbeitssitzung beginnt mit der Erstellung eines neuen GeoWorkspaces, was auf der Basis einer Vorlagendatei geschehen kann, in der zu Projektbeginn alle projektspezifischen Einstellungen (insbesondere die Wahl des Ansichtskoordinatensystems) einmal vorgenommen wurden. Objekte, die in Warehouses mit unterschiedlichen Koordinatensystemen gespeichert sind, werden „on-the-fly" in das Geo-Workspace-Koordinatensystem transformiert.

3 Warehouses

Warehouses stellen in der GeoMedia Terminologie die Speicher für grafische und attributive Daten dar. Um Objekte aus einem Warehouse darstellen zu können, muss eine Verbindung zu diesen Daten hergestellt werden. Dazu bedient man sich der sogenannten Datenserver als „Live-Schnittstelle". Sie integrieren Daten aus unterschiedlichen Datenquellen zur gemeinsamen Verarbeitung in GeoMedia, indem sie die Daten in eine Struktur überführen, die GeoMedia visualisieren kann, ohne dabei ein proprietäres Dateiformat zu generieren. Der Zugriff erfolgt somit auf die originären Daten ohne Schnittstellen und ohne Konvertierung. Es wird dabei zunächst nicht unterschieden, ob es sich um eine Datenbank oder eine Datei handelt. Somit können Daten aus verschiedenen Datenquellen übergreifend visualisiert und analysiert werden. GeoMedia unterstützt in der Version 4.0 Service Pack 1 das Lesen von Daten aus folgenden Warehouses:

- Microsoft ACCESS (lesen / schreiben)
- ESRI ArcInfo
- ESRI ArcView - Shape-Datei
- CAD
  - Autodesk AutoCAD .dxf + .dwg
  - Bentley Systems MicroStation / IGDS .dgn
- Intergraph FRAMME
- MapInfo MapInfo Professional
- Intergraph Modular GIS Environment (MGE)
- Intergraph MGE Data Manager (MGDM)
- Intergraph MGE Segment Manager (MGSM)
- ODBC-Tabelle
- Oracle Relational Model (relationales Modell)
- Oracle Object Model (Objektmodell)
- Microsoft SQL Server.

Weitere Dateiformate sind über spezielle Data Reader lesbar. Der Datenserver CADdy^{++} ist im eigenständigen Produkt CADdy^{++} GeoMedia verfügbar.

Alle Warehouse-Verbindungen mit Ausnahme von ACCESS sind schreibgeschützt, wodurch die Integrität der Quelldaten gewahrt wird. Daher können diese Daten nur visualisiert und analysiert, aber nicht verändert werden, und das jeweilige Warehouse muss bereits mit einem Drittsystem erstellt sein. Daten aus ACCESS-Verbindungen dagegen können auch erfasst, manipuliert und ergänzt werden. Diese Einschränkung ist in GeoMedia Pro nicht gegeben. Dort ist auch das Schreiben in Oracle, SQL Server und die fremden Dateiformate .dgn, .mif sowie .shp möglich.

Jede Warehouse-Verbindung wird durch eine Reihe von Verbindungsparametern beschrieben, die je nach Warehouse-Typ variieren. Der Aufbau einer Warehouse-Verbindung ist der nächste Arbeitsschritt nach der Erstellung eines GeoWorkspaces. Will man nicht nur lesend auf vorhandene Datenquellen zugreifen, sondern auch eigene Daten mit GeoMedia erheben, muss man ein neues, zunächst noch leeres ACCESS-Warehouse mit Schreibzugriff generieren. Der aktuelle GeoWorkspace ist dann automatisch mit diesem Warehouse verbunden und die Verbindung erhält den Namen des Warehouses.

Hinweis: *Alternativ kann man auch ein bestehendes ACCESS-Warehouse zur Erfassung nutzen.*

3.1 ACCESS-Warehouses

ACCESS-Warehouses sind das Standardformat, in dem GeoMedia seine Daten speichert. Im Verzeichnis „LW:\Programme\GeoMedia\Templates\Warehouses" stellt die Software eine Standardvorlage „Normal.mdt" bzw. „Access2000.mdt" für ein ACCESS-Warehouse mit Schreibzugriff zur Verfügung. Beide Vorlagen unterscheiden sich lediglich in der verwendeten Version von Microsoft ACCESS. Wenn Sie die Datenbank außer mit GeoMedia auch mit ACCESS bearbeiten möchten, sollten Sie jeweils die Vorlage auswählen, die Ihrer ACCESS-Version entspricht (zur Erstellung einer benutzerdefinierten ACCESS-Warehouse-Vorlage s. auch Abschnitt 3.10.7).

Wichtig: *Die Standarddateiendung für **ACCESS-Warehouses** ist **.mdb**. Für **ACCESS-Warehouse-Vorlagen** ist die Endung **.mdt**. Haben Sie auf ein Verzeichnis auf der Festplatte nur Lesezugriff, so können Sie das ACCESS-Warehouse nur mit Lesezugriff öffnen.*

Hinweis: *Wenn Sie versehentlich die Vorlage „Normal.mdt" oder „Access2000.mdt" löschen, müssen Sie die Software neu installieren, um die Vorlage wieder herzustellen. Empfehlenswert ist daher die Erstellung einer Sicherungskopie dieser Vorlage-Dateien.*

Zur Erstellung eines ACCESS-Warehouses mit Schreibzugriff führen Sie folgende Schritte durch:

Workflow: Erstellen eines ACCESS-Warehouses mit Schreibzugriff
1. Öffnen Sie über **Warehouse > Neues Warehouse...** im GeoMedia-Hauptmenü das Dialogfenster **Neu**.
2. Wählen Sie je nach verwendeter ACCESS-Version eine Vorlage aus. Standardmäßig ist dies „*Normal.mdt*".
3. Stellen Sie den Schalter **Öffnen als** auf **Dokument**, da Sie ein Warehouse auf der Basis einer bereits vorhandenen Vorlage anlegen möchten.
4. Klicken Sie auf **Neu**.
5. Wählen Sie im Dialogfeld **Neues Warehouse** den **Pfad** aus und vergeben einen aussagekräftigen **Dateinamen**.

Wichtig: *Die Standardeinstellung für die Ablage von **Warehouses** ist das Verzeichnis „LW:\Warehouses".*

6. Klicken Sie auf **Speichern**.

3.1 ACCESS-Warehouses

Warehouse-Dateien enthalten objektbezogene Elemente. Dazu zählen Objektklassendefinition, Objekte, Verknüpfungen zu Rasterbildern und ein Koordinatensystem als wesentlicher Bestandteil des Daten- und Warehouse-Modells. So kann GeoMedia nur Daten korrekt darstellen, die in einem Koordinatensystem vorliegen. Daher erhält jedes neue ACCESS-Warehouse ein eigenes Koordinatensystem. Standardmäßig ist es das System, das dem aktuellen GeoWorkspace zugeordnet ist. Möchte man dem Warehouse aber ein anderes Koordinatensystem zuweisen, so kann man das unter **Warehouse > Warehouse-Koordinatensystem...** durchführen. Wenn Sie Ihr Warehouse auswählen, erhalten Sie das bekannte Menü zum Einstellen von Koordinatensystemen.

Wichtig: *Bei einem Warehouse, in dem bereits Objektklassen vorhanden sind, können Sie das Koordinatensystem nur anzeigen, aber nicht mehr ändern!*

In den meisten Fällen verwendet der Anwender jedoch Daten aus vorhandenen Datenquellen. Um ihm den Zugriff auf diese Daten zu erleichtern, stellt GeoMedia den Warehouse-Assistenten zur Verfügung, der die Definition der Verbindungsparameter auf einige Eingabeaufforderungen beschränkt. So wird die Verbindung zu einem bereits bestehenden ACCESS-Warehouse mittels folgender Arbeitsschritte hergestellt:

Workflow: Verbindung mit einem ACCESS-Warehouse herstellen
1. Wählen Sie im GeoMedia-Hauptmenü **Warehouse > Neue Verbindung...** oder das Icon .
2. In der Dialogbox **Warehouse-Verbindungsassistent** wählen Sie als **Verbindungstyp** *„Access"*.

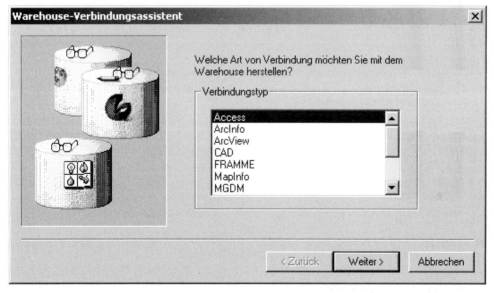

Abb. 3.1: Warehouse-Verbindungsassistent

3. Klicken Sie auf **Weiter >**.
4. Vergeben Sie einen aussagekräftigen **Verbindungsnamen** und optional eine **Verbindungsbeschreibung**.
5. Klicken Sie auf „**...**" und wählen im sich öffnenden Menü Ihre **ACCESS-Datenbankdatei** aus. Mit einem Klick auf **Öffnen** wird der Datenbankname in das entsprechende Feld des Warehouse-Verbindungsassistenten übernommen.

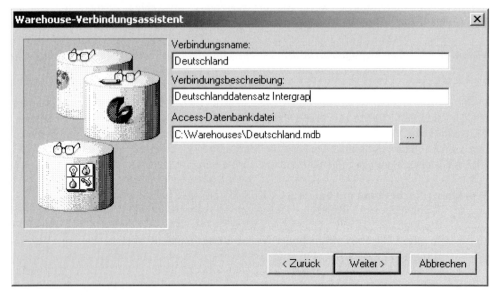

Abb. 3.2: Dialogfenster Verbindung zu einem Warehouse

6. Klicken Sie auf **Weiter >**.
7. Falls in Ihrem GeoWorkspace räumliche Filter definiert sind (s. Abschnitt 3.9.2), können Sie einen auswählen, ansonsten klicken Sie auf **Weiter >**.

3.1 ACCESS-Warehouses

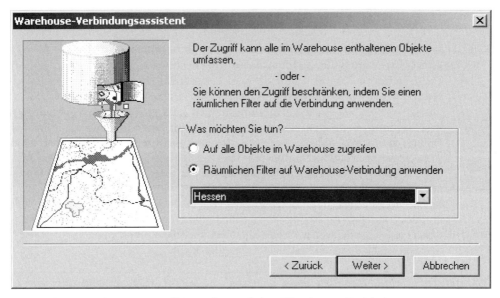

Abb. 3.3: Dialogfenster Räumlicher Filter auf eine Warehouse-Verbindung

8. Definieren Sie nun, welchen Status Ihre Verbindung haben soll. GeoMedia kennt für ein Warehouse mit Schreibzugriff drei mögliche Zustände:
   a. **Verbindung schreibgeschützt öffnen**
   b. **Verbindung mit Schreibzugriff öffnen**
   c. **Verbindung geschlossen lassen.**

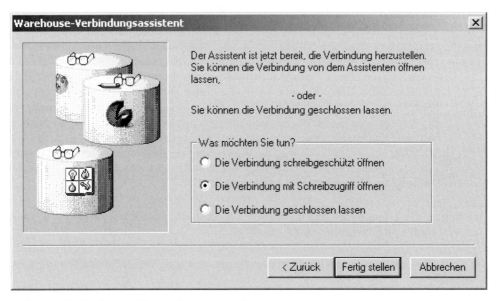

Abb. 3.4: Dialogfenster Verbindungszustand

9. Klicken Sie auf Verbindung **Fertig stellen**.

Wie Sie an diesem Beispiel sehen, gibt es eine Reihe von Informationen, die einer Verbindung im Warehouse-Verbindungsassistenten zugewiesen werden:
- Die erste Information beinhaltet die Speicherform der Datenquelle: in diesem Beispiel ist es der **Verbindungstyp** „Access".
- Danach müssen Sie einen **Verbindungsnamen** (und optional eine **Verbindungsbeschreibung**) definieren, über den Sie die Verbindung zukünftig identifizieren. Da man in GeoMedia mehr als eine Verbindung gleichzeitig geöffnet haben kann, sollte man einen aussagekräftigeren Titel wählen als „Access-Verbindung (*)", wobei GeoMedia den Zähler (*) automatisch mit jeder neuen Verbindung um eines erhöht. Bei sechs oder sieben Verbindungen wird es dem Anwender schwer fallen sich zu erinnern, ob die gesuchten Objekte nun in der „Access-Verbindung 3" oder „Access-Verbindung 4" enthalten sind. Dagegen wird er sofort wissen, dass er auf seine deutschen Großstädte nicht über die Verbindung „USA", sondern über die Verbindung „Deutschland" zugreifen kann.

Wichtig: *Der **Verbindungsname** muss innerhalb eines GeoWorkspaces **eindeutig** sein! Er kann nachträglich nicht mehr geändert werden.*

- Der Dialog mit dem **räumlichen Filter** erlaubt es, die räumliche Datenmenge, die dargestellt werden soll, einzuschränken. Diese Möglichkeit ist nur aktiv, wenn zuvor ein räumlicher Filter definiert wurde; ansonsten werden alle Objekte des Warehouses dargestellt (Vollzugriff) (zum Umgang mit räumlichen Filtern s. Abschnitt 3.9.2).
- Mit dem letzten Dialog definiert man den **Verbindungsstatus**. Grundsätzlich kann eine ACCESS-Verbindung **geschlossen, mit Lesezugriff** oder **Lese-/Schreibzugriff** versehen sein. Ein Lesezugriff ist besonders dann sinnvoll, wenn Daten zu visualisieren und auszuwerten sind, aber keine Änderungen an den Daten zugelassen werden sollen. Oder wenn Sie in einer Mehrbenutzerumgebung auf die Daten eines Kollegen zugreifen möchten, diese aber nicht verändern dürfen.
Wenn Sie eine offene Verbindung (mit oder ohne Schreibzugriff) wählen, baut die Software beim Herstellen der Verbindung eine physische Verbindung mit dem Warehouse auf und Sie können unmittelbar auf die Daten zugreifen. Wählen Sie dagegen den geschlossenen Status, wird zwar die Verbindung erstellt, sie bleibt aber noch geschlossen. Der unmittelbare Datenzugriff ist dann nicht gegeben, was den Aufbau von Verbindungen zu Warehouses mit großen Datenmengen wesentlich beschleunigt. Durch Bearbeitung der Warehouse-Verbindung können Sie den Status später wieder ändern (s. Abschnitt 3.9.1).

Wichtig: *Um mit GeoMedia Abfragen oder Analysen durchzuführen, brauchen Sie mindestens ein Warehouse mit Lesezugriff.*

Im Folgenden werden die wichtigsten Warehouses und ihre Verbindungsdefinitionen beschrieben.

3.2 Import von CAD-Daten

CAD-Daten unterscheiden sich grundlegend von GIS-Daten. Beide Datenbestände bestehen zwar aus geometrischen Primitiven (Punkte, Linien und Flächen), aber während GIS-Daten in Objekten organisiert sind, werden CAD-Daten über Ebene, Farbe, Strichart, Strichstärke usw. unterschieden. Will man nun CAD-Daten in einem GIS visualisieren, muss man diese Daten an die Sicht- und Arbeitsweise von Geo-Informationssystemen anpassen, d. h. zum Beispiel eine Zuordnung von Spaghettigrafik zu GIS-Objektstrukturen zu treffen. Dazu sind eine Reihe von Definitionen vorzugeben:

Der erste Schritt, um CAD-Informationen für GIS verfügbar zu machen, ist die Definition eines Koordinatensystems. Da CAD-Daten standardmäßig in einem rechtwinkligen kartesischen Koordinatensystem vorliegen, müssen sie für die integrierte Auswertung mit anderen GIS-Daten in das entsprechende GIS-Koordinatensystem (z. B. Gauß-Krüger-, UTM- oder Geographische Koordinaten) transformiert werden. GeoMedia bietet das Hilfsprogramm **Koordinatensystemdatei definieren** an, um ein Koordinatensystem zu definieren. Der Umgang mit diesem Hilfsprogramm wird im nächsten Abschnitt erläutert.

Der zweite Schritt besteht darin, eine Schemadefinitionsdatei mit Hilfe des Dienstprogrammes **CAD-Server-Schemadatei einrichten** zu erstellen. Beim Verbindungsaufbau liefert sie dem CAD-Datenserver die zur korrekten Interpretation der Daten benötigten Parameter bezüglich der zu lesenden Dateien, der darin vorkommenden Objekte und ihrer Attribute (s. Abschnitt 3.2.2).

Mit den genannten Zusatzinformationen ist der CAD-Datenserver von GeoMedia in der Lage, CAD-Daten aus MicroStation-Zeichnungsdateien (mit und ohne Verknüpfung zu Attributen) sowie AutoCAD-Daten (.dwg/.dxf ohne Attributverknüpfung) zu interpretieren.

3.2.1 Definition einer Koordinatensystemdatei .csf

Das Hilfsprogramm **Koordinatensystemdatei definieren** befindet sich im Ordner GeoMedia und wird vom Windows-Desktop aus gestartet über **Start > Programme > GeoMedia > Koordinatensystemdatei definieren**. Es öffnet sich das Dialogfenster **Koordinatensystemdatei definieren**, das dem Fenster zur Definition des GeoWorkspace-Koordinatensystems entspricht (s. Abb. 2.3). Wie bereits erläutert, lassen sich mittels dieses Dialogfensters das Bezugssystem, die Projektion sowie der Geographische Bereich definieren. Standardmäßig liefert GeoMedia die gängigsten Koordinatensysteme und ihre Parameter mit. Der Anwender hat aber auch die Möglichkeit, eigene benutzerdefinierte Systeme zu erstellen.

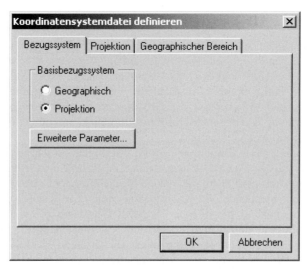

Abb. 3.5: Dialogfenster Erstellen einer .csf-Datei

Workflow: Erstellen einer Koordinatensystemdatei für UTM-Koordinaten
1. Rufen Sie vom Windows-Desktop aus das Hilfsprogramm auf über **Start > Programme > GeoMedia > Koordinatensystemdatei definieren** und es erscheint das Dialogfenster **Koordinatensystemdatei definieren**.
2. Legen Sie auf der Registerkarte **Bezugssystem** das **Basisbezugssystem Projektion** fest. Die **Erweiterten Parameter** bleiben wieder unverändert.
3. Wählen Sie auf der Registerkarte **Projektion** den **Projektionsalgorithmus** „*Universal Transverse Mercator*" aus.

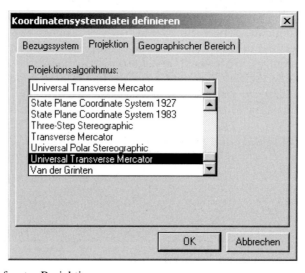

Abb. 3.6: Dialogfenster Projektion

3.2 Import von CAD-Daten 25

4. Klicken Sie auf **Projektionsparameter...**, um die **Nördliche Hemisphäre** auszuwählen und die **Zone** „*32*" einzugeben. Alle weiteren Parameter werden angepasst; sie sind schreibgeschützt. Bestätigen Sie mit **OK**.

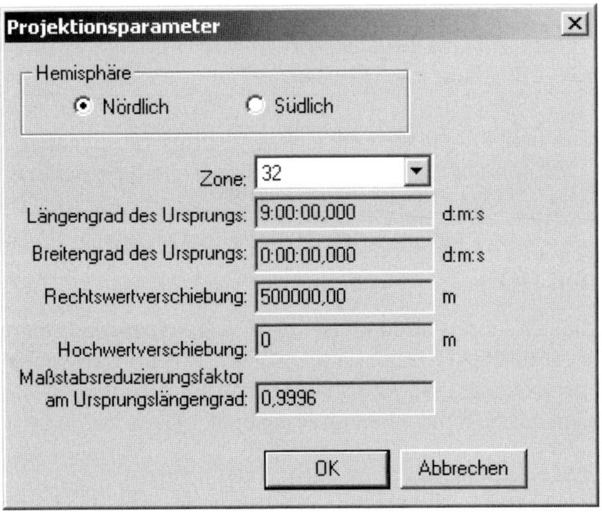

Abb. 3.7: Dialogfenster Projektionsparameter

5. Auf der Registerkarte **Geographischer Bereich** wählen Sie das **Geodätische Datum** „*EUREF89 (ETRS89)*". Auch hier bleiben die **Ellipsoidparameter** unverändert.

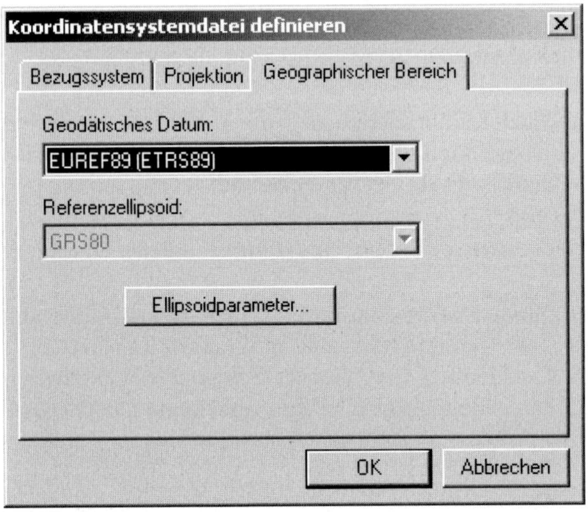

Abb. 3.8: Dialogfenster Geographischer Bereich

6. Schließen Sie das Dialogfenster **Koordinantensystemdatei definieren** mit **OK**.
7. Jetzt müssen Sie noch den Ordner festgelegt, in dem die Datei abspeichert wird.

Wichtig: *Die Dateiendung für **Koordinatensystemdateien** ist .csf.*

Tipp: *Es empfiehlt sich, die **.csf-Dateien** entweder im Verzeichnis Ihrer Daten abzulegen oder im Pfad „LW:\Warehouses" zu speichern.*

8. Als **Dateinamen** sollten Sie eine aussagekräftige Bezeichnung wählen, in diesem Fall z. B. „UTM32.csf". Das Menü verlassen Sie mit **Speichern**.

3.2.2 MicroStation DGN

Neben der Koordinatendefinitionsdatei ist die CAD-Schemadefinitionsdatei die zweite Informationsquelle für den CAD-Datenserver. Sie umfasst Informationen über die zu lesenden Dateien, Koordinatensysteme, Objekt- und Attributdefinitionen sowie Scanneroptionen, die dem Scannen der Kartendateien im Rahmen der Objektbildung zugrunde liegen.

Zur Einrichtung der Schemadefinitionsdatei benötigen Sie genaue Kenntnisse der Daten und müssen über folgende Informationen verfügen:
- Welche Struktur weist das Projekt auf?
  - Wo liegen die CAD-Daten?
  - Welche Informationen stehen in welcher Datei?
  - Welches Koordinatensystem liegt dem Projekt zugrunde?
- Welche Richtlinien liegen der Digitalisierung und Zuweisung von Attributen zu Objekten des Projektes zugrunde?
- Wie sind die Objekte des Projektes definiert?
- Verfügen Grafikelemente des Projektes über Attribute?
- Welchen Typ und welche Struktur besitzen die Attributdaten?

Sie richten eine Schemadefinitionsdatei (.csd) mit Hilfe des Dienstprogrammes **CAD-Server-Schemadatei einrichten** ein, das Sie vom Windows-Desktop aus starten über **Start > Programme > GeoMedia > CAD-Server-Schemadatei einrichten**.

Wichtig: *Die Dateierweiterung für **Schemadefinitionsdateien** ist .csd.*

Workflow: Definition einer MicroStation CAD-Schemadefinitionsdatei
1. Öffnen Sie das Dienstprogramm vom Windows-Desktop aus über **Start > Programme > GeoMedia > CAD-Server-Schemadatei einrichten**.
2. Wählen Sie im Dialogfenster **CAD-Serverschema** unter **Neues CAD-Serverschema erstellen mit** das CAD-System **MicroStation**.

Hinweis: *Die Option **Anderem System** ist für den Fall vorgesehen, dass Sie mit einer modifizierten Vorlage arbeiten, oder mit einer eigenen Vorlage für Ihren benutzerdefinierten CAD-Scanner. Wählen Sie in diesem Fall die Option **Anderem System**, und klicken Sie dann auf **Vorlage**.*
ODER:
*Wählen Sie **Vorhandenes CAD-Serverschema öffnen**, um eine vorhandene CAD-Server-Schemadatei zu öffnen und zu bearbeiten.*

Abb. 3.9: Dialogfenster CAD-Serverschema

3. Klicken Sie auf **OK**.

Im folgenden Dialogfenster **CAD-Serverdefinition – MicroStation-Vorlage** bearbeiten Sie nacheinander die vier Registerkarten **Dateien, Koordinatensysteme, Objektdefinitionen** und **Scanneroptionen**, um die notwendigen Informationen einzugeben:

Auf der Registerkarte **Dateien** definieren Sie zuerst die Verzeichnisse und die darin abgelegten, vom CAD-Server zu verwendenden Koordinatensystemdateien sowie CAD-Dateien, welche die zu interpretierenden Objekte enthalten.

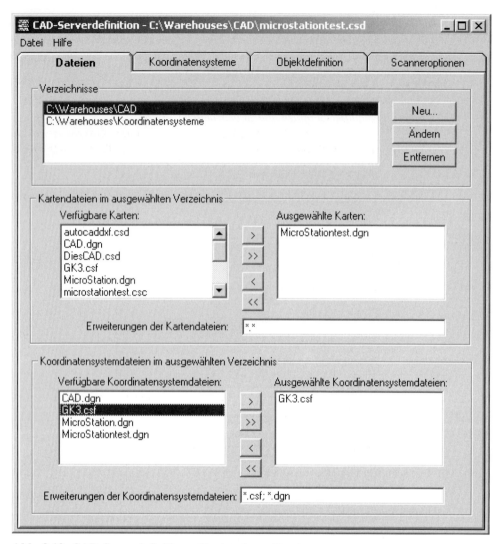

Abb. 3.10: CAD-Serverdefinition – Registerkarte Dateien

4. Öffnen Sie dazu in der Registerkarte **Dateien** über **Neu** das Dialogfeld **Verzeichnis wählen**.
5. Dort selektieren Sie das gewünschte Unterverzeichnis.
6. Klicken Sie auf **OK** und der neue Pfad wird in der Verzeichnisliste hinzugefügt.

Im Feld **Erweiterungen der Kartendateien** haben Sie noch die Möglichkeit, die im Listenfeld **Verfügbare Karten** angezeigten Dateitypen festzulegen.
Wiederholen Sie die Schritte 4 bis 6 so lange, bis alle benötigten Verzeichnisse aufgelistet sind.

3.2 Import von CAD-Daten

Hinweis: *Mit **Ändern** können Sie ein markiertes Verzeichnis der Liste ändern, indem Sie den Pfad auswählen, den sie anstelle des ursprünglichen verwenden wollen. Mit **Entfernen** können Sie einen markierten Pfad aus der Verzeichnisliste löschen (vorausgesetzt, keine der darin enthaltenen Dateien erscheint in der Liste der **Ausgewählten Karten** oder der **Ausgewählten Koordinatensystemdateien**).*

7. Markieren Sie in der Verzeichnisliste der Registerkarte **Dateien** ein Verzeichnis.
8. Wählen Sie aus dem Listenfeld **Verfügbare Karten** unter **Kartendateien im ausgewählten Verzeichnis** die entsprechende Karte (>) oder alle Karten (>>) aus. Sie erscheinen dann im Listenfeld **Ausgewählte Karten**.
Um eine einzelne Karten aus der Liste **Ausgewählte Karten** zu entfernen, markieren Sie den jeweiligen Kartennamen und klicken auf <. Über << können Sie alle Karten aus dieser Liste wieder entfernen.
Wiederholen Sie die Schritte 7 und 8 bis alle zu verwendenden Kartendateien aufgelistet sind.
9. In analoger Weise wählen Sie die benötigten Koordinatensystemdateien unter **Koordinatensystemdateien im ausgewählten Verzeichnis** aus. Dabei können Sie im Feld **Erweiterungen der Koordinatensystemdateien** wieder die angezeigten Dateitypen bestimmen.

Wichtig: *Wenn alle Kartendateien dasselbe Koordinatensystem aufweisen, genügt es eine Datei auszuwählen. Anderenfalls wählen Sie alle benötigten Koordinatensystemdateien aus.*

An dieser Stelle wird noch nicht festgelegt, welche Karte mit welchem Koordinatensystem verknüpft ist! Das erfolgt erst auf der Registerkarte **Koordinatensysteme**:

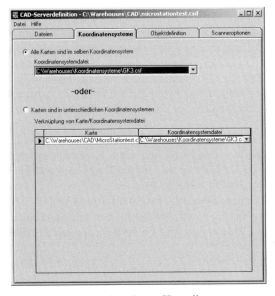

Abb. 3.11: CAD-Serverdefinition – Registerkarte Koordinatensysteme

10. Wenn alle Kartendateien dasselbe Koordinatensystem besitzen, klicken Sie auf der Registerkarte **Koordinatensysteme** auf **Alle Karten sind im gleichen Koordinatensystem**.
11. Wählen Sie den **Namen der Koordinatensystemdatei** in der Pulldown-Liste aus (die aufgelisteten Koordinatensystemdateien entsprechen denen, die Sie auf der Registerkarte Dateien ausgewählt haben).

ODER:

12. Weisen die Kartendateien dagegen verschiedene Koordinatensysteme auf, wählen Sie **Karten sind in unterschiedlichen Koordinatensystemen**.
13. Indem Sie reihenweise zunächst die Karten im Feld **Karte** und dann die Koordinatensystemdatei aus der Pulldown-Liste im Feld **Koordinatensystemdatei** wählen, legen Sie fest, welche Koordinatensystemdatei für jede Karte verwendet werden soll (auch hier entsprechen die aufgelisteten Koordinatensystemdateien denen, die Sie auf der Registerkarte Dateien ausgewählt haben).

Tipp: *Wenn Sie eine dgn-Datei verwenden, um das Koordinatensystem zu definieren, so muss diese Datei einen gültigen Elementtyp 56 enthalten. Sie können dies überprüfen, indem Sie mit dem Windows-Explorer eine Kopie Ihrer MicroStation-Zeichnungsdatei erzeugen und dieser die Endung .csf geben. Öffnen Sie diese Kopie mit dem Dienstprogramm **Koordinatensystemdatei definieren** und der Dialog zeigt eine andere Projektion als Cylindrical Equirectangular und Ellipsoid WGS 84 (Standardfall für nicht-projektive, d. h. koordinatensystemlose dgn-Dateien) an, so liegt ein gültiger Elementtyp 56 in der Zeichnungsdatei vor.*

Mittels der Registerkarte **Objektdefinitionen** definieren Sie die Objektklassen und ihre Eigenschaften für GeoMedia. Sie legen fest, wie der CAD-Server die Objekte innerhalb einer Kartendatei identifizieren kann und wie GeoMedia sie anschließend verarbeiten soll. Grundsätzlich vollzieht sich dieser Prozess in vier Schritten:
Im ersten Schritt geben Sie der neuen Objektklasse einen Namen (Objektname) und wählen eine Koordinatensystemdatei. Dann bestimmen Sie die Attribute, die GeoMedia im Datenfenster anzeigen soll. Im zweiten Schritt legen Sie den Geometrietyp der Objektklasse fest. Im dritten Schritt definieren Sie jene Attribute mit ihren Attributwerten, anhand derer der CAD-Server die Elemente des Design-Files der Objektklasse zuordnen kann. Den vierten und letzten Schritt bildet die Auswahl der dgn-Dateien, aus denen die Objekte zu übernehmen sind. Im Detail läuft der Prozess der Objektdefinition wie folgt ab:

14. Rufen Sie auf der Registerkarte **Objektdefinition** über **Neu...** den **Assistenten für Objektdefinition – Objektnamen und Koordinatensystem eingeben** auf. Er hilft Ihnen beim Definieren der Objektklassen und erklärt, wie diese vom CAD-Datenserver verarbeitet werden.
15. Vergeben Sie einen **eindeutigen Objektnamen** und weisen Sie dem Objekt ein **Koordinatensystem** aus der Pulldown-Liste zu (Sie können entweder eine .dgn-Datei, die ein Element vom Typ 56 enthält, oder eine .csf-Datei als Koordinatensystemdatei verwenden). Diese Datei wird vom CAD-Server beim Verarbeiten der Eingabedaten verwendet.

3.2 Import von CAD-Daten 31

Tipp: *Um eine optimale Systemleistung zu erzielen, sollten Sie hier dasselbe Koordinatensystem wie auch zum Speichern der Eingabedaten verwenden. Wenn die Eingabedaten allerdings in mehreren Koordinatensystemen gespeichert sind, wählen Sie zweckmäßig jene Koordinatensystemdatei, die mit den meisten Eingabedaten übereinstimmt.*

16. Hat dieses Objekt eine Datenbankverknüpfung und der CAD-Server soll seine Attributdaten aus einer Datenbank liefern, so aktivieren Sie das entsprechende Kontrollkästchen **Hat dieses Objekt Datenbankverknüpfungen?**
17. Klicken Sie auf **Weiter >**, so dass sich das Dialogfenster **Assistent für Objektdefinition – sichtbare Grafikattribute wählen** öffnet.
18. In diesem Dialogfenster wählen Sie die **Grafikattribute**, die GeoMedia für das neue Objekt anzeigen soll.

Folgende Grafikattribute sind verfügbar: CellName, Color, EntityNumber, GraphicGroupNumber, GraphicsTextString, GraphicsTextStringMemo, GraphicText, ID, Level, Occurrence Number, SpatialAny, SpatialArea, SpatialLine, SpatailPoint, Style, Type und Weight.

Vorgabe des Systems sind die EntityNumber und eine eindeutige ID, die der CAD-Server für alle Objekte generiert. Zusätzlich müssen Sie mindestens ein räumliches Attribut – auch GDO-Geometrie genannt – auswählen. Bei einem Punktobjekt wählen Sie SpatialPoint, für ein Linienobjekt SpatialLine, für ein Flächenobjekt SpatialArea und für ein Textobjekt schließlich GraphicText. Handelt es sich um ein zusammengesetztes Objekt, oder Ihnen ist die Geometrie nicht bekannt, so wählen Sie SpatialAny.

Zur Auswahl eines einzelnen Attributs markieren Sie dieses und klicken auf >, zur Selektion aller verfügbaren Attribute klicken Sie auf >>. Mit den Schaltflächen < bzw. << können Sie die getroffene Auswahl wieder rückgängig machen.

19. Geometrie-Eigenschaften werden beim Auswählen auch automatisch im Feld **Primäre Geometrie** aufgelistet. Bei der Selektion mehrerer Geometrietypen verfügt die Objektklasse über mehrere Geometriespalten, weshalb Sie jetzt noch festlegen müssen, welches dieser Geometrieattribute der CAD-Server als primäre Geometrie verwenden soll. Zu diesem Zweck aktivieren Sie das Kontrollkästchen neben dem gewünschten Attribut.

Hinweis: *Weisen Ihre Daten Datenbankverknüpfungen auf und der CAD-Server soll Attribute aus Ihrer Datenbank liefern, müssen Sie **EntityNumber** (Verknüpfung zwischen Grafik und einer Datenbanktabelle) oder **OccurrenceNumber** (Verknüpfung zwischen Grafik und einer Datenbankzeile) wählen. Anderenfalls erscheint eine entsprechende Fehlermeldung.*

*Sie müssen mindestens einen Geometrietyp auswählen, ansonsten erscheint die **Fehlermeldung** „Primäre Geometrie ist ein erforderliches Feld".*

*Der CAD-Server generiert automatisch für alle Objekte eine **eindeutige ID**.*

***GraphicText** liefert Textgeometrie, welche die grafische Darstellung von Text in der Kartenansicht ist.*

***GraphicsTextString** und **GraphicsTextStringMemo** liefern den Text als Datenbankattribut, das im Datenfenster angezeigt wird.*

*Wenn Sie Text in der Kartenansicht darstellen und Abfragen auf den Textwert als Attribut durchführen möchten, müssen Sie **GraphicText** und **GraphicsTextString***

(für Zeichenfolgen bis zu 255 Zeichen) bzw. **GraphicsTxtStringMemo** *(Zeichenfolgen mit 256 oder mehr Zeichen) wählen.*
SpatialPoint enthält den Ursprung für Text- und Textknotenelemente. Wenn Sie ein Textobjekt für räumliche Operationen verwenden wollen, wählen Sie anschließend **SpatialPoint** *als primäre Geometrie.*

20. Klicken Sie auf **Weiter >**.
21. Das folgende Dialogfenster **Assistent für Objektdefinition – Objektdefinitionsattribute wählen** legt die Attribute fest, über die das Objekt im Design-File identifiziert wird, wie z. B. die Ebene (Level) oder die Farbe (Color).

Verfügbare Attribute sind hier: CellName, Color, EntityNumber, GraphicGroupNumber, Level, OccurrenceNumber, Style, Type und Weight (mit Ausnahme von CellName, der vom Datentyp Text ist, sind alle übrigen Attribute vom Typ Long).

22. Klicken Sie auf **Weiter >**.
23. Für diese Attribute werden im nächsten Fenster **Assistent für Objektdefinition – Objektdefinitionswerte wählen** dann konkrete Werte festgelegt. Diese Werte definieren die Kriterien, mit denen der CAD-Datenserver bestimmt, ob ein Grafikelement Mitglied der Objektklasse ist. Sie können Einzelwerte oder Wertebereiche eingeben (z. B. 1-5 oder 1,2,5-8) bzw. den Zellnamen mit maximal 8 Zeichen.
24. Klicken Sie auf **Weiter >**.
25. Im letzten Dialogfenster **Assistent für Objektdefinition – Objektkarten wählen** wird schließlich definiert, in welchen Karten die Objektklasse vertreten ist. Mit einem Klick auf **Fertig stellen** wird der Assistent zur Objektklassendefinition beendet.

Besitzt das gerade angelegte und nun markierte Objekt eine Datenbankverknüpfung (Sie haben das entsprechende Kontrollkästchen im Dialogfeld **Assistent für Objektdefinition – Objektnamen und Koordinatensystem eingeben** der Registerkarte **Objektdefinition** aktiviert) und der CAD-Server soll seine Attributdaten aus einer Datenbank liefern, können Sie i. Allg. die Standardeinstellungen unter **Optionen für die Datenbankverknüpfung...** und **Primäre eindeutige Schlüssel...** übernehmen (die entsprechenden Kontrollkästchen sind aktiviert). So erfolgt eine Verknüpfung vom Typ Grafik/Datenbanktabelle standardmäßig über das Grafikattribut **EntityNumber** – ein Wert, den MicroStation nichtgrafischen Attribut-Tabellen zuweist, wenn diese angelegt werden. Für eine Verknüpfung vom Typ Grafik/Datenbankzeile lautet die Vorgabe **OccurrenceNumber**. Diese ist standardmäßig mit der MSLINK-Spalte verknüpft. Weicht der Eintrag „MSLINK" allerdings vom Namen Ihrer Datenspalte ab, müssen Sie den Inhalt des Feldes **Datenbankscannerattribut** entsprechend verändern.
Bezüglich der primären eindeutigen Schlüssel ist zu beachten, dass GeoMedia nur <u>einen</u> eindeutigen Primärschlüssel unterstützt; die Standardeinstellung ist hier **ID**.
Dieser Prozess (Schritte 14 bis 25) muss jetzt solange wiederholt werden, bis alle Objektklassen definiert sind.

Einträge auf der Registerkarte **Scanneroptionen** sind nur notwendig, wenn Sie die CAD-Grafik mit nichtgrafischen Attributen verknüpfen möchten, oder wenn Sie noch zusätzliche Angaben in Form einer .ini-Datei (s. auch **Anhang F**) angeben wollen.
Unter Scannern versteht man in GeoMedia Software-Elemente zum Lesen und Verarbeiten von Grafik- (CAD-Scanner) und Datenbankinformationen (RDB-Scanner). Auf

der Registerkarte Scanneroptionen werden die zu verwendenden Scanner ausgewählt und ihre Arbeitsweisen festgelegt:

26. Für MicroStation-Dateien verwenden Sie „*GCAD.IGDSScanner*" als **CAD-Scannerklasse**. Der IGDS-Scanner verwendet die **Zeichenfolge der CAD-Verknüpfung** nicht, weshalb das entsprechende Feld leer bleibt. Es ist für den zukünftigen Gebrauch reserviert, wenn weitere Scanner in die Software integriert werden.

27. Wählen Sie „*GCAD.ODBCDatabaseScanner*" in der Pulldown-Liste **RDB-Scannerklasse** für eine Verbindung zu nichtgrafischen Attributinformationen in einer **ODBC-Datenquelle**. Um den ODBC-Datenbankscanner verwenden zu können, ist es notwendig, dass eine ODBC-Datenverbindung eingerichtet ist, d. h. es müssen ein ODBC-Treiber für die gewünschte Datenbank installiert und eine ODBC-Datenquelle konfiguriert sein (s. Abschnitt 0). Die Verbindung zu dieser Datenquelle kann dann über die **Zeichenfolge der RDB-Verknüpfung** angesprochen und die gewünschte Attributinformation nach GeoMedia übernommen werden. Die standardmäßigen Verbindungs-Zeichenketten für ACCESS und Oracle lauten wie folgt:

```
ACCESS:
ODBC;DSN=<Name der Datenquelle>

ORACLE:
ODBC;DSN=<Name der Datenquele>;USR=<Benutzername>;PWD=<Passwort des Benutzers>;USECURSORLIBRARY
```

Im CAD-Datenserver können Sie über eine **.ini-Datei** steuern, auf welche Weise Ihre Daten verarbeitet werden. So bezieht sich eine erste Gruppe von darin enthaltenen Schlüsselwörtern auf die IGDS-spezifische Verarbeitung Ihrer Daten (z. B. Verwendung von Trennzeichen zwischen Textblöcken, das Trennzeichens selbst, Ausrichtung des Textes). Über eine zweite Gruppe von Schlüsselwörtern besteht die Möglichkeit, die beim Scannen der Kartendateien zwischengespeicherten Geometriedaten dauerhaft zu speichern. Dies erübrigt mehrfaches Scannen der Kartendateien und steigert somit die Performance des CAD-Datenservers erheblich.

Tipp: *Zusätzlich können Sie noch Speicherplatz sparen, indem mehrere Benutzer desselben Datensatzes dieselbe Zwischenspeicherdatei verwenden.*

Hinweis: *Der Inhalt der .ini-Datei lautet:*
```
CACHE FILE:<Name der Zwischenspeicherdatei mit der Dateiendung .csc, mit oder ohne Pfad>
CACHE UPTODATE:<TRUE|FALSE> [optional]
LOCK TMEOUT THRESHOLD:>ein
```
vernünftiger Wert, der sich nach der Größe der CAD-Datei richtet> [optional]

28. Auf der Registerkarte Scanneroptionen können Sie den **Namen** und den **Speicherort** dieser Scanner-ini-Datei im Eingabefeld **INI-Datei des Scanners** spezifizieren. Wenn Sie keine .ini-Datei angeben, verwendet die Software die übliche tem-

poräre Zwischenspeicherdatei, die beim Schließen der Verbindung wieder gelöscht wird.

29. Sind alle Einstellungen getroffen, so speichern Sie das CAD-Schema, indem Sie auf **Datei > Beenden** klicken, die Aufforderung zum Speichern mit **Ja** bestätigen, einen **Dateinamen** (mit der Endung .csd) vergeben, den **Pfad** auswählen und mit **Speichern** beenden.

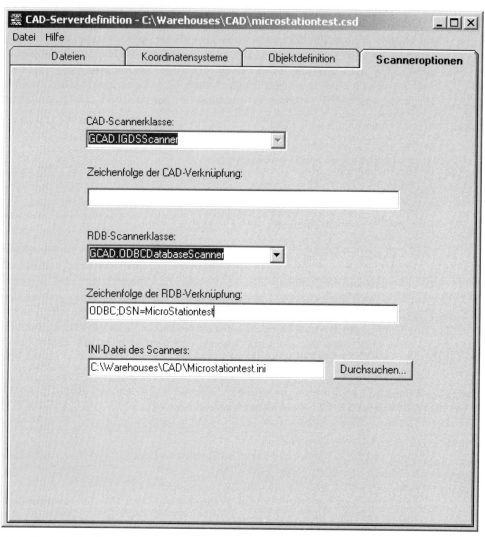

Abb. 3.12: Dialogfenster Scanneroptionen der CAD-Serverdefinitionen

Sie können ein bestehendes CAD-Serverschema jederzeit editieren. Entweder Sie wählen die Datei im Windows-Explorer mit einem Doppelklick aus, oder Sie öffnen die Datei in der Dialogbox **CAD-Serverschema** mit **Vorhandenes CAD-Serverschema öffnen** und **Durchsuchen...** .

Wichtig: *Um ein bestehendes CAD-Serverschema zu editieren, muss bei einer aktiven GeoMedia-Sitzung die Verbindung zum CAD-Server geschlossen werden. Ansonsten ist es nicht möglich, die Schemadatei zu öffnen.*

Hinweis: *Mit dem Hilfsprogramm* **Start > GeoMedia > MBR für Schemadatei des CAD-Servers aktualisieren** *können Sie das minimale Umgrenzungsrechteck für alle Karten in einer CAD-Server Schemadefinitionsdatei (.csd) aktualisieren. Die CAD-Serversoftware kann die MBR-Daten aus den Kartendateien dazu verwenden, gute Ergebnisse bei einer räumlichen Filterung zu erhalten.*

3.2.3 Schnelle Darstellung einer MicroStation-Zeichnungsdatei

Oftmals ist die Struktur einer Zeichnungsdatei explizit nicht bekannt, oder es ist nicht erforderlich, alle Zeichnungsobjekte umfassend zu definieren, da nur der grafische Inhalt einer .dgn-Zeichnungsdatei betrachtet werden soll. Dafür bietet GeoMedia eine alternative Möglichkeit MicroStation-/IGDS-Dateien schnell und einfach über Ebenenselektion darzustellen. Je nach getroffener Einstellung werden dabei alle Grafikobjekte in einer Objektklasse zusammengefasst bzw. für jede Ebene eine eigene Objektklasse und ein zugehöriger Legendeneintrag definiert. Auf diese Weise kommen Sie ohne vollständige Kenntnis der CAD-Daten und des Projektes aus. Der Befehl **Zeichnungsdateien erstellen...** erstellt automatisch die CAD-Server-Schemadatei (.csd) aufgrund einer auf Ebenen basierenden Vorlage, stellt eine Verbindung zu dieser Datei her und stellt die Daten entsprechend den festgelegten Ebenen im aktiven Kartenfenster dar.

Workflow: Darstellen von Zeichnungsdateien
1. Wählen Sie im GeoMedia-Hauptmenü **Extras > Zeichnungsdateien darstellen...**.

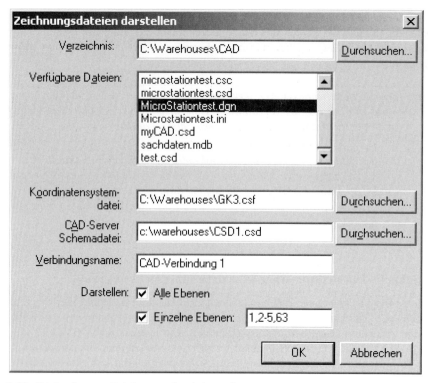

Abb. 3.13: Dialogfenster Zeichnungsdatei darstellen

2. Geben Sie im Eingabefeld **Verzeichnis** den Pfad an, in dem sich die Zeichnungsdatei befindet oder selektieren ihn über die Schaltfläche **Durchsuchen...**.
3. Markieren Sie im Feld **Verfügbare Dateien** die Datei(en), die Sie darstellen möchten.
4. *Optional:* Geben Sie im Feld **Koordinatensystemdatei** die Datei an, welche die Definition des Koordinatensystems enthält.
5. *Optional:* Ändern Sie im Feld CAD-Server Schemadatei den Namen der zu erstellenden Schemadatei, die Sie zu einem späteren Zeitpunkt beliebig anpassen können, wie bereits weiter oben beschrieben.
6. *Optional:* Vergeben Sie einen aussagekräftigen **Verbindungsnamen**.
7. Entscheiden Sie durch Aktivieren des entsprechenden Kontrollkästchens, ob **alle Ebenen** in einer Objektklasse dargestellt und/oder **einzelne Ebenen** in separate Objektklassen aufgeteilt werden sollen. Tragen Sie diese einzelnen Ebenen in das entsprechende Eingabefeld ein. Beide Einstellungen sind unabhängig voneinander.
8. Bestätigen Sie mit **OK**.

Hinweis: *Wenn Sie keine Ebene angeben, so wird eine Verbindung zu dem CAD-Warehouse hergestellt und danach abgebrochen. Sie müssen dann den Befehl* **Legende > Objektklasse hinzufügen** *verwenden, um die Objekte im aktiven Kartenfenster darzustellen.*

Wichtig: *Die beiden Optionen der Darstellung sind voneinander unabhängig. Sie können also auch alle Ebenen in einer Objektklasse zusammenfassen und separat einzelne Ebenen als eigene Objektklasse definieren.*

Wichtig: *Die selektierte Koordinatensystemdatei definiert das Koordinatensystem der ausgewählten Zeichnungsdateien, ohne dabei die Koordinatensystemeinstellungen des GeoWorkspaces zu ändern. Wenn nicht die gewünschten Ergebnisse dargestellt werden, müssen Sie möglicherweise die aktuellen Koordinatensystemeinstellungen des GeoWorkspaces ändern, indem Sie auf* **Ansicht > GeoWorkspace-Koordinatensystem** *klicken und die entsprechende Projektion festlegen.*

Hinweis: *GeoMedia Professional unterstützt zusätzlich auch den Export in Zeichnungsdateien.*

3.2.4 AutoCAD .dwg/.dxf

Das Erstellen einer CAD-Server-Schemadatei für .dwg-/.dxf-Dateien verhält sich ähnlich dem der Definition einer Datei für MicroStation. Wichtigster Unterschied ist dabei, dass für diese beiden Dateien keine Attributverknüpfungen interpretiert werden, d. h. es werden ausschließlich die grafischen Informationen in GeoMedia dargestellt.

3.3 Import von ESRI-Daten

3.3.1 ArcView

ArcView-Daten müssen im plattformspezifischen Format (d. h. nicht exportiert) vorhanden sein. Das plattformspezifische Format benötigt einen als Verzeichnis definierten „WorkSpace", worunter man in der ESRI-Terminologie ein Verzeichnis oder einen Ordner mit einer Reihe von Unterverzeichnissen versteht, die ihrerseits als „Coverages" (Erfassungsbereiche) bezeichnet werden. In einem ArcView-WorkSpace wird ein „Thema" (in der GeoMedia-Terminologie eine Objektklasse) durch die folgenden drei Dateien gespeichert: Die beiden Dateien „Thema.shp" und „Thema.shx" enthalten die Geometriedaten sowie den geometrischen Index, während die Sachdaten in der Datei „Thema.dbf" gespeichert sind.
Damit der ArcView-Datenserver in der Lage ist, den ArcView-WorkSpace korrekt in GeoMedia in einem GeoWorkspace (.gws-Datei) auszurichten, müssen folgende zwei Voraussetzungen gegeben sein: Zum einen ist es auch hier notwendig, eine Koordinatensystemdatei (.csf) zu erzeugen. Zum andern muss der Speicherort dieser Koordinatensystemdatei in einer Datei „WorkSpace-Name.ini" festgelegt werden, die selbst im WorkSpace-Verzeichnis abgelegt sein muss. Hierzu bietet sich die Verwendung des GeoMedia INI-Wizards an, wie in **Anhang G** beschrieben.

Hinweis: *Die Syntax der .ini-Datei lautet:*
```
COORDINATE SYSTEM:
<ArcView-WorkSpace-Name> = <vollständiger Pfad- und
Dateiname der .csf-Datei>
```

Wichtig: *Liegen die ArcView-Themen in unterschiedlichen Koordinatensystemen vor, so benötigen Sie im WorkSpace-Verzeichnis für jedes Thema eine eigene Koordinatensystemdatei sowie jeweils einen Eintrag in der .ini-Datei:*
```
COORDINATE SYSTEM:
<coverage1> <vollständiger Pfad- und Dateiname der
.csf-Datei>
<coverage2> <vollständiger Pfad- und Dateiname der
.csf-Datei>
...
```

Der Workflow zum Herstellen der ArcView-Verbindung wird im Folgenden anhand eines Beispiels erläutert:

Beispiel: Integration von ArcView-Daten
1. Kopieren Sie den gewünschten ArcView-WorkSpace in das Verzeichnis „Warehouses" auf Ihrer Festplatte.
   Auf der Beispiel-CD-ROM finden Sie im Verzeichnis ESRI den WorkSpace „Vegetation", den Sie auf Ihre Festplatte in das Verzeichnis „LW:\Warehouses" kopieren. Dieser WorkSpace beinhaltet die ArcView-Themen:
   - Antarctica
   - Country Boundaries
   - Ocean an Seas
   - Vegetation Zones.
2. Erstellen Sie mit dem Dienstprogramm **Koordinatensystemdatei erstellen** eine **Koordinatensystemdatei** (.csf):
   Für das Beispiel wählen Sie dabei das **Basisbezugssystem Geographisch** sowie den **Geographischen Bereich** „*WGS 84*". **Speichern** Sie die Datei im WorkSpace (Verzeichnis) „LW:\Warehouses\Vegetation" unter dem **Dateinamen** „*Geographisch.csf*".
3. Erzeugen Sie mit einem Editor (z. B. Notepad) eine **.ini-Datei**, die Sie im Verzeichnis LW:\Warehouses\<WorkSpace-Name> speichern.
   Der **Inhalt** der Beispieldatei lautet:
   ```
   COORDINATE SYSTEM:
   Vegetation=LW:\Warhouses\Vegetation\Geographisch.csf
   ```
   Speichern Sie die Datei im **Verzeichnis** „LW:\Warehouses\Vegetation" unter dem **Dateinamen** „*Vegetation.ini*".

3.3 Import von ESRI-Daten

Anmerkung: Bei unterschiedlichen Koordinatensystemen der einzelnen Themen hätte die Beispieldatei folgenden Aufbau:
```
COORDINATE SYSTEM:
Antarctica=LW:\Warhouses\Vegetation\antarctica.csf
Country Boundaries=LW:\Warhouses\Vegetation\country
boundaries.csf
Ocean and Seas=LW:\Warhouses\Vegetation\ocean and
seas.csf
Vegetation Zones=LW:\Warhouses\Vegetation\vegetation
zones.csf
```

4. Öffnen Sie mit GeoMedia einen **neuen GeoWorkspace**, basierend auf der Vorlage Normal.gwt.
5. Erzeugen Sie eine **neue Warehouse-Verbindung** über **Warehouse > Neue Verbindung ...**. Wählen Sie als Verbindungstyp **ArcView**.
6. Bestätigen Sie mit **Weiter >**.
7. Vergeben Sie einen aussagekräftigen **Verbindungsnamen** und optional eine **Verbindungsbeschreibung** sowie den **Pfad** zum ArcView Shape-Dateiordner (Work-Space-Verzeichnis).

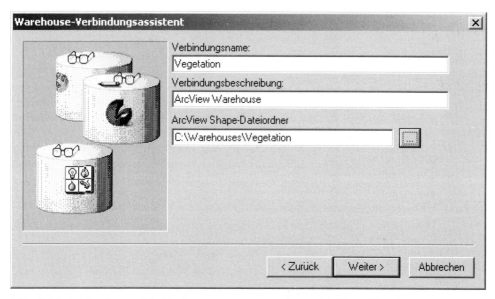

Abb. 3.14: Dialogfenster Verbindungsparameter zu einem ArcView-Warehouse

8. Klicken Sie auf **Weiter >**.
9. Bestätigen Sie mit einem Klick auf **Weiter >** auch die Einstellung **Auf alle Objekte im Warehouse zugreifen** (Vollzugriff).
10. Öffnen Sie eine **schreibgeschützte Verbindung** mit **Fertig stellen**.
11. Laden Sie die ArcView-Daten über **Legende > Objektklassen** hinzufügen.

Abb. 3.15: Dialogfenster Objektklasseneintrag hinzufügen

12. Markieren Sie alle Objektklassen und bestätigen mit **OK**.
    Jetzt werden die vier Themen geladen und in GeoMedia visualisiert.

Hinweis: *Um den Umgang mit der Koordinatensystemdatei sowie der .ini-Datei so einfach wie möglich zu gestalten, sollten diese <u>immer</u> im ArcView WorkSpace-Verzeichnis abgelegt werden. Werden hier die Dateien nicht gefunden, so sucht GeoMedia standardmäßig im Warehouse-Verzeichnis. Findet GeoMedia auch hier keine „WorkSpace.ini" so sucht der Datenserver nach einer Datei „Thema.csf" im Workspace-Verzeichnis. Die Suchreihenfolge ist dabei standardmäßig: Warehouse-Verzeichnis, Workspace-Verzeichnis, Themaname.csf im Workspace-Verzeichnis.*

Weist der Workspace-Ordner mehrere Themen auf, von denen manche keine .csf-Datei besitzen, übernimmt der ArcView-Datenserver nur für die Themen, für die es eine .csf-Datei gibt, Koordinatensystemdaten.

Existiert weder eine .csf- noch eine .ini-Datei, übernimmt der Datenserver keine Koordinatensystemdaten in die GeoMedia Metadaten-Tabelle GCoordinate-System.

Hinweis: ***GeoMedia Professional*** *unterstützt zusätzlich auch den Export in Shape-Dateien.*

3.3.2 ArcInfo

Die Verbindung zu einem ArcInfo-Warehouse erfolgt analog zu dem im Abschnitt Arc-View beschriebenen Weg. Folgende Voraussetzungen müssen dafür erfüllt sein:
- Die ArcInfo-Daten müssen im plattformspezifischen Format (***nicht E00 Format!***) vorliegen. Dieses plattformspezifische Format benötigt ebenfalls einen als Verzeichnis definierten ArcInfo-WorkSpace, welcher wiederum Unterverzeichnisse entsprechend der Coverages (Erfassungsbereiche) enthält. Die Namen der ArcInfo-Coverages (z. B. „Gewässer", „Strassen" etc.) entsprechen im Grunde den GeoMedia-Bezeichnungen der Objektklassen.
- Zusätzlich muss ein Unterverzeichnis mit dem Namen „Workspace\info" vorhanden sein, in dem die Datei „Arcdr9" (für ArcInfo-Workspaces vor Version 7) bzw. „arc.dir" (für ArcInfo-Workspaces ab Version 7) enthalten ist. Sie liefert dem ArcInfo-Datenserver detaillierte Informationen über die gesamte Datenstruktur und wird für die Bearbeitung der Daten benötigt.
- Zur korrekten Ausrichtung der ArcInfo-Daten in einem GeoWorkspace (.gws-Datei) ist entweder für den gesamten WorkSpace oder – falls nötig – für jedes Coverage (Objektklasse) die entsprechende **Koordinatensystemdatei** (.csf) mittels des Dienstprogrammes **Koordinatensystemdatei definieren** zu erzeugen.
- Ferner ist mit einem Editor eine .ini-Datei anzulegen, die den Pfad und die Namen der Koordinatensystemdatei(en) beinhaltet.
- .ini-Datei sowie .csf-Datei(en) sollten bevorzugt im Workspace-Verzeichnis oder im Warehouse-Verzeichnis abgelegt werden.

Hinweis: *Wenn keine .ini-Datei gefunden wird, sucht der ArcInfo-Datenserver in jedem Erfassungsbereich-Ordner nach einer .csf-Datei. Enthält ein solches Verzeichnis mehr als eine .csf-Datei, benutzt der Datenserver die erste, die er findet.*

Nach der Schaffung dieser Voraussetzungen erfolgt der Verbindungsaufbau zu dem ArcInfo-Warehouse in bekannter Weise über **Warehouse > Neue Verbindung...**. Als **Verbindungstyp** wird „ArcInfo" gewählt. Im Warehouse-Verbindungsassistenten geben Sie einen **Verbindungsnamen** sowie optional eine **Verbindungsbeschreibung** an und tragen den **Pfad für den ArcInfo Workspace-Ordner** ein. Sie können auch hier einen **räumlichen Filter** anwenden, bevor Sie schließlich die **Verbindung mit Schreibschutz** öffnen.

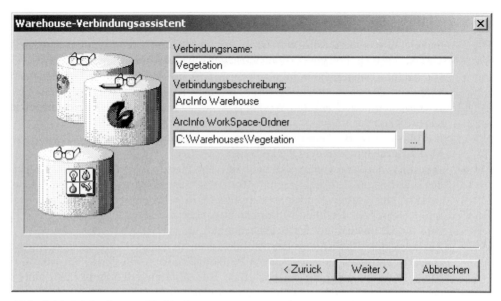

Abb. 3.16: Dialogfenster Verbindungsparameter zu einem ArcInfo-Warehouse

Wichtig: *GeoMedia kann nur auf Dateien zugreifen, die im Microsoft Dateisystem vorliegen. Falls die Daten auf UNIX-Rechner erzeugt wurden, muss der Zugriff so gestaltet werden, dass die Daten in Windows verarbeitet werden können.*

Wichtig: *GeoMedia unterstützt <u>nicht</u> die PC-Version von ArcInfo.*

Hinweis: *Alleine GeoMedia ist in der Lage, ArcInfo-Workspaces der Version bis ArcInfo 3.x und der neuesten Version ArcInfo 8.x zusammen zu bearbeiten. ESRI bietet hierzu keine Tools, so dass ältere und aktuelle unter ArcInfo bearbeitete Daten – wie Daten aus zwei proprietären ESRI-Systemwelten – den ESRI-Anwendern nicht mehr zur Verfügung stehen.*

3.4 Verbinden mit einem MapInfo-Warehouse

Die Verbindung mit einem MapInfo-Warehouse erfolgt ähnlich wie die zu einem ArcView- bzw. ArcInfo-Warehouse. Im **Warehouse-Verbindungsassistenten** muss der Ordner angegeben werden, in dem sich die MapInfo-Tabellen befinden. Die MapInfo-Daten müssen im plattformspezifischen (also nicht exportiert) Format vorhanden sein, d. h. es muss eine Tabellendatei (.tab), eine Indexdatei (.id), eine Kartendatei (.map) und/oder eine Infodatei (.dat/.dbf oder .xls) für jede Objektklasse existieren.

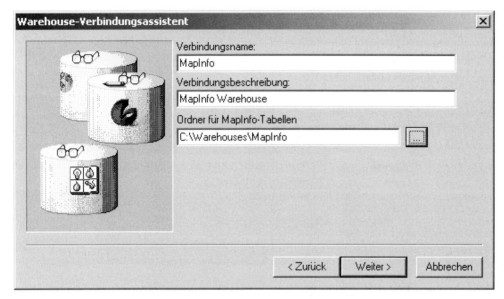

Abb. 3.17: Dialogfenster Verbindungsparameter zu einem MapInfo-Warehouse

Damit die Daten in GeoMedia lagerichtig dargestellt werden können, ist es ebenfalls notwendig, eine Koordinatensystemdatei (.csf) und eine .ini-Datei zu definieren, wie es in Kapitel 3.3.1 ausführlich beschrieben wurde. Die .ini-Datei muss auf die .csf-Datei verweisen. Dabei ist es wiederum erlaubt, eine .csf-Datei für den gesamten MapInfo-Datensatz anzugeben oder für jede Objektklasse (d. h. jede MapInfo-Tabelle) eine eigene .csf-Datei zu erstellen.

Hinweis: *GeoMedia Professional* unterstützt zusätzlich auch den Export in MapInfo-Dateien.

3.5 Verbinden mit einem Oracle-Warehouse

Bevor Sie sich mit einem Oracle-Warehouse verbinden können, muss sich bereits die Oracle-Client-Software auf Ihrem Rechner befinden. Ferner ist es notwendig, mit Hilfe des Oracle-Netzwerkkonfigurationsdienstprogramms Net8 einen Datenbank-Alias bzw. einen Datenbank-Dienst einzurichten und zu konfigurieren. Nach diesen Vorarbeiten können Sie sich über den **Warehouse-Verbindungsassistenten** mit der Datenbank verbinden. Dazu benötigen Sie folgende Informationen:

- Aussagekräftigen Verbindungsnamen
- Eine Verbindungsbeschreibung (optional)
- Einen gültigen Benutzernamen für die Datenbank
- Das Kennwort für den Benutzernamen
- Den Hostnamen, den Sie als Alias-Name mit dem Oracle-Konfigurationsdienstprogramm erstellt haben.

Abb. 3.18: Dialogfenster Verbindungsparameter zu einem Oracle-Warehouse

GeoMedia unterstützt sowohl das relationale als auch das objektrelationale Datenmodell von Oracle.

Hinweis: *GeoMedia Professional unterstützt zusätzlich auch den Lese-/Schreibzugriff zu Oracle.*

3.6 Verbindung mit einem SQL-Server-Warehouse

Im Gegensatz zu Oracle brauchen Sie bei der Anbindung an SQL-Server keine Client-Software der Datenbank auf ihrem Rechner. Zur Anbindung an ein SQL-Server-Warehouse benötigen Sie folgende Informationen:
- Aussagekräftigen Verbindungsnamen
- Eine Verbindungsbeschreibung (optional)
- Den Rechnernamen des Servers
- Den Namen der Datenbank.

Abb. 3.19: Dialogfenster Verbindungsparameter zu einem MSSQL-Warehouse

MSSQL unterstützt zwei Varianten des Datenbankzugriffs. Zum Einen die Authentifizierung über die Windows-Domäne oder zum Anderen die Authentifizierung über eine Benutzer ID und ein Passwort.

Hinweis: *GeoMedia Professional* unterstützt zusätzlich auch den Lese-/Schreibzugriff zu MSSQL.

3.7 Verbindung mit einem ODBC-Warehouse

Viele attributive Daten, die Sie für Ihre Analysezwecke benötigen, liegen in Tabellenform z. B. in Excel oder ACCESS ohne Grafikbezug vor. Um diese Daten über eine Warehouse-Verbindung nutzen zu können, bietet GeoMedia die Verbindung zu einem ODBC-Warehouse in Tabellenformat an. Damit diese Verbindung hergestellt werden kann, ist es zunächst notwendig, mit dem ODBC-Datenquellen-Administrator eine ODBC-Verbindung mit dem richtigen ODBC-Treiber zu definieren.

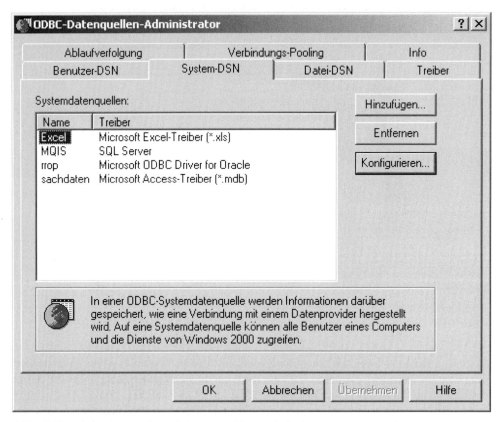

Abb. 3.20: Dialogfenster ODBC-Datenquellen-Adminsitrator

Der Aufruf des **ODBC-Datenquellen-Administrators** erfolgt vom **Windows-Desktop** aus über **Start > Einstellungen > Systemsteuerung > Data Sources ODBC**. Auf der Registerkarte **System-DSN** klicken Sie auf **Hinzufügen...**, um eine neue ODBC-Verbindung herzustellen (wollen Sie alleine auf diese Verbindung zugreifen, verwenden Sie die Registerkarte Benutzer DSN). Im sich öffnenden Dialogfeld wählen Sie den Treiber der ODBC-Datenquelle aus, vergeben einen aussagekräftigen Namen sowie optional eine Beschreibung. Je nach ODBC-Datenquelle variieren die weiteren Einstellungen. Mit **OK** schließen Sie die Definition ab. Jetzt steht Ihnen und allen weiteren Benutzern des Systems die Datenquelle zur Verfügung.

In GeoMedia können Sie dann eine Verbindung zu dem ODBC-Warehouse über den Warehouse-Verbindungsassistent mit dem Verbindungstyp **ODBC-Tabelle (Schreibgeschützt)** definieren. Als Verbindungsparameter benötigen Sie je nach Datenquelle:
- Den Namen der ODBC-Verbindung
- Die ODBC-Datenquelle (wird im ODBC-Administrator als DSN definiert)
- Den Benutzernamen (falls für die Quelle erforderlich)
- Das Kennwort (falls für die Quelle erforderlich).

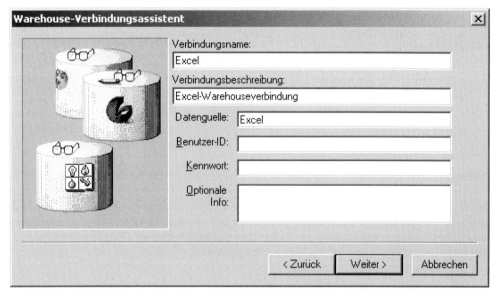

Abb. 3.21: Dialogfenster Warehoues-Verbindungsassistent

3.8 Weitere Datenserver

Neben den detailliert beschriebenen Datenservern unterstützt GeoMedia außerdem die Anbindung folgender Datenquellen: MGE, MGE Segment Manager, MGE Data Manager und FRAMME. In der Version 6.0 folgt ein IBM DB/2-Datenserver. Außerdem lassen sich ATKIS- und ALK-Daten über separat erhältliche Reader verarbeiten. Für eine ausführliche Beschreibung des Zugriffs auf die genannten Warehouses sei an dieser Stelle auf die Dokumentation und Webseite von Intergraph verwiesen.

Hinweis: *Der Warehouse-Verbindungsassistent zeigt eine vollständige Liste der verfügbaren Verbindungstypen an. Diese hängt von den Datenservern ab, die während der Installation der Software geladen wurden. Wenn Sie jedoch einen Verbindungstypen für einen Datenserver wünschen, den GeoMedia zwar bereitstellt, der aber nicht in der Liste des Warehouse-Assistenten angezeigt wird, so können Sie ihn durch eine Neuinstallation der Software hinzufügen.*

3.9 Arbeiten mit Warehouse-Verbindungen

Bisher haben Sie in Kapitel 3 gelernt, wie man sich mit einem Warehouse verbindet. Sie haben gesehen, dass man je nach Art des Warehouses unterschiedliche Angaben benötigt, um den Zugriff auf die Daten zu erhalten, und Sie haben den Warehouse-Verbindungsassistenten kennen gelernt, der Sie Schritt für Schritt durch die Definition der Verbindungsparameter führt. Da sich aber das Arbeiten mit Warehouse-Verbindungen nicht allein auf das Erstellen einer Warehouse-Verbindung beschränkt, stellt GeoMedia noch eine Reihe weiterer Funktionen bereit. Diese sind:

- Verbindungen bearbeiten
- räumliche Filter
- Übersichtsverbindungen
- Import von Daten in ein Warehouse mit Schreibzugriff
- Auffrischen mit Änderungen im Warehouse
- Erstellen einer ACCESS-Warehouse-Vorlage.

3.9.1 Verbindungen bearbeiten

Neben dem Erstellen und Öffnen einer neuen Verbindung bietet GeoMedia noch die Möglichkeit, bereits bestehende Verbindungen zu bearbeiten bzw. eine nicht mehr benötigte Verbindungen wieder zu löschen. Alle diese Funktionen finden Sie im Dialogfenster **Warehouse-Verbindungen** des Menüs **Warehouse > Verbindung bearbeiten** zusammengefasst. Dieses Dialogfenster zeigt die Verbindungsparameter der im aktuellen GeoWorkspaces bestehenden Warehouse-Verbindungen tabellarisch an:

- Verbindungs-Status
- Verbindungsname
- Verbindungstyp
- Räumlicher Filter
- Ablagepfad.

Abb. 3.22: Dialogfenster Warehouse-Verbindungen

Jede Zeile der Tabelle beinhaltet die Verbindungsparameter einer Verbindung. Zur Selektion der zu manipulierenden Warehouse-Verbindung klicken Sie auf die Schaltfläche für die

Zeilenauswahl links neben dem Status der Verbindung (der Mauszeiger verwandelt sich auf dieser Schaltfläche in einen schwarzen Pfeil). Die ausgewählte Verbindung erscheint dann gelb unterlegt und die beiden Schaltflächen **Bearbeiten** und **Löschen** sind aktiv.

Über die Schaltfläche **Neu...** rufen Sie den Warehouse-Verbindungsassistent auf, der Ihnen bereits bekannt ist. Sie können damit eine neue Verbindung zu einem Warehouse erstellen, wozu man je nach Art der Verbindung unterschiedliche Informationen benötigt. Der Ablauf des Verbindungsaufbaus wurde bereits in den vorhergehenden Abschnitten eingehend beschrieben.

Wie in Abschnitt 3.1 schon erwähnt, kann eine Verbindung zu einem Warehouse drei unterschiedliche Zustände haben. So kann der Status der Verbindung **offen, lesen/schreiben** (gilt nur für den Verbindungstyp ACCESS), **geschlossen** oder **offen, nur lesen** sein.

Hinweis: *Solange eine Verbindung offen ist, kann diese weder bearbeitet noch gelöscht werden. Daher müssen Sie sich vor der Bearbeitung bzw. dem Löschen einer Warehouse-Verbindung stets vergewissern, dass der Status geschlossen ist und ihn gegebenenfalls über folgenden Workflow ändern:*

Workflow: Änderung des Status einer Verbindung
1. Wählen Sie **Warehouse > Verbindung bearbeiten**.
2. Klicken Sie in das Feld **Status** in der Zeile der Verbindung, die Sie bearbeiten wollen. Der Status erscheint dann gelb unterlegt.
3. Wählen Sie in der Pulldown-Liste den entsprechenden Status. Es werden nur zwei Möglichkeiten angeboten. Über die Pfeiltasten können Sie den dritten Status wählen.
4. Klicken Sie auf **Schließen**, um das Dialogfenster **Warehouse-Verbindungen** zu beenden

Hinweis: *Beim Löschen einer Verbindung sollten Sie bedenken, dass Legendeneinträge, Abfragen oder interne Verweise, die diese Verbindung nutzen, ebenfalls gelöscht werden. Ein Bestätigungsdialogfeld weist Sie nochmals darauf hin.*

Workflow: Löschen einer Verbindung
1. Wählen Sie **Warehouse > Verbindung bearbeiten**.
2. Überprüfen Sie, ob die Verbindung, die Sie löschen wollen, geschlossen ist. Wenn das nicht der Fall ist, so schließen Sie die Verbindung wie oben beschrieben.
3. Wählen Sie durch Klicken auf die Schaltfläche für die Zeilenauswahl die Verbindung, die Sie löschen wollen. Gehen Sie dazu in der Zeile ganz nach links, bis sich der Mauszeiger in einen schwarzen Pfeil verwandelt.
4. Klicken Sie auf **Löschen**.
5. Klicken Sie auf **Schließen**, um das Dialogfenster **Warehouse-Verbindungen** zu beenden.

Wichtig: *Verbindungsname und Verbindungstyp können nicht verändert werden; sie sind von der Bearbeitung ausgeschlossen.*

Workflow: Bearbeiten einer Verbindung
1. Wählen Sie **Warehouse > Verbindung bearbeiten**.
2. Überprüfen Sie, ob die Verbindung die Sie bearbeiten wollen, geschlossen ist. Wenn das nicht der Fall ist, so schließen Sie die Verbindung.
3. Wählen Sie durch Klicken auf die Schaltfläche für die Zeilenauswahl die Verbindung, die Sie bearbeiten wollen. Gehen Sie dazu in der Zeile ganz nach links, bis sich der Mauszeiger in einen schwarzen Pfeil verwandelt.
4. Klicken Sie auf **Bearbeiten...** und es öffnet sich der **Warehouse-Verbindungsassistent**. Sie können jetzt alle Einstellungen mit Ausnahme des Verbindungsnamens und des Verbindungstyps bearbeiten.
5. Nach den Änderungen klicken Sie auf **Fertig stellen**.
6. Klicken Sie auf **Schließen**, um das Dialogfenster Warehouse-Verbindungen zu beenden.

3.9.2 Räumliche Filter

Räumliche Filter unterstützen den Anwender bei der Bearbeitung von umfangreichen Daten, da sie es erlauben, die Datenmenge zur Bearbeitung räumlich einzuschränken. Diese Einschränkung kann sich sowohl auf den GeoWorkspace, auf eine einzelne Warehouse-Verbindung oder auf alle Warehouse-Verbindungen beziehen. Auch innerhalb einer Warehouse-Verbindung können bestimmte Objektklassen gezielt durch einen räumlichen Filter selektiert werden. Die einzige Ausnahme stellt die Übersichtsverbindung dar; auf diese kann kein räumlicher Filter angewendet werden.

Die Definition von räumlichen Filtern erfolgt stets interaktiv innerhalb des Kartenfensters. GeoMedia kennt dazu drei Verfahren:
- Räumlichen Filter über Ansicht anwenden
- Räumlichen Filter über Zaun definieren
- Räumlichen Filter über Fläche definieren.

So gestaltet sich beispielsweise der Workflow zur Definition eines räumlichen Filters mittels Zaunfunktion wie folgt:

Workflow: Definition eines räumlichen Filters über Zaun
1. Starten Sie über **Warehouse > Räumlichen Filter über Zaun definieren** die Funktion.
2. Ziehen Sie mit gedrückter linker Maustaste einen rechteckigen Zaun über dem gewählten Gebiet auf.
3. Geben Sie dem räumlichen Filter einen aussagekräftigen **Namen** und wählen Sie den **Räumlichen Operator** (**Überlappt**, **Innerhalb** oder **Bereichsüberlappend**) für den Filter (die Wirkung des ausgewählten Operators wird im Dialogfeld erläutert).

Abb. 3.23: Dialogfenster Räumlichen Filter definieren

4. Wählen Sie, ob der Filter sofort auf den **GeoWorkspace angewendet** wird und ob er **Als Standardfilter für alle vorhandenen Verbindungen** gültig ist.
5. Klicken Sie auf **OK**.

Wenn Sie das Kontrollkästchen **Auf GeoWorkspace anwenden** aktiviert haben, so wird das Kartenfenster nun gefiltert dargestellt.

Räumliche Filter können während einer Arbeitssitzung jederzeit hinzugefügt, entfernt oder zwischen Warehouse-Verbindungen ausgetauscht werden. Sie wirken sich stets nur auf die importieren Objektklassen, nie auf die originären Daten aus. Funktionen zur Verwaltung räumlicher Filter stehen unter **Warehouse > Räumliche Filter...** zur Verfügung.

Tipp: *Sie können den räumlichen Standardfilter auch ändern, indem Sie in das Feld der Verbindung, die Sie bearbeiten wollen, klicken und über die Pulldown-Liste den entsprechenden Filter auswählen. Wenn Sie auf die leere Fläche klicken, so wird der Filter von der Warehouse-Verbindung entfernt und Sie erhalten wieder Vollzugriff.*

3.9.3 Übersichtsverbindungen

Eine Übersichtsverbindung dient dem schnelleren Navigieren und Bearbeiten in einem GeoWorkspace. Sie ist eine Verbindung zu einem Übersichts-Warehouse, in dem eine geringe Anzahl von Objekten in kleinem Maßstab dem Anwender hilft, sich in den Daten zurechtzufinden und schnell zu navigieren. Diese Übersichtskarte kann dann der Ausgangspunkt sein, um über räumliche Filter auf detaillierte Datenbestände in anderen Warehouse-Verbindungen zuzugreifen.

Sie legen eine Übersichtsverbindung fest, indem Sie über **Extras > Optionen** die Registerkarte **Allgemein** öffnen und dann in der Pulldown-Liste die **Verbindung** anwählen, die als Übersichtsverbindung dienen soll. Standardmäßig ist der erste Eintrag „*<Keine>*", und dann folgenden die Namen sämtlicher Verbindungen im GeoWorkspace.

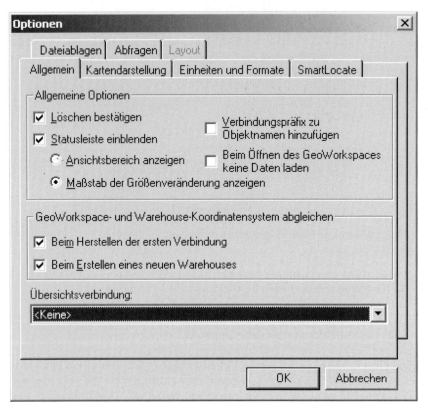

Abb. 3.24: Festlegen einer Übersichtsverbindung

Die Nutzung einer Übersichtsverbindung ist sehr eng mit der Anwendung von räumlichen Filtern gekoppelt. Wenn ein Filter auf die Daten des GeoWorkspaces gelegt wird, so übergeht der Befehl sowohl die Übersichtskarte (wird selbst nie gefiltert) als auch die Objektklassen der Übersichtsverbindung. Diese stehen daher trotz des räumlichen Filters zur weiteren Navigation zur Verfügung. Einer Übersichtsverbindung kann daher auch kein räumlicher Filter zugewiesen werden.

Wird die Übersichtsverbindung unter **Warehouse > Warehouse-Verbindung bearbeiten** geschlossen bzw. gelöscht, so wird automatisch die Option **Übersichtsverbindung** der Registerkarte **Allgemein** auf „*<Keine>*" zurückgesetzt.

3.9 Arbeiten mit Warehouse-Verbindungen

3.9.4 Import von Daten in ein Warehouse mit Schreibzugriff

Diese Funktion erlaubt es Ihnen, Daten aus einer beliebigen Warehouse-Verbindung in ein Warehouse mit Schreibzugriff zu importieren. Sie können dabei entscheiden, ob Sie alle Objektklassen, nur einzelne Klassen oder nur ausgewählte Objekte einer Objektklasse in ein Warehouse übertragen (kopieren) möchten.

Wichtig: *Sie können Daten aus einer Leseverbindung nicht wieder in das Ursprungs-Warehouse zurückschreiben! Diese Art des Datenimports ist also eine Einbahnstraße.*

Zu Ihrer Unterstützung stellt GeoMedia Ihnen den **Assistenten für den Warehouse-Import** bereit, der über sehr viele Erläuterungen und detaillierte Anweisungen verfügt. Der Assistent benötigt folgende Informationen:
- Aus welchem Warehouse wollen Sie Daten importieren (Ursprungs-Warehouse)?
- In welches Warehouse mit Schreibzugriff wollen Sie importieren (Ziel-Warehouse)?

Hinweis: *Räumliche Filter für Ziel-Warehouses werden ignoriert.*

Der folgende Arbeitsablauf bietet ein Beispiel für den Datenimport in ein ACCESS-Warehouse. Da die Vorgehensweise bei den verschiedenen Warehouse-Typen leicht unterschiedlich ist, kann er jedoch nicht unmittelbar auf andere Anwendungsfälle übertragen werden, zeigt aber die wesentlichen Arbeitsschritte.

Workflow: Warehouse-Import

Importieren Sie aus dem **ACCESS-Warehouse** *„Deutschland.mdb"* die Bundeslandgrenzen für Hessen in ein neues Warehouse *„Hessen.mdb"*. Dazu müssen Sie zuerst eine Verbindung zu dem ACCESS-Warehouse *„Deutschland.mdb"* aufbauen und den Status **offen, lesen/schreiben** einstellen. Danach legen Sie ein neues Warehouse mit dem Namen *„Hessen.mdb"* an:
1. Öffnen Sie den Assistent für den Warehouse-Import über **Warehouse > Aus Warehouse importieren...** und klicken Sie auf **Weiter >**.
2. Definieren Sie die **Verbindung** *„Deutschland"* als **Ursprungs-Warehouse** und bestätigen Sie mit **Weiter >**.
3. Definieren Sie die **Verbindung** *„Hessen"* als **Ziel-Warehouse** und klicken Sie auf **Weiter >**.
4. Wählen Sie die **Objektklassen** des Ursprungs-Warehouses, die Sie importieren möchten. In Ihrem Beispiel markieren Sie *„Bundesland"* und *„Bundeslandname"* und fügen Sie diese über die Schaltfläche **>** dem Ziel-Warehouse hinzu.

Mit der Schaltfläche **>>** können Sie alle Objektklassen dem Ziel-Warehouse hinzufügen. Die Schaltflächen **<** bzw. **<<** machen die Auswahl wieder rückgängig.

Abb. 3.25: Dialogfenster Ursprungs-Warehouse auswählen

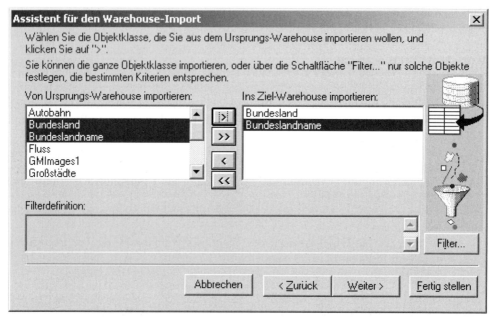

Abb. 3.26: Dialogfenster Objektklassen auswählen

5. Markieren Sie die **Objektklasse** „*Bundesland*" und klicken Sie auf die Schaltfläche **Filter...**, um nur die hessische Landesgrenze zu übernehmen: Wählen Sie aus der Liste der **Attribute** „*NAME*" aus und klicken auf die Schaltfläche ▼ darun-

3.9 Arbeiten mit Warehouse-Verbindungen

ter. Als **Operator** selektieren Sie „=". Tragen Sie schließlich im Eingabefeld **Werte** „*HESSEN*" ein und klicken wieder auf die zugehörige Schaltfläche zur Übernahme. Im Feld **Filter** steht nun der Eintrag „*NAME = 'HESSEN'*", den Sie mit **OK** bestätigen.
6. Führen Sie denselben Prozess für die Objektklasse „*Bundeslandname*" durch.

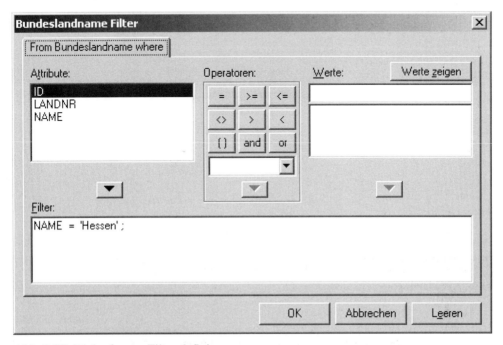

Abb. 3.27: Dialogfenster Filter definieren

7. Klicken Sie auf **Weiter >**.
8. Ändern Sie für beide Objektklassen die vom Assistenten vergebenen Standardnamen „Bundesland" und „Bundeslandnamen" in „*Hessen*" und „*Hessenname*", indem Sie in das entsprechende Eingabefeld klicken und den neuen Namen eintragen. Wechseln Sie mit **Weiter >** in das nächste Dialogfeld.
9. Wählen Sie nun, ob die importierten Objektklassen in einem Kartenfenster dargestellt werden sollen oder nicht. Verzichten Sie auf eine Darstellung, wählen Sie **Keine neuen Legendeneinträge erstellen** und klicken anschließend auf **Fertig stellen**.
Ist jedoch ersteres der Fall, wählen Sie **Neue Legendeneinträge erstellt** und selektieren das Kartenfenster, in dem die Darstellung erfolgen soll. Standardmäßig wird das aktive Kartenfenster gewählt. Klicken Sie auf **Fertig stellen**.

Jetzt importiert der Assistent die Objektklassen und zeigt eine **Importstatistik** an. Die Spalte **Vorhandene Objekte** gibt die Zahl der Objekte in der Objektklasse an, die bereits in dem Ziel-Warehouse vorhanden sind, während die nächste Spalte die Zahl der **importierten Objekte** beziffert. Mit **Schließen** beenden Sie den Import.

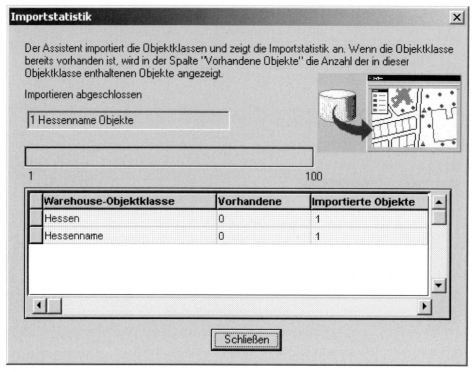

Abb. 3.28: Dialogfenster Importstatistik

Hinweis: *Sie können Daten aus mehreren Objektklassen, deren Definition mit einer einzelnen Objektklasse übereinstimmt, zusammenführen.*
Zum Aktualisieren einer Objektklasse müssen die Primärschlüsselfelder übereinstimmen.
Wenn Sie die vorhandene Objektklasse erweitern und aktualisieren, werden neue Zeilen angehängt und bereits vorhandene aktualisiert.
Die Funktion Warehouse-Import kann auch dazu verwendet werden, eine (Teil-)Kopie eines Warehouses anzufertigen.

3.9.5 Ausgabe an eine Objektklasse

Eine zweite Variante, Objektklassen zu kopieren, ist die Funktion **Ausgabe an Objektklasse...**. Diese unterscheidet sich von dem Warehouse-Import zum einen dadurch, dass man nicht zwangsläufig zwei Warehouse-Verbindungen benötigt. Zum andern kann man immer nur <u>eine</u> Objektklasse in ihrer Gesamtheit kopieren, d. h. die Verwendung von räumlichen Filtern ist nicht möglich.

Der zugehörige Workflow wird Ihnen anhand eines kleinen Beispiels erläutert: Geben Sie die **Objektklasse** „Autobahn" aus der **Verbindung** „Deutschland.mdb" in eine **neue Objektklasse** *„Hauptstrassen"* in der **Verbindung** *„Hessen"* aus.

3.9 Arbeiten mit Warehouse-Verbindungen

Workflow: Ausgabe an eine Objektklasse
1. Öffnen Sie das Dialogfenster **Ausgabe an Objektklasse** über **Warehouse > Ausgabe an Objektklasse**....

Abb. 3.29: Dialogfenster Ausgabe an Objektklasse

2. Wählen Sie unter **Ausgabeobjekte wählen** das **Ausgabeobjekt** „*Autobahn*" in der **Verbindung** „*Deutschland*".
3. Wählen Sie unter **Ausgabeobjektklasse wählen** die **Verbindung** „*Hessen*" und geben Sie den Namen der neuen **Objektklasse** „*Hauptstrassen*" ein. Vergeben Sie optional eine **Beschreibung**.
4. Sie können wählen, ob die Objektklasse im Kartenfenster und/oder Datenfenster oder ganz ohne Anzeige (keines der beiden Kontrollkästchen wird aktiviert) in die neue Objektklasse kopiert werden soll. Haben Sie sich für die Darstellung im Kartenfenster entschieden, müssen Sie noch die grafische Ausgestaltung festlegen, indem Sie auf das Kästchen mit der voreingestellten **Symbolik** klicken und im Dialogfenster **Symbolik definieren** in Abhängigkeit von dem ausgewählten Objekt die Registerkarten **Punkt**, **Linie**, **Flächenumring**, **Flächenfüllung** und **Text** bearbeiten (s. hierzu auch Abschnitt 5.2.3.3).
Für das gewählte Beispiel aktivieren Sie **Objektklasse im Kartenfenster darstellen**, geben den **Kartenfensternamen** an und übernehmen die voreingestellte **Symbolik**.
5. Schließen Sie das Dialogfenster mit **OK**.

Die Unterschiede zwischen den beiden Kopierfunktionen zeigt noch einmal die Abb. 3.30. Die Bundeslanddaten sind durch den Filter „Hessen" gefiltert während die Autobahnen ohne Filtermöglichkeit in die neue Objektklasse „Hauptstrassen" kopiert wurden.

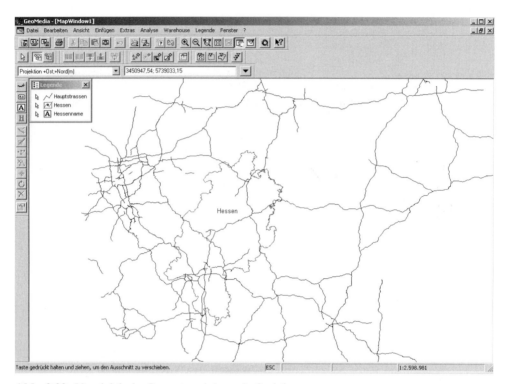

Abb. 3.30: Vergleich der Import und Ausgabefunktion

3.9.6 Auffrischen mit Änderungen im Warehouse

Arbeiten Sie mit GeoMedia in einer Mehrbenutzerumgebung, so benötigen Sie die Funktion **Auffrischen**, um Änderungen von anderen Benutzern an einem Warehouse mit Schreibzugriff anzuzeigen.

Wichtig: *Änderungen an einem Warehouse, die nicht mit GeoMedia durchgeführt werden, werden erst dargestellt, wenn die Verbindung geschlossen und erneut wieder geöffnet bzw. die GeoMedia-Sitzung neu gestartet wird.*

3.9 Arbeiten mit Warehouse-Verbindungen

3.9.7 Erstellen einer ACCESS Warehouse-Vorlage

Genauso wie bei einem GeoWorkspace ist es auch für ein ACCESS-Warehouse möglich, sich eine benutzerdefinierte Vorlage zu generieren. Warehouse-Vorlagen haben die Dateiendung .mdt.

Workflow: Erstellen einer ACCESS Warehouse-Vorlage
1. Wählen Sie **Warehouse > Neues Warehouse**.
2. Selektieren Sie im Dialogfeld **Neu** die Vorlage „Normal.mdt", auf der die neue Vorlage basieren soll.
3. Wählen Sie unter **Öffnen als: Vorlage** aus.

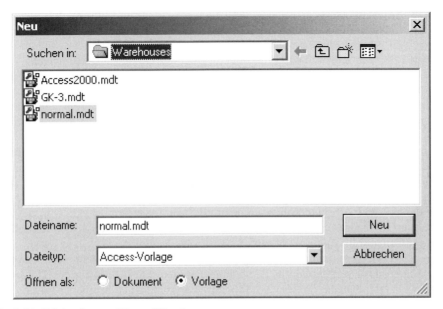

Abb. 3.31: Dialogfenster Neues Warehouse

4. Klicken Sie auf **Neu**.
5. Vergeben Sie einen aussagekräftigen **Dateinamen** und wählen Sie ein entsprechendes Ablage-**Verzeichnis**. Standardmäßig speichert GeoMedia die Vorlagedateien in „LW:\Programme\GeoMedia\Templates\Warehouses". Diese Voreinstellung kann man aber über **Extras > Optionen > Dateiablage** beliebig anpassen. Der **Dateityp** ist „*Access-Vorlage*".
6. Klicken Sie auf **Speichern**.

Wichtig: *Da die neue Vorlage auf der Standardvorlage „Normal.mdt" basiert, hat sie das Standardkoordinatensystem (Geographisch, Cylindrical Equirectangular, WGS 84). Um dieses Koordinatensystem zu ändern, müssen Sie in GeoMedia eine Verbindung mit der Warehouse-Vorlage erstellen (Filter zur Dateiauswahl – Dateityp – auf *.* stellen) und über* **Warehouse > Warehouse-Koordinatensystem...** *das Koordinatensystem entsprechend anpassen.*

3.10 Zusammenfassung

Warehouses bezeichnen in der GeoMedia-Terminologie die Datenspeicher für grafische und attributive Daten. Die Software unterstützt eine ganze Reihe von Warehouse-Typen, von denen das ACCESS-Warehouse das einzige Warehouse mit Schreibzugriff ist. GeoMedia Professional bietet hingegen erweiterte Schreibzugriffe. GeoMedia nutzt das ACCESS-Warehouse als Standardformat zum Speichern seiner Daten. Nur in einem Warehouse mit Schreibzugriff können Veränderungen an den Daten vorgenommen werden. Jedem ACCESS-Warehouse ist ein Koordinatensystem zugeordnet.

Um in GeoMedia mit den Daten eines Warehouses arbeiten zu können, muss mit Hilfe von Datenservern eine Verbindung zu dem entsprechenden Warehouse aufgebaut werden. Dabei wird der Anwender durch den Warehouse-Verbindungsassistenten unterstützt, der ihn Schritt für Schritt durch die Einstellung der benötigen Parameter führt. Zu den Eigenschaften einer Warehouse-Verbindung zählen ein eindeutiger Verbindungsname, der Verbindungstyp und -status (schreibgeschützt offen, mit Schreibzugriff offen, geschlossen) sowie räumliche Filter zur Selektion und Einschränkung der einzulesenden Datenmenge.

Beim Datenimport ist grundsätzlich zwischen Daten mit und ohne Koordinateninformationen zu unterscheiden. Liegen diese Informationen nicht vor, muss zum Import sowie zur korrekten Ausrichtung der Daten in einem GeoWorkspace eine Koordinatensystemdatei definiert werden. Sie weist den Daten ein Koordinatensystem zu, so dass diese „on-the-fly" in das GeoWorkspace-Koordinatensystem transformiert werden können.

Zum Import von CAD-Daten, die noch keine Objekte gemäß des objektstrukturierten Datenmodells enthalten, muss zusätzlich eine CAD-Server-Schemadatei erstellt werden. Beim Aufbau der Verbindung liefert diese dem CAD-Datenserver die zur korrekten Interpretation der Daten notwendigen Informationen. Die CAD-Server-Schemadatei beinhaltet u. a. die Objektklassen- und Attributdefinitionen, Kriterien zur Identifikation der Objekte in den aufgeführten CAD-Dateien sowie Informationen, wie GeoMedia die Objekte anschließend weiterverarbeiten soll.

Neben den Dienstprogrammen zur Erstellung der Koordinatensystem- und der CAD-Server-Schemadatei verfügt GeoMedia noch über weitere Funktionen für den Umgang mit Warehouse-Verbindungen. So können vorhandene Verbindungen bearbeitet werden; mögliche Veränderungen betreffen den Verbindungsnamen, -status und -typ, die räumlichen Filter sowie den Ablagepfad. Zum Beschleunigen des Navigierens und Arbeitens in einem GeoWorkspace lässt sich entweder eine Übersichtsverbindung zu einem Übersichts-Warehouse mit nur wenigen Objekten in kleinem Maßstab erstellen oder räumliche Filter definieren. Um Daten zu verändern, können diese in ein Warehouse mit Schreibzugriff importiert werden. Eine zweite Möglichkeit, Daten zu kopieren, stellt die Ausgabe in eine Objektklasse dar. Auffrischen mit Änderungen zeigt die von anderen Benutzern in einer Mehrbenutzerumgebung durchgeführten Veränderungen in einem Warehouse mit Schreibzugriff an. Schließlich gestattet es die Software, benutzerdefinierte ACCESS-Warehouse-Vorlagen zu generieren, die grundlegende Einstellungen bereits enthalten und dadurch für eine Vereinheitlichung sorgen.

4 Datenerfassung und Datenintegration

Die Datenerfassung gehört neben der Datenverwaltung, der Datenanalyse und der Präsentation zu den klassischen Aufgaben eines Geo-Informationssystems. Innerhalb der GeoMedia-Produktfamilie ist GeoMedia Professional die Software, die umfassende Erfassungsfunktionalitäten bereitstellt. Aber auch GeoMedia bietet eine Reihe von Funktionen, um neue Daten zu erheben bzw. bestehende digitale Daten in GeoMedia zu integrieren. Im Folgenden werden zuerst die Möglichkeiten der Integration von Vektordaten erläutert und anschließend die Arbeitsweise zur Verwendung von Rasterdaten dargelegt.

4.1 Integration von Vektordaten

In GeoMedia – einer GIS-Software, die auf dem objektstrukturierten Datenmodell basiert – versteht man unter Vektorgeometrien die grafische Repräsentation eines Objektes im Kartenfenster. Zusätzlich besteht ein Objekt noch aus den dazugehörigen nichtgrafischen Attributen, die in einem oder mehreren Datenfenstern angezeigt werden können. Gleichartige Objekte werden in GeoMedia zu Objektklassen zusammengefasst. Objektklassen lassen sich mit „Layern" (Ebenen) oder „Themen" in anderen Softwareprodukten vergleichen. Wichtigster Unterschied ist jedoch, dass in einer Objektklasse festgelegt ist, welchen **Geometrietyp** sie enthält. GeoMedia kennt für Objekte fünf verschiedene Geometrietypen:

- Ein **Punktobjekt** wird durch einen oder mehrere Punkte, die die Position eines Objekts markieren, im Kartenfenster dargestellt. Punkte können ausgerichtet werden, wenn sie durch Symbole darstellt werden. In diesem Fall erhalten sie neben ihren Koordinatenwerten noch Werte für die Orientierung und Größe, welche die Ausrichtung und Skalierung des Symbols im GeoWorkspace bestimmen.
- Ein **Linienobjekt** wird durch eine oder mehrere Linien und/oder Bögen dargestellt. Was in der Karte als eine einzelne Linie erscheint, kann in Wirklichkeit aus mehreren linienförmigen Segmenten zusammengesetzt sein. Flüsse, Eisenbahnstrecken, Versorgungsleitungen und Straßen sind Beispiele für Linienobjekte.
- Ein **Flächenobjekt** wird durch einen geschlossenen Umring dargestellt. Jeder Flächenumring kann eine oder mehrere Aussparungen (Löcher) enthalten. Flächenumringe und Aussparungen selbst können sich wieder aus einer oder mehreren Linien und/oder Bögen zusammensetzen.
- Ein **zusammengesetztes Objekt** kann innerhalb der Objektklasse, ja sogar innerhalb eines einzelnen Objekts, Punkt-, Linien- und/oder Flächengeometrien aufweisen.
- Ein **Textobjekt** wird durch Text, der an einer Punktposition im Kartenfenster erscheint, dargestellt. Sie können Text in eine bestehende Textobjektklasse eingeben oder eine neue dafür erstellen. Text kann ausgerichtet werden.
-

Objekte können durchaus auch ohne Geometrie existieren (der Eintrag im Eingabefeld **Geometrietyp** ist dann „<Keine>"), aber die meisten weisen Geometrie auf.

Bei der Integration von Vektordaten in GeoMedia muss man grundsätzlich unterscheiden zwischen dem eigentlichen Laden und Visualisieren schon bestehender Objekte und der Erzeugung neuer Geometrie. Vorhandene Geometrie, d. h. vorhandene Objekte in Objektklassen aus bestehenden Warehouses, können Sie in beliebiger Kombination laden und visualisieren. Hier genügt eine offene schreibgeschützte Warehouse-Verbindung.

Workflow: Laden und Visualisieren von Objektklassen externer Datenquellen in einem Kartenfenster

1. Erstellen oder Öffnen Sie einen **GeoWorkspace**.
2. Erstellen Sie eine oder mehrere **Warehouse-Verbindungen** (z. B. die Verbindung „Deutschland.mdb").
3. Klicken Sie auf **Legende > Objektklasse hinzufügen...** und es öffnet sich das Dialogfenster **Objektklasseneintrag hinzufügen**.

Abb. 4.1: Dialogfenster Objektklasseneintrag hinzufügen

4. Wählen Sie unter **Verbindung** die Warehouse-Verbindung, welche die gewünschte(n) Objektklasse(n) enthält, z. B. *„Deutschland"*.
5. Markieren Sie die gewünschten **Objektklassen**.

Tipp: *Durch gleichzeitiges Halten der **STRG**-Taste und Klicken mit der linken Maustaste können Sie mehrere Objektklassen beliebig selektieren oder die Markierung rückgängig machen. Durch Ziehen mit gedrückter linker Maustaste können Sie mehrere aufeinander folgende Objektklassen markieren. Durch gleichzeitiges Halten der*

4.1 Integration von Vektordaten

> *Hochstell-Taste und Klicken der linken Maustaste auf die erste (oberste) und letzte (unterste) Objektklasse lassen sich komplette, zusammenhängende Blöcke von Objektklassen selektieren bzw. Markierungen rückgängig machen.*

6. Klicken Sie auf **OK**.

Anschließend wird die entsprechende Objektklasse im Kartenfenster geladen und zusätzlich in der Legende eingetragen.

Die nichtgrafischen Attribute einer vorhandenen Objektklasse lassen sich mit einem ähnlichen Workflow in einem Datenfenster anzeigen:

Workflow: Laden und Visualisieren einer vorhandenen Objektklasse in einem Datenfenster

1. Klicken Sie auf **Fenster > Neues Datenfenster...**, so dass das gleichnamige Dialogfenster erscheint.
2. Vergeben Sie im Feld **Name des Fensters** einen aussagekräftigen **Namen** für das Datenfenster.
3. Markieren Sie unter **Objektklasse zur Darstellung auswählen** jene **Objektklasse(n)**, deren Attributdaten angezeigt werden sollen.

Abb. 4.2: Dialogfenster Neues Datenfenster

4. Klicken Sie auf **OK**. Als Ergebnis öffnet sich ein neues Datenfenster, in dem die Attribute angezeigt werden.

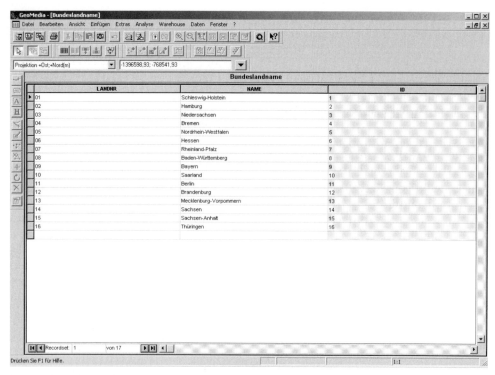

Abb. 4.3: Beispiel für ein Datenfenster

Wie Sie die Attributinformationen in einem Datenfenster bearbeiten können, wird in Kapitel 6 ausführlich erläutert.

Nach dem objektorientierten Datenverständnis müssen Sie zuerst eine Objektklasse definieren, um neue Geometrie mit GeoMedia erzeugen zu können. Zur Erstellung einer neuen Objektklasse muss mindestens die geöffnete Verbindung zu einem Warehouse mit Schreibzugriff bestehen. Die Geometrien erhalten dann automatisch das Koordinatensystem des aktuellen Warehouses. Da Objektklassen nicht zwingend eine Geometrie besitzen müssen, kann man Objektklassen auf drei Arten erstellen:
- völlig neue Definition einer Objektklasse
- eine bestehende Objektklasse in eine neue Objektklasse des gleichen Warehouses kopieren
- eine Objektklasse durch eine externe (nichtgrafische) Datenquelle anhängen

4.1.1 Erstellen einer neuen Objektklasse

4.1.1.1 Definition einer neuen Objektklasse

Der Befehl **Warehouse > Objektklasse definieren...** aus dem GeoMedia-Hauptmenü ist nur verfügbar, wenn ein Karten- oder ein Datenfenster aktiviert und eine Warehouse-Verbindung mit Schreibzugriff geöffnet ist.

Workflow: Definition einer neuen Objektklasse
1. Wählen Sie **Warehouse > Objektklasse definieren...**.

Abb. 4.4: Dialogfenster Objektklassendefinition

2. Wählen Sie unter **Objektklassen** die **Verbindung zu dem Warehouse mit Schreibzugriff**, in der die neue Objektklasse gespeichert werden soll.
3. Klicken Sie auf **Neu...** und es öffnet sich das Dialogfenster **Neu – FeatureClass1** mit den beiden Registerkarten **Allgemein** und **Attribute**.
4. Auf der Registerkarte **Allgemein** vergeben Sie einen aussagekräftigen **Namen** für die neue Objektklasse und – falls gewünscht – eine **Beschreibung**. Definieren Sie außerdem den **Geometrietyp**.

Hinweis: *Objekte, die keine Geometrie besitzen, erhalten im Eingabefeld **Geometrietyp** den Eintrag „<Keine>".*

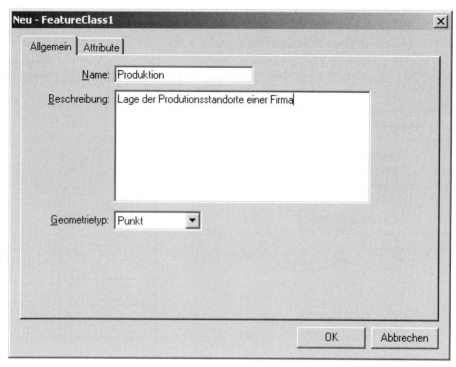

Abb. 4.5: Dialogfenster Neue Objektklasse

5. Auf der Registerkarte **Attribute** definieren Sie alle **Attribute** für Ihre Objektklasse. Jedes Attribut benötigt mindestens einen **Namen** sowie die Definition des **Datentyps** (zur Auswahl stehen: AutoNumber, Boolean, Datum, Währung, Zahl und Zeichen). Die Attributnamen innerhalb einer Objektklasse müssen eindeutig sein. Ein Attribut muss als **Primärschlüssel** definiert sein und wird durch Anklicken der Zelle in der Spalte **Schlüssel** festgelegt. Optional kann jedes Attribut mit einer **Beschreibung** näher erläutert werden. Je nach ausgewähltem Datentyp sind weitere Eingaben möglich (für den Datentyp „Zeichen" kann beispielsweise ein **Hypertext**-Link durch Aktivierung des entsprechenden Kontrollkästchens eingefügt werden).
6. Klicken Sie auf **OK**.
7. Überprüfen Sie, ob die neue Objektklasse im Dialogfenster **Objektklassendefinition** angezeigt wird und ob der Geometrietyp richtig gewählt wurde. Für letztere Kontrolle klicken Sie auf **Überprüfen...**, so dass im gleichnamigen Feld nochmals die beiden soeben bearbeiteten Registerkarten **Allgemein** und **Attribute** eingeblendet werden, aber dieses Mal ohne die Möglichkeit einer Modifikation.
8. Definieren Sie weitere Objektklassen oder **Schließen** Sie diese Fenster.

Wichtig: *Der Geometrietyp einer Objektklasse kann nur geändert werden, wenn diese keine Daten enthält.*

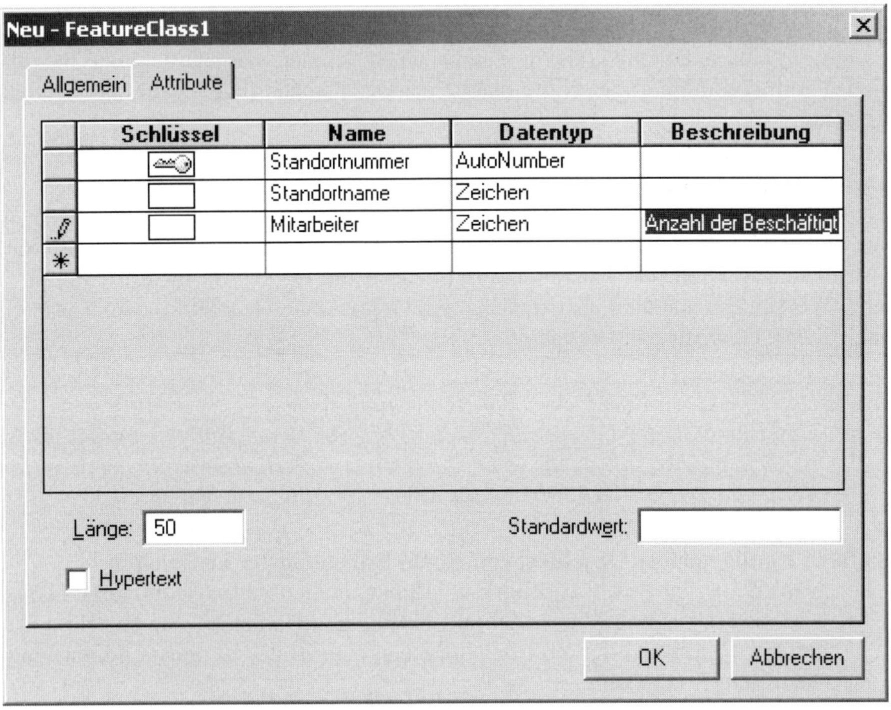

4.1 Integration von Vektordaten

Abb. 4.6: Dialogfenster Definition der Attribute

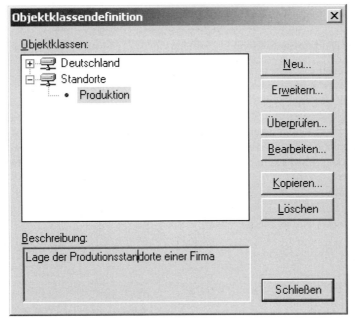

Abb. 4.7: Überprüfen der neuen Objektklasse

4.1.1.2 Objekte in eine Objektklasse einfügen

Nachdem Sie eine neue Objektklasse erstellt haben, können sie neue Objekte hinzufügen (digitalisieren) und diese in der Karte platzieren. Dazu stehen Ihnen zwei unterschiedliche Wege offen:
- Eingabe aus dem Kartenfenster heraus
- Eingabe aus dem Datenfenster heraus.

Im ersten Fall platzieren Sie zuerst die Geometrie und geben dann die nichtgrafischen Attribute ein, was der klassischen Vorgehensweise entspricht. Im zweiten Fall stellen Sie erst die Attributdaten bereit und platzieren anschließend die Geometrie im Kartenfenster; mit anderen Worten: Sie erstellen also zunächst ein Objekt ohne Geometrie, dem Sie in einem zweiten Schritt Geometrie hinzufügen.

Hinweis: *Das Objekt wird nach dem Platzieren **nicht** angezeigt, wenn sich seine Objektklasse nicht in der Legende befindet, oder wenn deren Darstellung ausgeschaltet ist. Das gleiche gilt auch, wenn das Objekt außerhalb des für die Warehouse-Verbindung definierten Filters fällt. Dieser ist dann zu deaktivieren.*

Workflow: Einfügen eines Objektes, von einem Kartenfenster ausgehend
1. Wählen Sie den Befehl **Einfügen > Objekt** im GeoMedia-Hauptmenü. Daraufhin wird die Formatierungsleiste **Objekt einfügen** eingeblendet. Sie besteht aus einer Pulldown-Liste und den drei Schaltflächen zum Einfügen punkt-, linien- und flächenförmiger Objekte.

Abb. 4.8: Formatierungsleiste Objekt einfügen

2. *Optional:* Verschieben oder Platzieren Sie die Formatierungsleiste nach Belieben.
3. Klicken Sie auf den Abwärtspfeil der Pulldown-Liste, und Ihnen werden zunächst die Warehouses mit Schreibzugriff angezeigt, zu denen eine Verbindung besteht. Mit einem Doppelklick auf eine **Verbindung** oder einem Klick auf das Plus zum Expandieren des Verzeichnisbaums erscheint die Liste der darin verfügbaren **Objektklassen**. Markieren Sie jene Objektklasse, in der Sie das neue Objekt einfügen wollen.

Automatisch wechselt die Software in den Eingabemodus für Geometrie.

4. Platzieren Sie die Geometrie des neuen Objekts im Kartenfenster, wie es in Abschnitt 4.1.1.3 beschrieben wird:

4.1 Integration von Vektordaten

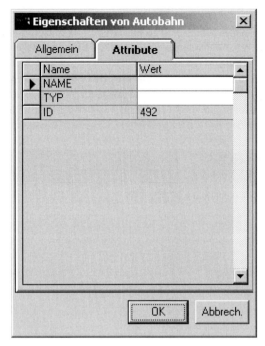

Abb. 4.9: Dialogfenster Eigenschaften von Objektklasse

5. Anschließend öffnet sich das Dialogfenster **Eigenschaften zu <Objektklasse>**. Dort tragen Sie auf der Registerkarte **Attribute** die Attributwerte Ihres Objektes in die entsprechenden Tabellenfelder ein; Angaben sind nur in den weiß unterlegten Feldern möglich.
6. Klicken Sie auf **OK**.

ODER:

7. Mit der Schaltfläche **Abbrech.** können Sie ein fehlerhaft digitalisiertes Objekt löschen. Sie müssen dazu die Anfrage des Systems „Wollen Sie das aktuelle Objekt entfernen?" mit **Ja** bestätigen.

Wiederholen Sie die Schritte 4 bis 6 bzw. 3 bis 6, um weitere Objekte einzufügen.

8. Drücken Sie die **ESC**-Taste, um den Eingabemodus zu verlassen. Das Dialogfenster **Objekt einfügen** wird geschlossen und der Mauscursor nimmt wieder seine normale Gestalt in Form eines Pfeils an.

Wichtig: *Wenn Sie die Formatierungsleiste durch Klicken auf die **X**-Schaltfläche der Menüleiste ausblenden, bleibt der Eingabemodus noch aktiv. Sie erkennen es daran, dass der Mauszeiger seine Eingabegestalt (Fadenkreuz mit Lokalisierungsbereich) beibehält.*

Workflow: Einfügen eines Objektes von einem Datenfenster ausgehend
1. Wählen Sie **Fenster > Neues Datenfenster** im GeoMedia-Hauptmenü.
2. Benennen Sie im Dialogfenster **Neues Datenfenster** unter **Namen des Fensters** das neue Datenfenster.
3. Selektieren Sie unter **Objektklasse zur Darstellung auswählen** die gewünschte **Verbindung** mit Doppelklick oder klicken Sie auf das Plus zum Expandieren des Verzeichnisbaumes, so dass alle darin verfügbaren Objektklasse aufgelistet werden. Markieren Sie die **Objektklasse**, der Sie das Objekt hinzufügen wollen.

NAME	NUMMER	PLZ	GROESSE	ID
Freiburg	08311000	79098	12	176
München	09162000	80331	14	177
Freiham	09162000	81249	12	178
Rosenheim	09163000	83022	11	179
Landshut	09261000	84028	11	180
Ingolstadt	09161000	85049	11	181
Pfaffenhofen	09186143	85276	11	182
Pfaffenhofen	09186143	85276	7	183
Augsburg	09761000	86150	13	184
Kempten	09763000	87437	11	185
Friedrichshafen	08435016	88046	11	186
Ulm	08421000	89073	12	187
Nürnberg	09564000	90402	13	188
Fürth	09563000	90762	11	189
Erlangen	09562000	91052	12	190
Regensburg	09362000	93047	12	191
Passau	09262000	94032	11	192
Hof	09464000	95032	11	193
Bayreuth	09462000	95444	11	194
Bamberg	09461000	96047	11	195
Würzburg	09663000	97070	12	196
Schweinfurt	09662000	97421	11	197
Suhl	16054000	98527	11	198
Erfurt	16051000	99084	12	199
Weimar	16055000	99423	11	200
Gotha	16067029	99867	11	201

Abb. 4.10: Datenfenster

4. Geben Sie im sich öffnenden **Datenfenster** die **Attributwerte** des neuen Objekts in der (leeren) Zeile am Tabellenende ein.
5. Nach der Eingabe der Attributwerte klicken Sie auf die Schaltfläche für die Zeilenauswahl.
6. Aktivieren Sie das Kartenfenster durch Klicken auf die Titelleiste.

Wichtig: *Wenn Sie anstatt auf die Titelleiste in das Kartenfenster klicken, wird die Zeilenauswahl aufgehoben!*

7. Wählen Sie im GeoMedia-Hauptmenü **Bearbeiten > Geometrie fortsetzen**, so dass sich die gleichnamige Formatierungsleiste öffnet und der Eingabemodus für Geometrie aktiv ist (aktivierte Schaltfläche des entsprechenden Geometrietyps, veränderter Mauszeiger: Fadenkreuz mit Lokalisierungsbereich).
8. Platzieren Sie die neue Geometrie im Kartenfenster.
Wiederholen Sie die Schritte 4 bis 7, wenn Sie weitere Objekte platzieren möchten.

9. Schließen Sie das Datenfenster mit einem Klick auf die **X**-Schaltfläche der Menüleiste.

Tipp: *Die Digitalisierung aus dem Datenfenster heraus wird wesentlich effektiver, wenn Sie die Eingabe der Attribute von der Eingabe der Geometrie trennen: Sie erfassen zunächst alle Objekte einschließlich ihrer Attribute. In einem zweiten Schritt fügen Sie dann diesen neuen Objekten ihre Geometrie über den Befehl **Bearbeiten > Geometrie fortsetzen** hinzu.*

4.1.1.3 Geometrie hinzufügen

Um in GeoMedia neue Geometrie einfügen zu können, muss zum einen ein Kartenfenster aktiv und zum anderen ein Objekt aus einer Objektklasse ausgewählt sein, dem die neue Geometrie zugeordnet wird. Zum Erstellen der Geometrie verwenden Sie die Formatierungsleiste **Objekt einfügen**. Sie erscheint beim Aufruf des Befehls **Einfügen > Objekt** standardmäßig unter dem GeoMedia-Hauptmenü platziert und umfasst eine Pulldown-Liste der verfügbaren Objektklassen sowie die Schaltflächen für die drei Geometrietypen Punkt, Linie und Fläche. Haben Sie eine Objektklasse selektiert und sind mit dem Mauszeiger in das aktive Kartenfenster zurückgekehrt, wechselt die Software automatisch in den Eingabemodus für Geometrie. Die Gestalt des Mauszeigers ändert sich in ein Fadenkreuz mit kleinem Kreis, dem sogenannten Lokalisierungsbereich (Sie können Objekte auswählen und einfangen – snapen –, die sich innerhalb dieses Lokalisierungsbereiches befinden; die Größe des Lokalisierungsbereiches lässt sich über **Extras > Optionen > SmartLocate** einstellen), und die Schaltfläche des zugehörigen Geometrietyps ist aktiviert.

Einfangen bedeutet in der GeoMedia-Terminologie, dass der Mauszeiger exakt auf das jeweilige Kartenobjekt gezogen wird, auch wenn er sich noch nicht genau darauf befindet. Diese Funktion erleichtert die Erstellung lückenloser Geometrie.

Jetzt können Sie die neue Geometrie z. B. im Rahmen einer Onscreen-Digitalisierung auf der Basis eines als Hintergrundbild geladenen Orthofotos erstellen. Sie haben dabei folgende Möglichkeiten:

- Handelt es sich um ein **Punktobjekt**, klicken Sie auf den Punkt im Kartenfenster, an dem Sie das neue Objekt platzieren wollen.
- **Linienobjekte** müssen mit einem Anfangs- und einem Endpunkt digitalisiert werden, oder Sie platzieren eine Polylinie, die Sie mit einem Doppelklick beenden.

Wichtig: *Der Doppelklick-Punkt selbst gehört nicht zur Objektgeometrie. Er schließt lediglich die Eingabe der Stützpunkte ab, die mit einem einfachen Mausklick gesetzt wurden.*

- Im Falle eines **Flächenobjekts** muss der Flächenumring aus mindestens drei Stützpunkten bestehen. Ein Umring darf sich nicht selbst kreuzen. Beim Platzieren des dritten Stützpunktes stellen Sie fest, dass dieser beidseitig an einem „Gummiband" hängt, das den Flächenumring schließt (d. h. das Schließen das Umrings geschieht automatisch). Ein Doppelklick beendet auch hier die Punkteingabe.

Beim Einfügen von Geometrie wird der Anwender durch die in GeoMedia integrierten Fangfunktionen unterstützt: Die Software kontrolliert den Anwender und verhält sich vorausschauend. So verändert sich das Symbol des Mauszeigers in Abhängigkeit von der nächsten Operation während des Zeichenprozesses. Wenn der Mauszeiger beispielsweise in den Lokalisierungsbereich eines bereits existierenden Kartenobjektes kommt, erscheint die Fangfunktion Diese zeigt dem Anwender an, ob er in der aktuellen Cursorposition an einem Endpunkt, einer Linie oder einem Stützpunkt (Vertex) fängt. Erscheint kein Fangsymbol, kann kein Kartenobjekt gefangen werden.

Tab. 4.1: Fangfunktionen des Cursors

	Endpunkt-Fangfunktion – dieses Symbol wird angezeigt, wenn Sie den Mauszeiger in die Nähe eines Endpunkts eines Linienobjekts innerhalb einer bestimmten Toleranz bewegen.
	Stützpunkt-Fangfunktion – dieses Symbol wird angezeigt, wenn Sie den Mauszeiger in die Nähe eines Stützpunkts eines Linien- oder Flächenobjekten innerhalb einer bestimmten Toleranz bewegen.
	Auf Element-Fangfunktion – dieses Symbol wird angezeigt, wenn Sie den Mauszeiger in die Nähe eines beliebigen Punkts auf Linien- oder Flächenobjekten innerhalb einer bestimmten Toleranz bewegen.
	Ursprungs-Fangfunktion – dieses Symbol wird angezeigt, wenn Sie den Mauszeiger in die Nähe des Ursprungspunkts eines Textobjekts oder Symbols innerhalb einer bestimmten Toleranz bewegen.
	Mittenpunkt-Fangfunktion – dieses Symbol wird angezeigt, wenn Sie den Mauszeiger in die Nähe des Mittelpunkts eines Segments eines Linien- oder Flächenobjekts innerhalb einer bestimmten Toleranz bewegen.

Tipp: *Beachten Sie beim Platzieren von Geometrie stets die* **Eingabeaufforderungen** *und Fehlermeldungen in der Statusleiste am Fuße des Anwendungsfensters.*
Wenn Sie versuchen einen unerlaubten Stützpunkt zu platzieren, erhalten Sie eine entsprechende Warnung und das System nimmt den Stützpunkt nicht an.
Benutzen Sie die Kartenansichtsbefehle (s. Abschnitt 5.1), um beim Platzieren von Geometrie eine höhere Positioniergenauigkeit zu erzielen. So können Sie während des Eingabemodus Zoom- oder Navigationsfunktionen aufrufen, ohne diesen Modus zu unterbrechen. Die **ESC***-Taste beendet lediglich das Zoomen bzw. Navigieren und kehrt in den Eingabemodus für Geometrie zurück (es erscheint wieder der Digitalisiercursor).*
Halten Sie zum Digitalisieren von nicht zusammenhängender Geometrie die **STRG***- oder* **CTRL***-Taste gedrückt, solange Sie Punkte platzieren – also auch, wenn Sie Einzelsegmente (Linie oder Flächenumringe) mit einem Doppelklick abschließen. Sind alle Segmente des Objektes platziert, beenden Sie die Eingabe mit einem Doppelklick der linken Maustaste.*
Beim Platzieren von Linien- und Flächenobjekten können Sie den zuletzt eingegebenen Stützpunkt durch Drücken der **Rücktaste** *löschen.*
Es existiert keine Funktion **Rückgängig** *(***Undo***) für das Einfügen von Objekten. Haben Sie versehentlich fehlerhafte Objektgeometrie abgespeichert, müssen Sie zum*

4.1 Integration von Vektordaten

*Löschen wie folgt vorgehen: Sie markieren die zu entfernende Geometrie im Kartenfenster und wählen den Befehl **Bearbeiten > Geometrie löschen** im GeoMedia-Hauptmenü oder klicken auf das Icon **Löschen** in der Menüleiste **Platzieren und Bearbeiten**. Die Objektgeometrie wird dann wieder gelöscht, sofern Sie die Anfrage des Systems „Sind Sie sicher, dass Sie 1 Geometrie-Element(e) löschen wollen?" mit **Ja** bestätigen. In beiden Fällen bleiben bereits gespeicherte nichtgrafische Attributinformationen erhalten; es wird nur die Geometrie entfernt.*

Wie im Workflow „Einfügen eines Objektes von einem Datenfenster ausgehend" gesehen, können Sie mit dem Befehl **Bearbeiten > Geometrie fortsetzen** Geometrie zu bestehenden Objekten hinzufügen. Das beschränkt sich aber nicht nur auf Objekte, die bisher keinerlei Geometrie besitzen, sondern bedeutet auch, dass Sie beispielsweise flächenhafte Objekte um eine oder mehrere Aussparungen erweitern können. Darüber hinaus können Sie noch bestehende Geometrie bearbeiten oder löschen. Verwenden Sie dazu die beiden Befehle **Bearbeiten > Geometrie bearbeiten** bzw. **Bearbeiten > Geometrie löschen** aus dem GeoMedia-Hauptmenü.

Mit dem Befehl **Bearbeiten > Geometrie bearbeiten** können sie einzelne oder mehrere Stützpunkte eines Objektes verschieben, einfügen oder löschen:

Workflow: Stützpunkte in einer Objektgeometrie verschieben, einfügen oder löschen
1. Aktivieren Sie das Kartenfenster, das die zu bearbeitende Geometrie enthält.
2. Klicken Sie die entsprechende Objektgeometrie an. Sie wird dann markiert, d. h. sie erscheint in der Highlightfarbe.
3. Wählen Sie den Befehl **Bearbeiten > Geometrie bearbeiten** aus dem GeoMedia-Hauptmenü und es erscheinen „Ziehpunkte" (das sind die Stützpunkte der Geometrie).
4. Ziehen Sie den Stützpunkt, den Sie verschieben wollen, mit gedrückter linker Maustaste an seine neue Position.

Tipp: *Beachten Sie hierbei aufmerksam die Hinweise und Aufforderungen des Systems in der Statuszeile.*

5. Verschieben Sie weitere Stützpunkte oder beenden Sie den Befehl durch Drücken der **ESC**-Taste bzw. durch Wählen eines anderen Befehls.

ODER:

6. Klicken Sie auf die Stelle, an der Sie einen neuen Stützpunkt einfügen möchten und es erscheint ein neuer Stützpunkt in der bereits bestehenden Geometrie.
7. Fügen Sie weitere Stützpunkte ein, oder beenden Sie den Befehl durch Drücken der **ESC**-Taste bzw. durch Wählen eines anderen Befehls.

ODER:

8. Klicken Sie den Stützpunkt an, den Sie aus der Geometrie entfernen möchten.
9. Drücken Sie die **ENTF**-Taste und bestätigen Sie die Anfrage des Systems „Sind Sie sicher, dass Sie 1 Stützpunkt(e) löschen wollen?" (Dieses Dialogfenster erscheint nur, wenn im Menü **Extras > Optionen > Allgemein** das Kontrollkästchen **Löschen bestätigen** aktiviert ist).
10. Löschen Sie weitere Stützpunkte oder beenden Sie den Befehl durch Drücken der **ESC**-Taste.

Hinweis: *Sie können auch mehrere Stützpunkte gleichzeitig verschieben oder löschen, wenn Sie bei der Selektion (beim Anklicken) der Stützpunkte die **STRG**-Taste gedrückt halten.*

4.1.1.4 Textobjekte in eine Objektklasse einfügen

Mit dem Befehl **Text einfügen** können Sie ein- und mehrzeiligen Text interaktiv in einem Kartenfenster platzieren. Die Textplatzierung ist dynamisch, d. h. die Textzeichen werden während ihrer Eingabe am Mauszeiger hängend eingeblendet. Wenn Sie nach der Eingabe des Textes eine neue Einstellung für die Ausrichtung wählen, sehen Sie die Auswirkung sofort am Mauszeiger: Die Position des Textes am Cursor hat sich entsprechend verändert.

Workflow: Textobjekte in eine Objektklasse einfügen
1. Wählen Sie den Befehl **Einfügen > Text** aus dem GeoMedia-Hauptmenü und es wird die Formatierungsleiste **Text einfügen** eingeblendet.

Abb. 4.11: Symbolleiste Text einfügen

2. Klicken Sie auf den Abwärtspfeil, um die Liste der Textobjektklassen in den verfügbaren Warehouses mit Schreibzugriff anzuzeigen. Ein Doppelklick auf ein Warehouse bzw. ein Klick auf das Plus zum Expandieren des Verzeichnisbaumes bringt Ihnen die darin enthaltenen Objektklassen. Wählen Sie jene Klasse aus, in die der Text eingefügt werden soll.
3. Wählen Sie in der zweiten Pulldown-Liste die gewünschte **Ausrichtung**.
4. Geben Sie im **Text**-Eingabefeld Ihren Text ein (die Tastenkombination **STRG + EINGABE**-Taste erstellt eine neue Zeile). Unter Berücksichtigung der gewählten Ausrichtung hängt Ihr Text dann sofort am Mauszeiger und kann mittels Klick auf die linke Maustaste in der Karte platziert werden.

Mit einem weiteren Klick kann eine Kopie des Textes, der immer noch am Mauscursor hängt, in der Karte platziert werden.

5. Um einen neuen Text in der Karte zu platzieren, klicken Sie wieder in das Eingabefeld und wiederholen Schritt 4.
6. Da **Text einfügen** ein interaktiver Befehl ist, beenden Sie den Befehl mit der **ESC**-Taste oder indem Sie auf das Icon in der Symbolleiste **Auswahl** klicken.

Wichtig: *Wenn Sie die Formatierungsleiste durch Klicken auf die **X**-Schaltfläche der Menüleiste ausblenden, bleibt der Text-Eingabemodus noch aktiv. Sie erkennen es daran, dass der Mauscursor seine Eingabegestalt beibehält und der letztplatzierte Text noch angehängt ist.*

Bereits platzierter Text kann mit Hilfe des Befehls **Bearbeiten > Text bearbeiten** nachträglich noch verändert werden.

Workflow: Ein Textobjekt bearbeiten
1. Klicken Sie das zu bearbeitende Textobjekt im Kartenfenster an.
2. Wählen Sie den Befehl **Bearbeiten > Text bearbeiten** im GeoMedia-Hauptmenü.
3. Geben Sie im Dialogfenster **Text bearbeiten** im Eingabefelde **Text** den neuen Text ein und/oder wählen unter **Ausrichtung** eine andere Einstellung für den Platzierungsmodus.
4. Klicken Sie auf **OK**.

Hinweis: *Die Symbolik eines Textes können Sie nach dessen Selektion im Kartenfenster mittels des Befehls **Legende > Eigenschaften** im GeoMedia-Hauptmenü verändern (s. Abschnitt 5.2.2).*

4.1.2 Eine bestehende Objektklasse in eine neue Objektklasse des gleichen Warehouses kopieren

Eine sehr elegante Möglichkeit, eine neue Objektklasse zu erstellen, besteht darin, eine vorhandene Objektklassendefinition als Vorlage zu verwenden, diese zu kopieren und in der Kopie nur die Änderungen für die neue Objektklasse durchzuführen.

Workflow: Anlegen einer neuen Objektklasse durch Kopieren
1. Wählen Sie **Warehouse > Objektklasse definieren...** im GeoMedia-Hauptmenü und es öffnet sich das Dialogfenster **Objektklassendefinition**.
2. Ein Doppelklick auf eine der in der Pulldown-Liste **Objektklassen** aufgeführten Objektklassen listet die darin verfügbaren **Objektklassen** auf. Markieren Sie die Klasse, die als Vorlage dienen soll.
3. Klicken Sie auf **Kopieren**.
4. Nehmen Sie im Dialogfenster **Kopieren - <Objektklasse>** auf den beiden Registerkarten **Allgemein** und **Attribute** die entsprechenden Änderungen am **Namen**, dem **Geometrietyp** sowie den **Attributen** vor.

Hinweis: *Sie können in diesem Dialogfenster die Spaltenbreiten durch Verschieben der vertikalen Leiste der Spaltentitel vergrößern, um die Lesbarkeit zu verbessern.*

---

5. Klicken Sie auf **OK**.
6. Definieren Sie weitere Objektklassen oder **Schließen** Sie dieses Fenster.

Durch das Kopieren einer Objektklasse werden nur die Definitionen aber keine Dateninhalte dupliziert. Um Daten von einer Objektklasse in eine andere zu kopieren, verwenden Sie die Befehle **Warehouse > Ausgabe an Objektklasse...** oder **Warehouse > Aus Warehouse importieren...**.

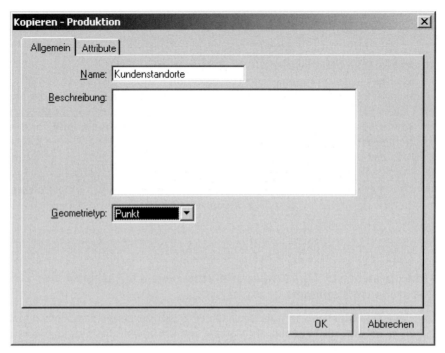

Abb. 4.12: Kopieren einer Objektklasse

4.1.3 Eine Objektklasse durch eine externe Datenquelle anhängen

Eine dritte Möglichkeit, eine Objektklasse zu erstellen, ist das Anhängen einer externen Datenquelle in Form einer Textdatei, einer Excel-Tabelle oder einer dBASE- bzw. Paradox-Datenbank. Je nach Art der Quelle unterscheidet sich dabei der Arbeitsablauf geringfügig.

Hinweis: *Externe Datenquellen können nur an eine ACCESS-Warehouse-Verbindung mit Schreibzugriff angehängt werden.*

Workflow: Anhängen einer Datenquelle im Textformat
1. Wählen Sie wieder den Befehl **Warehouse > Objektklasse definieren** im GeoMedia-Hauptmenü.
2. Markieren Sie im Dialogfenster **Objektklassendefinition** unter **Objektklassen** die entsprechende ACCESS-Verbindung mit Schreibzugriff aus.
3. Klicken Sie auf **Erweitern...**, so dass das Dialogfenster **Tabelle anhängen** eingeblendet wird.
4. Wählen Sie in der Pulldown-Liste **Typ** die Option „*Text*" und über **Durchsuchen...** den Pfad und Dateinamen der **Quelldatei**.
5. Unter **Anzuhängende Tabellen** werden alle in der externen Datenquelle verfügbaren Tabellen aufgelistet. Beim Anhängen an eine Textdatei erzeugt das System nur eine einzige Objektklasse (es ist also nur eine Zeile ausgefüllt), die dann auch automatisch selektiert ist (das Kontrollkästchens neben der Tabelle ist aktiviert).

4.1 Integration von Vektordaten

Abb. 4.13: Dialogfenster Tabellen anhängen

6. *Optional:* Ändern Sie den Namen der **Zieltabelle** (das System vergibt Standardnamen der Ursprungstabellen am Zielort der Verbindung) in einen am Zielort gültigen eindeutigen Namen.
7. Klicken Sie auf **OK**, um die neue Tabelle zu erstellen und sie mit der externen Textdatei zu verbinden.

Wichtig: *Bei Excel oder dBASE- bzw. Paradox-Datenbanken können Sie über die Kontrollkästchen entscheiden, ob Sie alle Tabellen oder nur einzelne anhängen möchten. Entscheidend ist, dass der richtige Typ der Software angegeben wird, mit der die Tabellen erstellt wurden.*

Tipp: *Sie können diese Funktion dazu verwenden, um externe Koordinatenlisten (z. B. aus GPS-Daten) in GeoMedia einzulesen.*

Mit dieser Methode haben Sie ebenfalls eine neue Objektklasse **ohne** Geometrie erstellt. Um jetzt beispielsweise aus einer eingelesenen und als Attributinformation abgespeicherten Koordinatenliste Geometrien zu erzeugen, müssen Sie den Befehl **Analyse > Koordinaten identifizieren...** anwenden. Dieser wird in Abschnitt 7.7 detailliert erläutert.

4.2 Integration von Rasterdaten

Rasterdaten können eingescannte Karten, Luft- und Satellitenbilder oder auch digitale Fotos bzw. Logos sein. Sie dienen zur Ergänzung und Veranschaulichung der Daten oder werden zur Onscreen-Digitalisierung von Objekten genutzt. Rasterbilder können mit GeoMedia nicht geändert oder automatisiert ausgewertet werden (mit dem neuen Produkt GeoMedia Image wird dies jedoch möglich sein); Manipulationen sind nur in den Quelldateien möglich. Um ein Rasterbild als Hintergrund einzufügen, muss mindestens ein geöffnetes Warehouse mit Schreibzugriff vorhanden sein, in dem der Speicherpfad des Bildes abgelegt wird. Das Bild selbst wird nicht im Warehouse gespeichert, sondern verbleibt an seinem ursprünglichen Speicherplatz im Dateisystem auf der Festplatte. Wird die Rasterdatei in ein anderes Verzeichnis verschoben, so muss auch der Pfad in GeoMedia geändert werden.

Es gibt drei Arten, Rasterbilder in ein Kartenfenster einzufügen. Der Dateityp sowie die in der Datei enthaltenen Daten bestimmen, ob ein Bild interaktiv oder automatisch eingefügt werden kann.

- **Interaktiv:** Durch interaktives Platzieren mit der Maus wird ein rechteckiger Zaun aufgezogen, der die Größe und Position des Bildes festlegt. Rasterbilder werden also bei dieser Methode skaliert; das Höhen-Breiten-Verhältnis ändert sich jedoch nicht. Dieses Verfahren ist auf alle Bilder anwendbar.
- **Automatisch:** Beim automatischen Platzieren werden georegistrierte Bilder direkt in ein Kartenfenster eingefügt, wobei die Bildgeometrie erhalten bleibt. Man unterscheidet zwei Verfahren der automatischen Platzierung: georeferenziert und mittels Header. Beide Methoden verwenden zusätzliche Informationen zur geographischen Position des Originalbildes, mit deren Hilfe die Bilddaten beim Darstellen in einem Kartenfenster aus dem ursprünglichen Koordinatensystem in das Koordinatensystem des aktuellen GeoWorkspaces transformiert werden:
    - **Georeferenziert:** Die Platzierungsmethode „Georeferenziert" verwendet Geo-TIFF-Kennzeichen (geodätische Informationen, die im Header der Bilddatei gespeichert sind), ein Geo-TIFF-Paket (mit Koordinaten für das Kartenbild in einem geographischen Koordinatensystem, das auf dem Datum WGS84 und Einheitsinformationen der Zeichnungsdatei beruht) oder im Fall von MrSid-, TIFF- und JPEG-Dateien zugehörige World-Dateien (.sdw-, .tfw- bzw. .jgw-Dateien mit den sechs Transformationsparametern, die zur Definition einer Affintransformation notwendig sind).
    - **Über Header:** Diese Platzierungsmethode verwendet eine 4x4-Transformationsmatrix, die in der Bildkopfzeile (Header) für Intergraph-Rasterdateien (.cot- und .rle-Dateien) definiert ist.

Wichtig: Bei der Verwendung der Platzierungsmethode „Über Header" oder „Georeferenziert mit einer World-Datei" müssen Sie entweder eine Zeichnungsdatei mit einem Koordinatensystem (.dgn) angeben oder eine Koordinatensystemdatei (.csf) für das Bild erstellen, welche die benötigten Informationen zum Koordinatensystem liefert.

Tipp: *Ausführliche Informationen zum GeoTIFF-Format, Spezifikationsdetails, Unterstützung und kleine Beispielbilder finden Sie auf folgender Webseite: http://home.earthlink.net/~ritter/geotiff/geotiff.html*

Wichtig: *Satelliten- und Luftbilder müssen geometrisch korrekt sein, d. h. sie müssen photogrammetrisch bearbeitet sein, bzw. es muss sich dabei um Orthofotos handeln.*

4.2.1 Einfügen, Visualisierung und Löschen von Rasterbildern

Um ein Rasterbild visualisieren zu können, muss es zunächst in einem Warehouse mit Schreibzugriff registriert sein (Eintrag des Speicherorts). Ein eingetragenes Bild kann jeder Zeit in einem beliebigen Kartenfenster dargestellt werden, wenn die Verbindung zu dem entsprechenden Warehouse besteht.

Tipp: *Da die geographischen Eigenschaften (z. B. die Projektion) eines Warehouses keinen Einfluss auf das darin gespeicherte Bild haben, empfiehlt es sich, ein Bild in jenem Warehouse zu registrieren, das bereits zugehörige räumliche Daten enthält. Arbeiten Sie mit vielen Bildern, bietet es sich an, ein eigenes Warehouse für Bilder anzulegen.*

Falls Sie ein Bild einem Warehouse mehrfach hinzufügen, so wird eine fortlaufende Nummer an den Bildnamen angehängt: <Bildname>:2, <Bildname>:3 usw. Da es aber nicht sinnvoll ist, dasselbe Bild in einem Warehouse mehrfach zu registrieren, sollten Sie diese Kopien wieder löschen, wie weiter unten beschrieben wird.

Zum Einfügen und Visualisieren eines neuen Bildes durchlaufen Sie folgende Arbeitsschritte:

Workflow: Einfügen und Visualisieren eines neuen Bildes
1. Wählen Sie **Einfügen > Bild** im GeoMedia-Hauptmenü.

Hinweis: *Dieser Befehl ist nur aktiv, wenn Sie mit einem geöffneten Warehouse mit Schreibzugriff verbunden sind.*

2. **Durchsuchen...** Sie die Verzeichnisstruktur, um das **einzufügende Bild** auszuwählen. Mit dem Filter **Dateityp** können Sie die angezeigten Dateien nach einem bestimmten Grafikformat filtern oder sich alle Dateien anzeigen lassen (*.*).
3. Wählen Sie in der Pulldown-Liste **Warehouse** das Warehouse mit Schreibzugriff, in dem Sie das Bild speichern wollen.

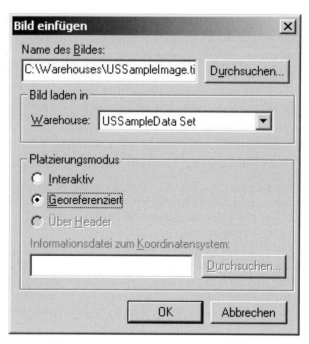

Abb. 4.14: Dialogfenster Bild einfügen

4. In Abhängigkeit vom ausgewählten Dateityp können Sie jetzt den **Platzierungsmodus** bestimmen. Haben Sie **Über Header** oder **Georeferenziert** unter Verwendung einer **World-Datei** gewählt, **Durchsuchen...** Sie die Verzeichnisstruktur nach der **Informationsdatei zum Koordinatensystem** (.csf-Datei).
5. Klicken Sie auf **OK**.

In beiden Modi wird das Bild sofort im aktiven Kartenfenster georeferenziert platziert. Der Bildeintrag wird der Legende, die mit dem aktiven Fenster verknüpft ist, oben hinzugefügt. Außerdem wird der Pfad des Bildes im Warehouse gespeichert.

ODER:

6. Im Platzierungsmodus **Interaktiv** müssen Sie jetzt einen **Zaun** im aktiven Kartenfenster aufziehen. Danach wird das Bild im aktiven Kartenfenster geladen.

Hinweis: *Beim Aufziehen des Zaunes kann es sein, dass seine Ecken nicht exakt der Mausbewegung folgen, da die Rechteckform des Zaun automatisch die skalierten Bilddimensionen unter Beibehaltung des Höhen-/Breitenverhältnisses wiedergibt.*

Wichtig: *Es wird keine Fangfunktion für das Platzieren von Rasterbildern unterstützt.*

Beispiel: Einfügen eines TIFF-Bildes mit einer World-Datei (.tfw)
Auf der beigefügten CD finden Sie ein TIFF-Bild von San Francisco mit einer TFW-(World) Datei. Legen Sie ein Verzeichnis Bilder unter „LW:\Warehouses" an und kopieren Sie die beiden Dateien in das Verzeichnis.
1. Öffnen Sie den **GeoWorkspace** „*USSampleData.gws*".

4.2 Integration von Rasterdaten 81

2. Legen Sie eine **.csf-Datei** mit folgendem Inhalt an: **Basisbezugssystem Projektion**, **Projektionsalgorithmus** *„UTM"*, **Projektionsparameter Nördliche Hemisphäre**, **Zone** *„10"*, **Geodätisches Datum** *„North American 1927"* und speichern Sie die Datei unter dem Namen *„UTM_10"* unter *„LW:\Warehouses\Bilder"*.
3. Öffnen Sie das TIFF-Bild über **Einfügen > Bild**. Geben Sie den **Namen des Bildes** *„O37122g4.tif"* an, wählen das **Warehouse** *„USSampleData Set"*, in dem das Bild geladen wird.
4. Unter den **Platzierungsmethoden** selektieren Sie **Georeferenziert** und tragen im Eingabefeld **Informationsdatei zum Koordinatensystem** die unter Pkt. 2 erstellte **.csf-Datei** *„UTM_10"* ein.
5. Klicken Sie auf **OK**.
6. Markieren Sie in der **Legende** *„O37122g4.tif"* und Klicken Sie auf **Bearbeiten > Über Legendeneintrag auswählen**.
7. Jetzt wird das Bild bestmöglich in das Kartenfenster eingepasst und Sie sehen das Rasterbild an der Westküste von Amerika.

Tipp: *In der .tfw-Datei muss für die deutsche Ländereinstellung ein **Komma** als Dezimaltrennzeichen verwendet sein. Unter folgender Web-Adresse erhalten Sie weitere Informationen zum Aufbau einer .tfw-Datei:*
http://www.genaware.com/html/support/faqs/imagis/imagis15.htm.

Über die Legende, das interaktive Steuerelement, das festlegt, was in einem Kartenfenster angezeigt wird, können Sie ein bereits registriertes Bild visualisieren, ohne es erneut registrieren zu müssen:

Workflow: Visualisieren eines bereits registrierten Bildes
1. Wählen Sie **Legende > Bild hinzufügen...**, so dass sich das Dialogfenster **Bildeintrag hinzufügen** öffnet.
2. Wählen Sie im Pulldown-Liste **Verbindung** jene Verbindung, in der das Bild registriert ist.
3. Markieren Sie das **gewünschte Bild** oder die gewünschten Bilder.
4. Klicken Sie auf **OK**.

In der ersten Zeile der Legende wird ein entsprechender Eintrag hinzugefügt und das zugehörige Bild wird im aktiven Kartenfenster dargestellt.

Da in Warehouses, die viele Rasterbildeinträge beinhalten, der Überblick leicht verloren geht, gibt es das Dialogfenster **Bilder**, um die Rasterbildeinträge eines ausgewählten Warehouses verwalten zu können. In diesem Dialogfenster können Sie Bildeinträge überprüfen, ungültige Bildeinträge aktualisieren sowie nicht mehr benötigte Bildeinträge löschen. Zusätzlich liefert Ihnen ein Symbol die visuelle Information, ob der Dateiname eines Bildeintrages gültig oder ungültig ist:

- kennzeichnet einen ungültigen Dateinamen aufgrund einer falschen Speicherpfadangabe
- kennzeichnet einen gültigen Dateinamen.

Workflow: Löschen oder Aktualisieren eines Bildeintrages
1. Wählen Sie **Warehouse > Bilder**, um das Dialogfenster **Bilder** aufzurufen.

Abb. 4.15: Dialogfenster Bilder

2. Wählen Sie in der Pulldown-Liste **Verbindungen** eine Verbindung aus, deren Bilddateinamen Sie überprüfen möchten.
3. Markieren Sie einen Eintrag mit dem Symbol für ungültige Dateinamen und klicken auf die Schaltfläche **Aktualisieren**, um den Speicherpfad zu aktualisieren.
4. Markieren Sie im Eingabefeld **Datei öffnen** die korrekte Bilddatei, und klicken Sie auf **OK**.

Daraufhin wird der Bildeintrag aktualisiert und das Symbol für gültige Dateinamen neben dem Dateinamen eingeblendet.
ODER:
5. Wenn Sie ein **Bild** löschen wollen, markieren Sie dieses und klicken auf **Löschen**.
6. Zum Schließen des Dialogfensters **Bild** klicken Sie auf **Schließen**.

4.2.2 Bearbeiten von Rasterbildern

GeoMedia erlaubt lediglich das Verschieben von Rasterbildern, die bereits in einem Kartenfenster platziert sind – gleichgültig, welche Methode dabei zur Anwendung kam. Es ist nicht gestattet, eingefügte Bilder zu vergrößern oder zu verkleinern. Zoom-In und Zoom-Out sind jedoch selbstverständlich möglich. Um ein Bild zu verschieben, markieren Sie es durch Anklicken mit der Maus. Danach wählen Sie im GeoMedia-Hauptmenü **Bearbeiten > Verschieben**, und die Ecken des Bildes werden mit schwarzen Vierecken markiert. Mit gedrückter linker Maustaste können Sie jetzt das Bild verschieben. Beim Loslassen der Maustaste wird das Bild endgültig platziert. Die Verschiebungen gelten nur für den aktiven GeoWorkspace, d. h. das Bild wird durch die Verschiebung nicht georeferenziert. Wenn Sie das Bild erneut registrieren oder in einem anderen GeoWorkspace platzieren, so wird es an seiner ursprünglichen Position geladen.

Möglichkeiten zum Anpassen der Bilddarstellung (Manipulation von Kontrast und Helligkeit eines Grauwert- oder Farbbildes sowie Veränderung eines Binärbildes) werden im Kapitel 5.2.3.4 detailliert beschrieben.

4.3 Zusammenfassung

GeoMedia stellt eine Reihe von Funktionen zur Datenerfassung und -integration bereit, wobei zwischen Vektor- und Rasterdaten zu unterscheiden ist. Als Repräsentation von Objekten in einem Kartenfenster setzt die Erfassung und Integration von Vektorgeometrie die Erzeugung einer neuen Objektklasse voraus. Dem Anwender stehen dazu drei unterschiedliche Wege offen: Eine Objektklasse völlig neu definieren, eine bestehende Objektklasse in eine neue Objektklasse des gleichen Warehouses kopieren oder eine Objektklasse durch eine externe, nichtgrafische Datenquelle anhängen. In eine neu angelegte (d. h. vorhandene) Objektklasse können dann neue Objekte mit oder ohne Geometrie eingefügt werden. Während die Datenerfassung eine geöffnete Verbindung zu einem Warehouse mit Schreibzugriff voraussetzt, genügt zur Integration von vorhandenen Objektklassen eine schreibgeschützte, aber offene Verbindung zu den sie beinhaltenden Warehouses. Bereits existierende Objektklassen müssen lediglich in einem Karten- und/oder Datenfenster des aktuellen Warehouses visualisiert werden.

Die Integration von Rasterdaten, die geometrisch korrekt sein müssen, setzt ebenfalls eine geöffnete Verbindung zu einem Warehouse mit Schreibzugriff voraus. In diesem wird dann nicht das Bild, sondern nur sein Speicherpfad abgelegt. In einem Warehouse eingetragene Bilder können jederzeit in einem Kartenfenster als Hintergrund angezeigt werden, wenn die Verbindung zum entsprechenden Warehouse besteht. Je nach Dateityp und -inhalt des Bildes kann die Platzierung interaktiv oder automatisch (georeferenziert bzw. über Header) erfolgen. GeoMedia gestattet es nicht, die Quelldatei eines Rasterbild zu verändern. In einem Kartenfenster platzierte Bilder können lediglich verschoben werden. Dagegen ist es möglich, die Bilddarstellung zu manipulieren. Verschiebungen und Manipulationen der Bilddarstellung gelten dann nur für den aktuellen GeoWorkspace.

5 Das Kartenfenster

GeoMedia ermöglicht dem Anwender, seine Daten in drei Arten von Fenstern darzustellen. Im Kartenfenster werden die grafischen Objekte sowie Beschriftung und Hintergrundbilder präsentiert, im Datenfenster die beschreibenden (attributiven) Informationen zu den Objekten, und im Layoutfenster werden die zur Ausgabe aufgearbeiteten Daten angezeigt. Sowohl zur optimalen Visualisierung der Daten als auch zur bestmöglichen Unterstützung der verschiedenen Arbeitsprozesse lassen sich viele Karten- und Datenfenster gleichzeitig öffnen und nebeneinander, untereinander oder überlappend anordnen. Offene Fenster lassen sich außerdem in ihrer Größe verändern, maximieren, verschieben, schließen und als Symbole (minimieren) im GeoWorkspace darstellen. Obwohl Erscheinungsbild und Verhalten jedes einzelnen Fensters durch je einen Satz individueller Parameter bestimmt werden, sind Karten- und Datenfenster voneinander abhängig, d. h. wenn Sie in einem Fenster Veränderungen vornehmen, werden die anderen Fenster entsprechend aktualisiert. Sind mehrere Fenster geöffnet, ist stets nur eines davon aktiv. Nur in diesem Fenster können Sie Veränderungen durchführen.

Abb. 5.1: Beispiel für ein Kartenfenster

> **Wichtig:** *Neben den darzustellenden Objekten enthält jedes Kartenfenster eine Legende, einen Nordpfeil und eine Maßstabsleiste. Diese Kartenelemente lassen sich ein- und ausblenden. Während die Legende einer analogen Karte die Aufgabe hat, die auf der Karte dargestellten Elemente wiederzugeben und die Bedeutung der verwendeten Symbolik zu erläutern, setzen Sie die Legende in GeoMedia ein, um die Darstellung der Objekte und deren Erscheinungsbild im Kartenfenster zu steuern und visuell ansprechende Kartenausgaben zu erstellen. Somit ist die digitale Legende in GeoMedia die zentrale, interaktive Steuereinheit zur Darstellung und Präsentation der in den Warehouses enthaltenen Objekte. Zusätzlich zu den traditionellen Funktionen zur Festlegung von Inhalt und Aufbau der einzelnen Kartenfenster stehen daher in GeoMedia sehr mächtige Werkzeuge für die kartografische Aufbereitung und Fertigstellung der Kartenausgabe bereit. So regelt die Legende neben der Symbolik auch die Darstellungspriorität der Kartenobjekte, d. h. sie legt fest, welches Objekt über einem anderen Objekt an der gleichen Position liegt (s. Abschnitt 5.2) oder dieses verdeckt bzw. welches Objekt unter einem anderen liegt.*

GeoMedia erstellt Kartenfenster unter Verwendung des GeoWorkspace-Koordinatensystems und der Hintergrund-, Markierungs- und Auswahlfarben, die über die Option **Extras > Optionen > Kartendarstellung** definiert wurden. Zur Identifikation besitzt jedes Kartenfenster einen Namen, der stets in der Titelleiste eines in seiner Größe maximierten Kartenfensters erscheint. Links daneben befindet sich das **Kartenfenster-Icon**. Dahinter verbirgt sich das Pulldown-Menü mit den Befehlen zum **Verschieben**, **Minimieren**, **Maximieren**, **Schließen** eines Fensters, zum **Verändern** der Fenstergröße sowie für den Wechsel zum **Nächsten** Fenster im Stapel.

5.1 Arbeiten mit Kartenfenstern

Um mit raumbezogenen Objekten in GeoMedia arbeiten zu können, müssen Sie diese in ein Kartenfenster laden. Der folgende Workflow gibt Ihnen einen Überblick, wie Sie standardmäßig mit Kartenfenstern arbeiten.

Workflow: Visualisieren von raumbezogenen Objekten
1. Stellen Sie in einem geöffneten GeoWorkspace eine Verbindung mit den Warehouses her, welche die Daten enthalten, die Sie darstellen wollen.
2. Wenn kein Kartenfenster vorhanden ist, öffnen Sie über **Fenster > Neues Kartenfenster...** das Dialogfenster **Neues Kartenfenster**. Vergeben Sie einen aussagekräftigen **Namen** für das Kartenfenster.

Abb. 5.2: Dialogfenster Neues Kartenfenster

3. Ist in dem Kartenfenster keine Legende dargestellt, schalten Sie diese über **Ansicht > Legende** aus dem GeoMedia-Hauptmenü ein.
4. Wählen Sie über **Legende > Objektklassen hinzufügen...** die Verbindung und die Objektklassen, die Sie visualisieren wollen, denn in der Standardeinstellung wird ein Kartenfenster ohne Legendeneinträge erstellt.

Abb. 5.3: Dialogfenster Objektklasseneintrag hinzufügen

5. Führen Sie Ihre Projektarbeit durch, wie z. B. das Erfassen neuer Daten, das Digitalisieren neuer Objekte oder die Durchführung von Analysen und Abfragen.
6. Passen Sie die grafische Ausgestaltung und Priorität der Objektklassen mit Hilfe der Legende (s. Abschnitt 5.2) an.
7. Fügen Sie weitere Kartenelemente wie Nordpfeil oder Maßstabsleiste hinzu und passen Sie deren Eigenschaften an.

Für die meisten Arbeitsprozesse ist es sehr hilfreich, mehrere Fenster zu öffnen und darin einerseits Kartenausschnitte in unterschiedlicher Größe und Lage anzuzeigen (z. B. eine kleinmaßstäbige Übersicht sowie mehrere Detailansichten) und andererseits das Darstellungs- und Auswahlverhalten für die dargestellten Objekte in den verschiedenen Fenstern zu variieren.

Wie oben erwähnt, öffnen Sie Kartenfenster mittels des Befehls **Fenster > Neues Kartenfenster...** aus dem GeoMedia-Hauptmenü. Haben Sie mehrere Fenster geöffnet und Sie wollen Ihre Arbeit in einem (teilweise) verdeckten Fenster fortsetzen, so können Sie dieses entweder mit einem Klick in das Fenster – sofern es sichtbar ist – oder durch Selektion im Menü **Fenster** aktivieren. Es erscheint dann über den anderen Fenstern mit blau unterlegter Titelleiste.

Hinweis: *Da die Liste der offenen Fenster maximal neun Fenster umfasst, müssen Sie zur Selektion eines weiteren, dort nicht aufgeführten Fensters die Funktion **Fenster > Weitere Fenster** im GeoMedia-Hauptmenü verwenden. Mit einem Doppelklick auf den Namen des gewünschten Fensters wird dieses aktiviert.*

Wenn Sie Objektklassen geladen haben, ist das weitere Arbeiten im Kartenfenster ohne die Möglichkeiten zum präzisen Navigieren innerhalb des dargestellten Bereiches nicht möglich. Deshalb verfügt die Software über eine Reihe von Ansichtsbefehlen, mit denen Sie Lage und Größe des Kartenfensterausschnittes verändern können. Die Icons der am häufigsten benötigten Befehle (Abb. 5.4) sind in der Symbolleiste **Standard** integriert, die sich über **Ansicht > Symbolleisten...** einblenden lässt.

Abb. 5.4: Icons zur Ansichtsmanipulation

Über das Pulldown-Menü **Ansicht** können Sie auf folgende Befehle zur Ansichtsmanipulation zugreifen:

Tab. 5.1: Ansichtsmanipulationen

Ansicht > Größe verändern > **Vergrößern**	Vergrößert die Ansicht eines Punktes, den Sie mit einem Mausklick bestimmt haben, oder die einer Fläche, die Sie durch Klick und Aufziehen eines Rechtecks mit gedrückter Maustaste bestimmt haben.
Ansicht > Größe verändern > **Verkleinern**	Verkleinert die Ansicht eines Punktes, den Sie mit einem Mausklick bestimmt haben, oder die einer Fläche, die Sie durch Klick und ziehen mit gedrückter Maustaste bestimmt haben.
Ansicht > Größe verändern > **Vorherige**	Stellt den vorherigen Darstellungsmaßstab und Ansichtsbereichs eines Kartenfensters wieder her.
Ansicht > Größe verändern > **Nenn-Kartenmaßstab**	Gleicht den Darstellungsmaßstab des Kartenfensters entsprechend den Einstellungen im Dialogfenster „Darstellungseigenschaften" an den Nenn-Kartenmaßstab an.
Ansicht > **Alle einpassen**	Passt alle darstellbaren Objekte optimal in das aktive Kartenfenster ein.
Ansicht > **Auswahlsatz einpassen**	Passt den Inhalt eines Auswahlsatzes optimal in das aktive Kartenfenster ein.
Ansicht > **Ausschnitt verschieben**	Verschiebt die Anzeige bei gedrückter linker Maustaste in die Richtung der Mausbewegung.
Ansicht > **Alle aktualisieren**	Laden von nicht geladenen Legendeneinträgen und Aktualisieren der Anzeige in allen Kartenfenstern.

Weitere nützliche Möglichkeiten im Umgang mit Kartenfenstern ergeben sich aus den verschiedenen Optionen zur Beeinflussung der individuellen Eigenschaften eines Kartenfensters und den Optionen zur separaten Manipulation der Darstellungseigenschaften.

5.1.1 Änderung der Eigenschaften des Kartenfensters

Über **Fenster > Eigenschaften des Kartenfensters** können Sie den Namen des aktuellen Kartenfensters verändern sowie festlegen, wie das Kartenfenster Objekte darstellt, die Sie in einem anderen Fenster selektiert haben (die Objekte befinden sich dann im Auswahlsatz).

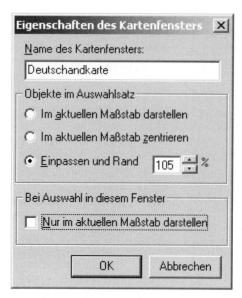

Abb. 5.5: Dialogfenster Eigenschaften des Kartenfensters

Da die Kartenfenster eines GeoWorkspaces direkt miteinander verknüpft sind, werden in einem Fenster ausgewählte Objekte auch in den anderen Fenstern markiert. Über die Einstellungen **Objekte im Auswahlsatz** kann das Verhalten der Objekte im aktuellen Fenster gesteuert werden. Es stehen folgende Eigenschaften zur Verfügung:

- **Im aktuellen Maßstab darstellen:** Die Objekte im Auswahlsatz werden auch im aktuellen Kartenfenster markiert, ohne dass der Maßstab dieses Kartenfensters geändert wird.
- **Im aktuellen Maßstab zentrieren:** Die Objekte im Auswahlsatz werden im aktuellen Kartenfenster markiert und zusätzliche zentriert, ohne dass der Maßstab dieses Kartenfensters geändert wird.
- **Einpassen und Rand:** Die Objekte im Auswahlsatz werden im aktuellen Kartenfenster markiert, zentriert und skaliert, wobei die Darstellung entsprechend dem angegebenen Prozentsatz verkleinert wird. Die Prozentangabe ist ein konstanter Maßstabsfaktor, d. h. eine Skalierung auf 200 % entspricht einer Verdopplung der Maßstabszahl, eine Skalierung auf 300 % eine Verdreifachung. Erlaubt sind Werte zwischen 100 und 900 %; der Standardwert beträgt 105 %.
  Beispiel: Wird ein Objekt mit dem Maßstab 1:5.000 angepasst, verdoppelt ein Prozentsatz von 200 % den Maßstab auf 1:10.000, ein Prozentsatz von 300 % verdreifacht den Maßstab auf 1:15.000 etc.

Durch die Aktivierung der Check-Box **Nur im aktuellen Maßstab darstellen** können Sie die beiden Optionen **Im aktuellen Maßstab zentrieren** und **Einpassen und Rand** ausschalten. Das heißt, der Maßstab des aktuellen Kartenfenster bleibt erhalten und wird nicht bei jeder Selektion eines Objektes geändert. Diese Option ist besonders dann hilfreich, wenn Sie ausgewählte Objekte bearbeiten wollen, ohne den Maßstab des Kartenfensters ständig zu verändern.

Diese Check-Box ist dann sinnvoll, wenn mit mehreren Fenstern gearbeitet wird. Also wenn Sie im Datenfenster Objekte auswählen und diese im Kartenfenster automatisch zentriert werden. Folglich kann im Kartenfenster gearbeitet werden, ohne dass das Fenster bei jeder Selektion seinen Ausschnitt verändert (springt).

5.1.2 Änderung der Darstellungseigenschaften

Zusätzlich zu den Ansichtsmanipulationen können Sie für jedes Kartenfenster grundlegende Darstellungseigenschaften festlegen, die die Präsentation der Kartengrafik beeinflussen.

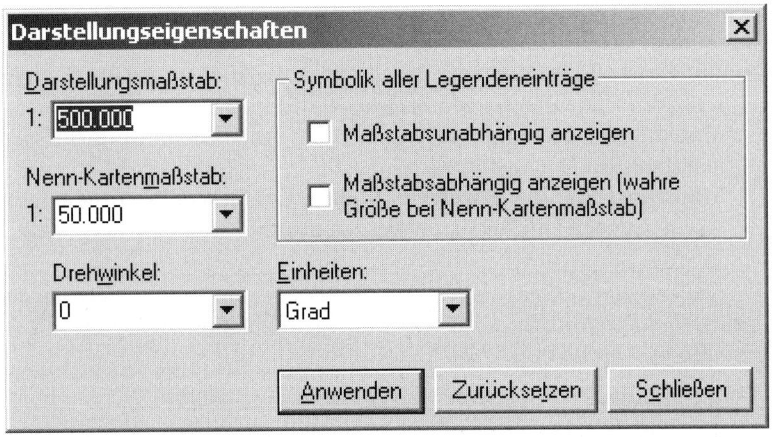

Abb. 5.6: Dialogfenster Darstellungseigenschaften

Im Dialogfenster **Ansicht > Darstellungseigenschaften** können Sie folgende Einstellungen durchführen:
- **Darstellungsmaßstab:** Gibt den Maßstab an, mit dem die Kartendaten im Kartenfenster dargestellt werden. Er ist mit der Bildschirmanzeige assoziiert. Sein Wert ist dynamisch und ändert sich, sobald Sie die Ansicht vergrößern oder verkleinern. Der Darstellungsmaßstab kann dazu verwendet werden, um das Kartenfenster auf einen bestimmten Maßstab, den Sie manuell eingeben oder aus der Pulldown-Liste auswählen, einzustellen.
- **Nenn-Kartenmaßstab:** Gibt den Maßstab an, für den die Objektsymbolik definiert ist, denn üblicherweise werden Linienbreite, Textgröße und Symbolgröße für einen festgelegten Ausgabemaßstab oder Plotmaßstab (in der GeoMedia-Terminologie „Nenn-Kartenmaßstab") skaliert. Mit dieser Option können Sie eine WYSIWYG-Ansicht der Kartendaten mit dem aktuellen Kartenmaßstab Ihres GeoWorkspaces erzeugen.

Hinweis: *Wenn Sie den Nenn-Kartenmaßstab festlegen, werden die Warehouse-Verbindungen geschlossen und anschließend wieder geöffnet, damit das Koordinatensystem den Maßstab neu erstellen und die Legendeneinträge neu projizieren kann. Aus Leistungsgründen werden dann die Daten eines nicht darstellbaren Legendeneintrages nicht mehr geladen. Infolgedessen fehlt beim Aufruf der Funktion* **Legende > Eigenschaften** *das Häkchen zur Kennzeichnung der Einstellung „Darstellen Aus" in der Spalte* **Eintrag.** *Außerdem erscheint in der Spalte* **Symbolik** *das Symbol „Keine Daten geladen".*

- **Drehwinkel:** Legt den Drehwinkel der Kartenansicht fest. In der Einheit Altgrad (Grad) können beispielsweise folgende Drehwinkel aus der Pulldown-Liste gewählt werden: -90, -75, -60, -45, -30, -15, 0, 15, 30, 45, 60, 75 und 90.
- **Einheiten:** Legt die Einheiten für den Drehwinkel fest.
- **Symbolik aller Legendeneinträge:** Legt die Darstellung für alle Legendeneinträge im aktiven Kartenfenster zentral fest.
    - **Maßstabsunabhängig anzeigen:** Alle geladenen Objektklassen werden maßstabsunabhängig dargestellt.
    - **Maßstabsabhängig anzeigen (wahre Größe bei Nenn-Kartenmaßstab):** Alle geladenen Objektklassen werden maßstabsabhängig dargestellt.

Wichtig: *Diese Einstellungen überschreiben die getroffenen Festlegungen im Dialogfenster* **Symbolik definieren** *der Funktion* **Legende > Eigenschaften > Symbolik definieren** *(s. Abschnitt 5.2.3.2).*

Durch Klicken auf **Anwenden** werden die gewählten Einstellungen auf das aktuelle Kartenfenster angewendet. Mit einem Klick auf **Zurücksetzen** werden die Werte im Dialogfenster **Darstellungseigenschaften** zurückgesetzt; die Darstellung im Kartenfenster wird dadurch nicht beeinflusst.

5.2 Die Legende

Das zentrale, interaktive Steuerelement für die grafische Darstellung von Objektklassen, Rasterbildern, Abfragen sowie thematischen Darstellungen bildet die Legende. Jedes Kartenfenster hat eine eigene Legende, die unabhängig von anderen Kartenfenstern ist. Die Legende können Sie durch **Ansicht > Legende** ein- oder ausblenden und als Standardfenster auch entsprechend Ihren eigenen Bedürfnissen skalieren und innerhalb des Kartenfensters verschieben.

Beim Öffnen eines neuen GeoWorkspace erscheint standardmäßig ein leeres Kartenfenster mit einem zugeordneten Koordinatensystem sowie einer leeren Legende. Soll nun ein Kartenobjekt (z. B. eine Objektklasse oder ein Rasterbild) im aktiven Kartenfenster angezeigt werden, so muss es der Legende hinzugefügt werden. Der Legendeneintrag bestimmt nicht nur die grafische Ausprägung, sondern auch die Priorität, mit der das Objekt dargestellt wird. Das in der Legende an oberster Stelle eingetragene Objekt hat auch die höchste Darstellungspriorität und verdeckt gegebenenfalls darunter liegende Objekte. Objektklassen

5.2 Die Legende

werden in der Reihenfolge ihres Ladens in der Legende platziert, d. h. die zuletzt geladene Objektklasse erhält dabei die jeweils höchste Darstellungspriorität. Durch einfaches Verschieben der Legendenobjekte mittels linker Maustaste ist die Veränderung der Darstellung beliebig möglich.

Hinweis: Die Team GeoMedia Partner ICF GmbH (http://www.icf.muenster.de) und Gauss + Lörcher Ingenieurtechnik GmbH (http://www.gaussloercher.toplink.de) bieten erweiterte Legendentools an, die eine übersichtliche, komplex hierarchische Baumstruktur der Legende ermöglichen. Dies ist vor allem bei einer Vielzahl von Legendenobjekten sehr sinnvoll, um den Überblick zu bewahren. In der GeoMedia Version 5.0 wird gleichfalls eine Legendenoptimierung enthalten sein.

Abb. 5.7: Beispiel einer Legende

Da GeoMedia beim Importieren von Daten deren Symbologie in den Quelldaten nicht übernimmt, werden beim Eintrag eines Objektes in eine Legende die diesbezüglichen Voreinstellungen in der Hauptlegende übernommen. Jeder GeoWorkspace besitzt eine Hauptlegende, die als Vorlage für die Darstellung aller Objektklassen dient. Der Anwender kann die Symbolik in einer Legende seinen Anforderungen anpassen und zur Wiederverwendung in einer benannten Legende speichern (beim Schließen des Kartenfenster wird die Legende gelöscht, womit alle darin getroffenen Veränderungen verloren sind). Veränderungen der grafischen Ausprägung wirken sich stets nur auf die Visualisierung in einem Kartenfenster, nie auf die Warehouse-Daten aus.

5.2.1 Legendeneigenschaften

Jede Legende besitzt zwei Gruppen parametrisierter Eigenschaften, von denen die erste Gruppe die Darstellungseigenschaften der Kartenobjekte steuert, während sich mit der zweiten Parametergruppe die Legendenerscheinung anpassen lässt. Dabei unterteilt man wieder in Eigenschaften, welche den Legendeninhalt (welche Informationen werden angezeigt?) beeinflussen und solche, die die Legende als Ganzes (verwendete Schriftart, Hintergrundfarbe) modifizieren.

Das Dialogfenster zur Veränderung der Legendeneigenschaften öffnen Sie über **Legende > Einstellungen**. Auf der Registerkarte **Allgemein** kann unter **Titel...**, **Untertitel...** und **Überschrift...** die Einstellung der Schriftart für die komplette Legende nach eigenen Vorstellungen festgelegt werden. Die **Hintergrundfarbe...** für das Legendenfenster lässt sich hier ebenfalls verändern. Zusätzlich können Sie noch eine **QuickInfo** (zeigt auf dem Bildschirm vorübergehend Anleitungen für die Bearbeitung der Legende an, wenn sich der Mauszeiger auf den verschiedenen Bestandteilen eines Legendeneintrages befindet) und **Statistik** anzeigen lassen, die **Titelleiste** ein- bzw. ausschalten sowie die Größe der Legende beim Einfügen oder Löschen von Einträgen automatisch anpassen lassen (mit Ausnahme der **Statistik** sind diese Optionen standardmäßig eingeschaltet).

Auf der Registerkarte **Objekte** können Sie Legendeneinträge bearbeiten (z. B. die Texte für Titel und Untertitel editieren), Einträge hinzufügen, löschen oder in ihrer Reihenfolge ändern, die Symbolik und die Darstellungsprioritäten der Objekte anpassen sowie die Skalierung definieren. Die einzelnen Einstellungsmöglichkeiten werden im Abschnitt 5.2.3 detailliert vorgestellt.

5.2.2 Inhalt des Legendeneintrages

Für jedes Kartenobjekt enthält die Legende einen separaten Eintrag, der aus maximal drei Elementen besteht:
- Symbolikschlüssel
- Titel des Legendeneintrags
- Statistik.

5.2.2.1 Symbolikschlüssel

Der Symbolikschlüssel liefert Ihnen Informationen über den Objekttyp des Legendeneintrages sowie weitere wichtige Angaben über den Status eines Objektes (z. B. die Informationen, ob eine Objektklasse lokalisierbar ist oder maßstabsabhängig dargestellt wird).
Es existieren folgende Symbolikschlüssel für Objekttypen:

Tab. 5.2: Symbolikschlüssel für Objekttypen

SYMBOLIK-SCHLÜSSEL	OBJEKTTYP
✱	Punktobjektklasse
∕	Linienobjektklasse
☐	Flächenobjektklasse
A	Beschriftung
▨	Zusammengesetzte Objektklasse
▨	Bild
▨	Thematische Darstellung nach Bereichen
▨	Thematische Darstellung nach eindeutigen Werten

Tipp: *Der Symbolikschlüssel ist kein statisches Icon, sondern eine Möglichkeit (Shortcut), auf dem kürzesten Weg (d. h. mit einem Doppelklick auf das Icon) in das Dialogfenster* **Symbolik definieren** *zu gelangen.*

Zu den weiteren Statusinformationen des Symbolikschlüssels zählen:

Tab. 5.3: Symbolikschlüsse Statusinformationen

SYMBOLIK-SCHLÜSSEL	ANZEIGE
	Daten nicht geladen
	Warehouse-Verbindung ist geschlossen
	Status des Legendeneintrags ist ungültig
	Kartenobjekt ist lokalisierbar
	Kartenobjekt ist maßstabsabhängig

Hinweis: *Ist der Status eines Legendeneintrages* **ungültig**, *weist dies darauf hin, dass das Laden des entsprechenden Kartenobjektes fehlgeschlagen ist. Viele (aber nicht alle) Statusprobleme können durch das Editieren der zugehörigen Warehouse-Verbindung gelöst werden.*
Folgende Umstände können die Statusanzeige **„Daten nicht geladen"** *verursachen:*
- *Wenn Sie das Laden von Kartenobjekten durch Drücken der* **ESC**-*Taste unterbrechen, wird der Eintrag in der Legende dargestellt, ohne dass die zugehörigen Daten geladen werden.*
- *Sie ersetzen eine aktuelle Legende durch eine benannte Legende, die einen Eintrag enthält, deren Darstellung ausgeschaltet ist.*
- *Ist die Darstellung eines Legendeneintrages beim Speichern des Geo-Workspaces ausgeschaltet, wird das entsprechende Kartenobjekt beim nächsten Öffnen des GeoWorkspaces nicht geladen.*

*Schalten Sie in einem solchen Fall die Darstellung des Legendeneintrages wieder ein (***Legende > Legendeneigenschaften > Objekte***).*

5.2.2.2 Titel des Legendeneintrages

Als Titel des Legendeneintrages wird normalerweise der Name der Objektklasse aus der gewählten Warehouse-Verbindung vergeben. Über **Legende > Eigenschaften** kann dieser in der Registerkarte **Objekte** unter **Titel** beliebig verändert und – falls notwendig – noch mit einem **Untertitel** ergänzt werden (Abb. 5.9).

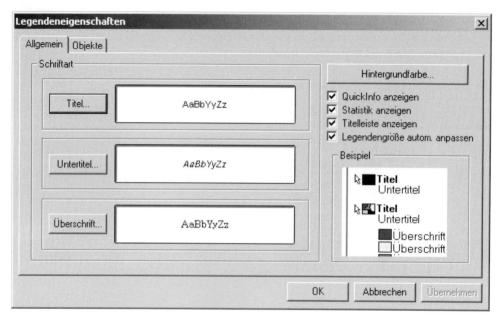

Abb. 5.8: Dialogfenster Legendeneigenschaften – Allgemein

5.2.2.3 Statistik

Die Statistik zeigt neben dem Titel die Anzahl der Kartenobjekte in Klammern an. Diese Funktion ist standardmäßig ausgeschaltet und wird über **Legende > Eigenschaften** in der Registerkarte **Allgemein** mit der Check-Box **Statistik anzeigen** aktiviert.

> **Tipp:** *Diese Funktion ist besonders dann sehr hilfreich, wenn man das erste Mal mit Objekten aus einer Warehouse-Verbindung, einer Abfrage oder mit einer CAD-Datei arbeitet, da Sie auf einen Blick sehen, wie viele Objekte in einer Objektklasse vorkommen. Besonders wenn keine grafischen Objekte enthalten sind, sparen Sie sich eine eventuelle Suche!*
> *Andererseits können Sie kontrollieren, ob auch alle Objekte geladen wurden, wenn Ihnen die Anzahl der Objekte bekannt ist.*

5.2.3 Änderung der Darstellungseigenschaften von Kartenobjekten

Das Erscheinungsbild und die Funktion einer Karte werden über bestimmte Darstellungseigenschaften festgelegt. Diese Eigenschaften sind:
- Darstellung Ein/Aus: Welche Kartenobjekte sind sichtbar?
- Darstellungspriorität: Welche Kartenobjekte liegen über anderen Objekten?
- Symbolik: Wie werden die Kartenobjekte visualisiert?

- Skalierungsbereich: In welchem Maßstabsbereich werden die Kartenobjekte dargestellt?
- Lokalisierbarkeit: Kann das Kartenobjekt im Kartenfenster ausgewählt oder hervorgehoben werden?

Diese fünf Grundeigenschaften von Kartenobjekten werden gesteuert, indem Sie die dazugehörigen Legendeneinträge verändern.

5.2.3.1 Änderung der Darstellung von Objekten

Die Darstellung von Objekten wird geregelt, indem eine Objektklasse auf **Darstellung Ein** bzw. **Darstellung Aus** im Dialogfenster **Legende > Eigenschaften**, gestellt wird. Ein Sonderfall ergibt sich, wenn auf der Registerkarte **Allgemein** unter **Extras > Optionen** die Einstellung **Beim Öffnen des GeoWorkspaces keine Daten laden** aktiviert wurde. Dann können Sie die Daten durch Anklicken der Objektklasse mit der rechten Maustaste und der Option **Daten laden** im Kontextmenü die Daten aus der Verbindung nachladen. Sind noch keine Daten einer Objektklasse geladen sind, wird das Fehlen in der Legende durch den Schlüssel ⚷ symbolisiert.

5.2.3.2 Änderung der Darstellungspriorität

Die Darstellungspriorität regelt, welches Objekt bei gleicher räumlicher Position sichtbar ist bzw. überdeckt wird. Insbesondere bei gefüllten flächenhaften Objekten oder bei Rasterbildern ist die richtige Wahl der Priorität wichtig, da sonst Teile der Karte nicht sichtbar sind. Die Objektklasse mit der geringsten Darstellungspriorität wird zuerst gezeichnet und steht in der Legende an unterster Stelle, die Objektklasse mit der höchsten Priorität wird zuletzt gezeichnet, überdeckt alles andere und steht an oberster Stelle in der Legende. Sie können die Anordnung in der Legende auf zwei Arten steuern:
1. Wählen Sie den Eintrag in der Legende aus und ziehen ihn mit der Maus an die gewünschte Stelle in der Liste.

ODER:

2. Wählen Sie im GeoMedia-Hauptmenü die Funktion **Legende > Eigenschaften** und selektieren auf der Registerkarte **Objekte** den Legendeneintrag, den Sie verschieben wollen. Klicken Sie auf der rechten Seite auf die entsprechende Schaltfläche **Priorität**, um den Eintrag an die oberste Position (Doppelpfeil nach oben), ein Stufe nach oben (Pfeil nach oben), eine Stufe nach unten (Pfeil nach unten) oder an die unterste Position (Doppelpfeil nach unten) zu verschieben.

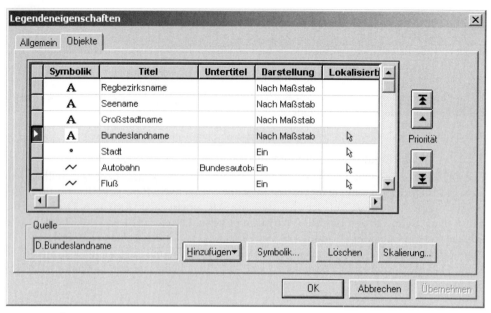

Abb. 5.9: Änderung der Darstellungspriorität

Wichtig: *Sie können immer nur einen Legendeneintrag verschieben. Sind mehrere Einträge markiert, so wird die zuletzt markierte Objektklasse verschoben.*

5.2.3.3 Änderung der Symbolik von Vektordaten

Die Dialogbox zur Änderung der Bilddarstellung von Vektordaten kann über einen Doppelklick auf den Symbolikschlüssel der entsprechenden Objektklasse in der Legende oder über **Legende > Eigenschaften** und die Schaltfläche **Symbolik...** auf der Registerkarte **Objekte** für die markierte Objektklasse aufgerufen werden. In Abhängigkeit von der gewählten Objektklasse sind nun im Dialogfenster **Symbolik definieren** unterschiedliche Registerkarten verfügbar. Allen Objektklassen gemeinsam ist jedoch das Kontrollkästchen **Maßstabsunabhängig anzeigen**. Ist diese Option aktiviert (Voreinstellung), wird die Objektklasse unabhängig vom Darstellungsmaßstab durch eine bestimmte Anzahl von Bildschirmpixeln definiert. Das bedeutet, die Objektklasse erscheint unabhängig vom Maßstab des Kartenfensters in der Darstellung immer gleich groß, was in Abb. 5.10 nochmals verdeutlicht wird.

5.2 Die Legende

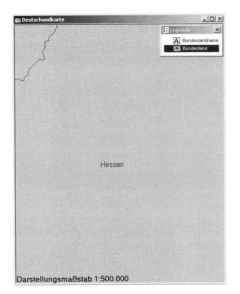 

Abb. 5.10: Maßstabsunabhängiges Anzeigen

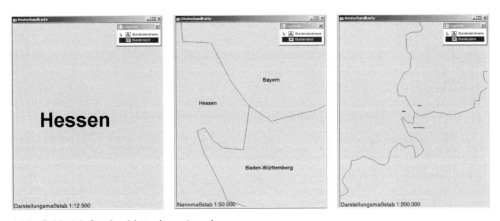

Abb. 5.11: Maßstabsabhängiges Anzeigen

Wird dagegen das Kontrollkästchen nicht aktiviert, so wird die Präsentation eines Kartenobjektes direkt mit einem bestimmten Maßstab assoziiert. Das heißt, Linienbreite, Text- und Symbolgröße werden mit dem Nenn-Kartenmaßstab dargestellt, der im Dialogfester **Ansicht > Darstellungseigenschaften** definiert wurde. Folglich erscheint die Darstellung größer, wenn Sie die Ansicht vergrößern, und kleiner, wenn Sie die Ansicht verkleinern. In Abb. 5.11 werden die Namen der Bundesländer im Nennmaßstab 1:50.000 und zusätzlich im Maßstab 1:12.500 und 1:200.000 dargestellt, wobei je nach Darstellungstiefe die Textgröße variiert.

Im Folgenden werden die einzelnen Registerkarten beschrieben, in denen Sie die Objektklassensymbolik anpassen können:

Punktobjektklasse oder -abfrage

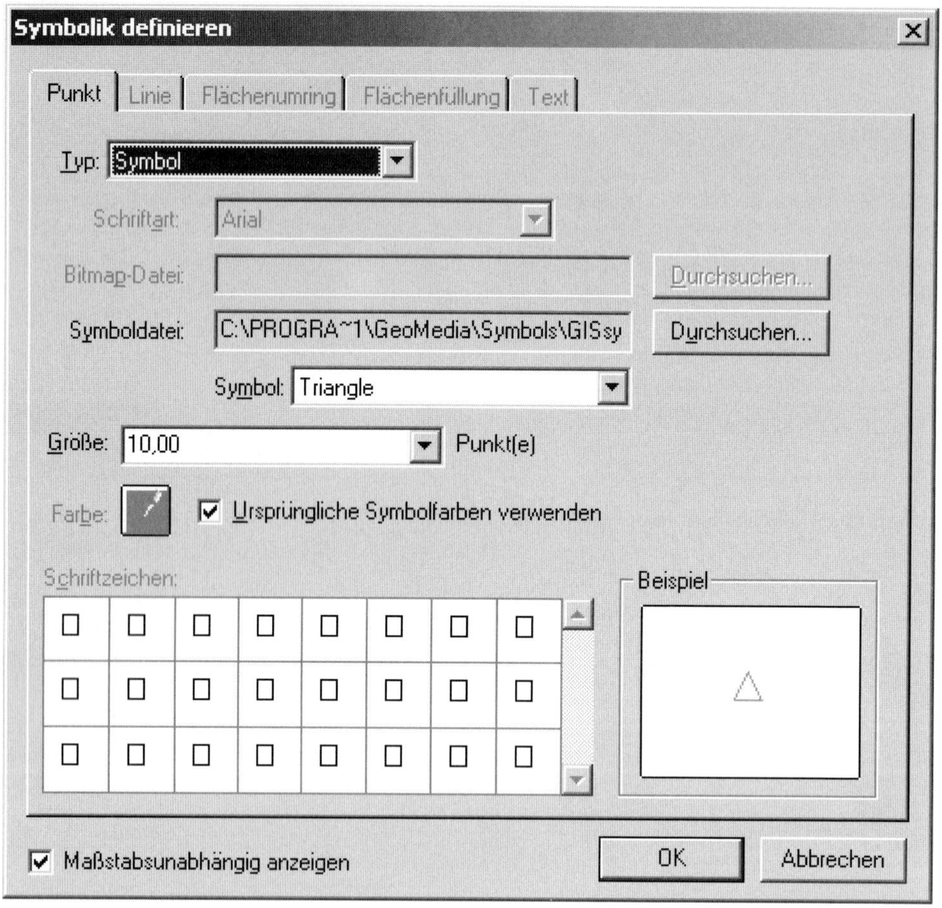

Abb. 5.12: Dialogfenster Punktsymbol

Bei einer Punktobjektklasse müssen Sie zuerst festlegen, ob es sich bei dem Punkt um einen Standardtyp, eine Schriftart, eine Bitmap oder Symbol handelt. Je nach gewähltem **Typ** können Sie folgende Anpassungen vornehmen:
- **Standard:** Wählen Sie die **Größe** und **Farbe** zur Darstellung der Punktobjektklasse.
- **Schriftart:** Wählen Sie **Schriftart**, **Schriftgröße in Punkten**, **Farbe** und das **Schriftzeichen**, welche die Punktobjektklasse repräsentieren.
- **Bitmap:** Wählen Sie die **Bitmap-Datei** (.bmp) über **Durchsuchen...** und definieren Sie die **Größe in Punkten**.
- **Symbol:** Wählen Sie die **Symboldatei** (.fsm) über **Durchsuchen...** und das gewünschte Symbol aus dem Auswahlmenü **Symbol**. Bestimmen Sie die **Größe in Punkten** und – falls gewünscht – die **Farbe** oder verwenden Sie alternativ die **Ursprüngliche Symbolfarbe**.

5.2 Die Legende

Hinweis: *Im Lieferumgang von GeoMedia sind einige Bitmap- (.bmp) und Symboldateien (.fsm) enthalten. Sie finden diese im Verzeichnis „LW:\Programme\GeoMedia\ Symbols".*
GeoMedia greift auf die in Ihrem System vorhandenen (Verzeichnis „LW:\Winnt\ Fonts") Schriftarten (.ttf- und. pfm-Dateien) zu.
Unter „Verwendung zusätzlicher Symbole und Schriftfonts" am Ende dieses Abschnittes finden Sie noch weitere Informationen zu diesem Thema.

Tipp: *Kontrollieren Sie stets Ihre Symbolik-Einstellungen auf den einzelnen Registerkarten des Dialogfensters* **Symbolik definieren** *in der grafischen Darstellung unter* **Beispiel***.*

Linienobjektklasse oder -abfrage

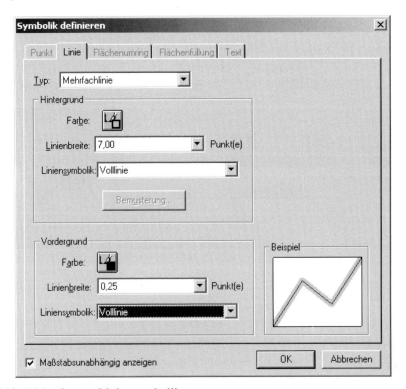

Abb. 5.13: Dialogfenster Liniensymbolik

Bei einer Linienobjektklasse müssen Sie zuerst auswählen, ob es sich um eine **Einfache Linie**, eine **Mehrfachlinie** oder **Bemusterte Linie** handelt. Je nach gewähltem **Typ** können Sie folgende Anpassungen vornehmen:

- **Einfache Linie:** Wählen Sie die **Farbe**, die **Linienbreite in Punkten** und die **Liniensymbolik** (z. B. Volllinie, Punktlinie, Mittel gestrichelt oder Lang gestrichelt) aus.

- **Mehrfachlinie:** Wählen Sie für die **Hintergrund-** und **Vordergrund**-Linie die jeweilige **Farbe, Linienbreite in Punkten** und **Liniensymbolik** aus.

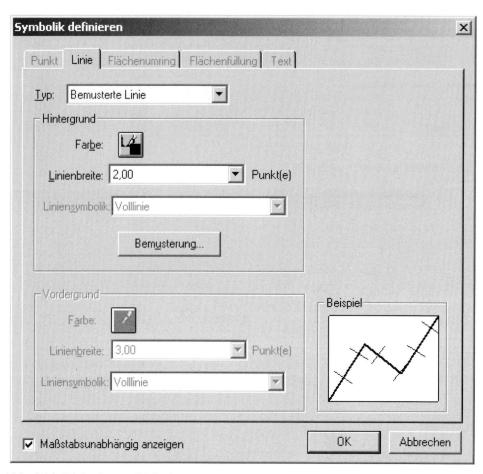

Abb. 5.14: Dialogfenster Linienbemusterung

- **Bemusterte Linie:** Wähen Sie die **Farbe** und **Linienbreite in Punkten** und Klicken Sie anschließend auf **Bemusterung...**. Im Dialogfenster **Bemusterung** können Sie das **Symbol** aus einer **Symboldatei** auswählen, seine **Größe in Punkten**, die **Farbe**, den **Abstand** zwischen den Symbolen entlang einer Linie einschließlich dessen **Einheiten** festlegen. Darüber hinaus definieren Sie, in welcher **Entfernung** das Symbol von der Linie platziert wird; die Standardeinstellung ist „0". Geben Sie hier einen Wert größer als Null ein, müssen Sie zusätzlich die **Richtung** (links- oder rechtsseitiges Platzieren des Liniensymbols) angeben. Schließlich legen Sie noch die **Drehung** des Symbols bezüglich der Linie fest und können über die Option **Immer nach oben** das Symbol stets von rechts nach links lesbar entlang des Linienobjektes platzieren lassen.

5.2 Die Legende

Hinweis: *Sind das verwendete Symbol und der Fensterhintergrund des Kartenfensters gleichfarbig, wird dem Symbol eine andere Farbe zugewiesen, um es sichtbar zu machen.*

Flächenobjektklasse oder -abfrage

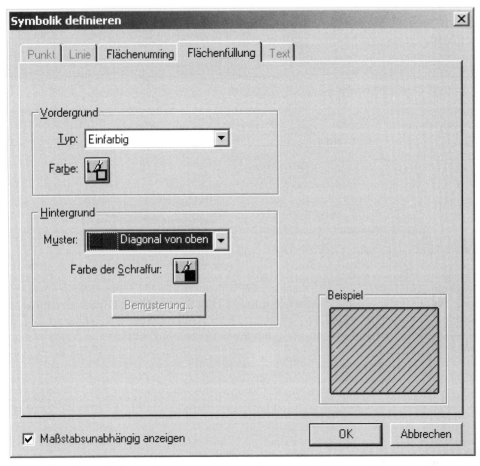

Abb. 5.15: Dialogfenster Flächensymbolik

Bei einer Flächenobjektklasse definieren Sie zuerst den Flächenumring über die Registerkarte **Flächenumring** und dann die Flächenfüllung über die Registerkarte **Flächenfüllung**. Zur Definition des Flächenumrings haben Sie die Wahl zwischen einer **Einfachen Linie** und der **Mehrfachlinie**, wobei die einzelnen Attribute den der Linienobjektklasse entsprechen. Bei der Wahl der Parameter zur Flächenfüllung können Sie entscheiden, ob der **Vordergrund** *„Transparent"* oder *„Einfarbig"* ist. Bei Einfarbig steht dann die Farbpalette zur Auswahl der **Farbe** zur Verfügung. Für den **Hintergrund** können Sie aus der Liste ein **Muster** und die entsprechende **Farbe der Schraffur** festlegen.

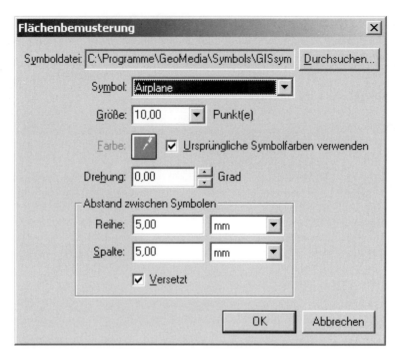

Abb. 5.16: Dialogfenster Flächenbemusterung

Wenn Sie das Muster „*Symbol*" wählen, stehen Ihnen das Dialogfenster **Flächenbemusterung** zur Festlegung der Parameter **Symbol**, **Größe in Punkten**, **Farbe**, **Drehung** und **Abstand** in Reihe und Spalte zur Verfügung. Ferner stehen Ihnen die Optionen offen, die **Ursprüngliche Symbolfarbe zu verwenden** und die Symbole reihenweise **Versetzt** anzuordnen.

5.2 Die Legende

Textobjektklasse oder -abfrage

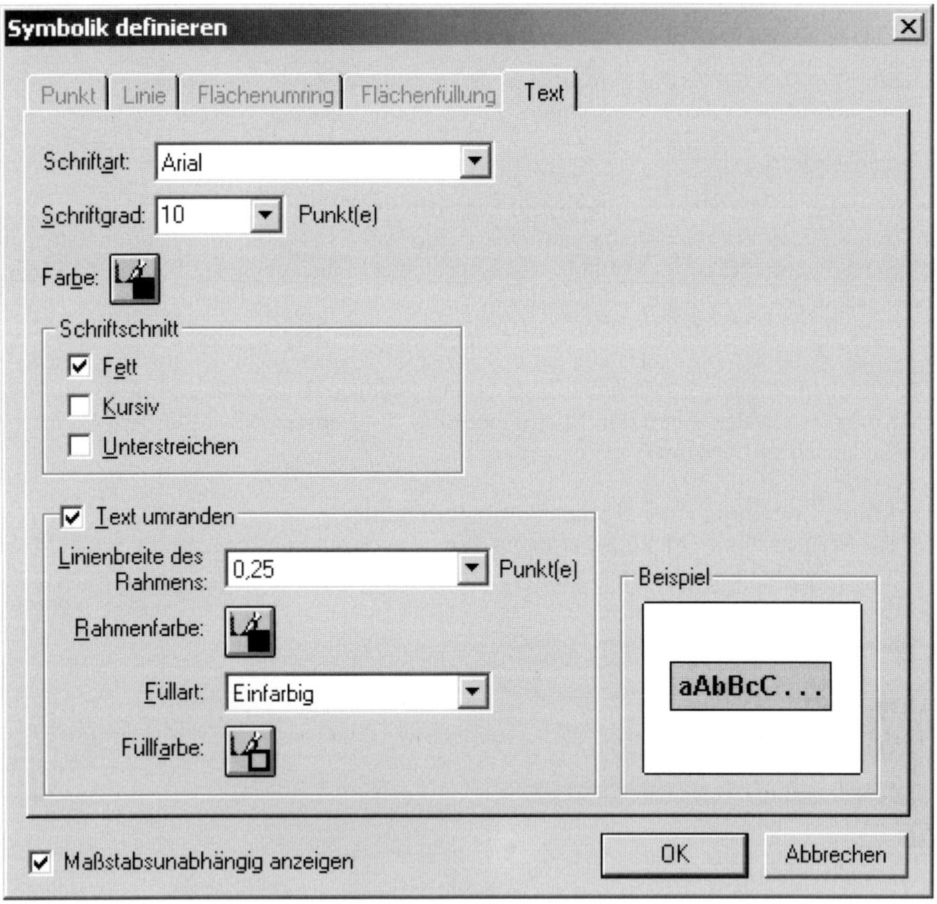

Abb. 5.17: Dialogfenster Textsymbolik

Bei einer Textobjektklasse müssen Sie die **Schriftart** sowie **Schriftgrad in Punkten**, **Farbe**, **Schriftschnitt** (Fett, Kursiv, Unterstreichen) und eine **Textumrandung** festlegen. Bei der Textumrandung kann die **Linienbreite des Rahmens**, die **Rahmenfarbe** sowie eine farbliche Flächenfüllung (**Füllart** und **Füllfarbe**) gestaltet werden.

Zusammengesetzte Objektklasse oder -abfrage
Bei einer zusammengesetzten Objektklasse sind alle Registerkarten außer **Text** aktiviert. Definieren Sie dann die entsprechende Symbolik für die Geometrie der gewählten Objektklasse wie zuvor beschrieben.

Einzelnes Objekt
Da bei einer Änderung der Symbolik immer die gesamte Objektklasse geändert wird, müsse Sie bei der Resymbolisierung eines einzelnen Objektes oder bestimmter Objekte einer Ob-

jektklasse zu einem Trick greifen. Führen Sie zuerst eine Abfrage aus, die als Ergebnis die gewünschten Objekte enthält. Ändern Sie dann die Symbolik des Abfrageergebnisses. Falls notwendig, ändern Sie die Darstellungspriorität in der Legende.

Wichtig: *Falls die Farbe der Symbolik der Hintergrundfarbe des Kartenfensters entspricht, wird diese durch eine andere Farbe ersetzt, um das Symbol im Kartenfenster sichtbar zu machen.*

Verwendung zusätzlicher Symbole und Schriftfonts
Im Lieferumfang von GeoMedia sind eine Reihe von Symbolbibliotheken enthalten, mit denen Sie Punktobjekte als Symbole und Linien- bzw. Flächenobjekte bemustern können. Diese Bibliotheken sind nach Industriezweigen zusammengestellt und befinden sich im Verzeichnis „LW:\Programme\GeoMedia\Symbols". Die Dateiendung für Symbolbibliotheken ist grundsätzlich .fsm. Falls diese Systembibliotheken nicht die gewünschten Symbole enthalten, können Sie diese aus anderen Programmen (Blockdateien (.dwg) aus AutoCAD oder Zelldateien (.cel) aus MicroStation) in das von GeoMedia lesbare Format für Symboldateien konvertieren.

Workflow: Erstellung einer eigenen Symbolbibliothek
1. Wählen Sie im Menü **Start** in der Windows-Tastleiste **Programme > GeoMedia > Symboldatei definieren** und es öffnet sich das gleichnamige Dialogfenster.

Abb. 5.18: Hilfsprogramm Symboldatei definieren

2. Klicken Sie auf die Schaltfläche **Neu** und es öffnet sich das Dialogfenster **Aus Datei hinzufügen**.
3. Wählen und **Öffnen** Sie eine bestehende .fsm-, .dwg- oder .cel-Datei, aus der Sie Symbole in Ihre eigene Bibliothek übernehmen möchten.

5.2 Die Legende

4. Im sich öffnenden Dialogfenster **Symbole hinzufügen** markieren Sie mit dem Cursor den Namen des gewünschten Symbols.
5. Klicken Sie auf **Einfügen**.

Wiederholen Sie die Schritte 4 und 5, bis Sie alle gewünschten Symbole eingefügt haben.

6. **Schließen** Sie dann das Dialogfenster **Symbole hinzufügen**.
7. Klicken Sie auf **Speichern**.
8. Vergeben Sie einen aussagekräftigen Namen für Ihre Bibliothek und klicken Sie auf **Speichern**.
9. **Schließen** Sie das Hilfsprogramm.

Hinweis: *Die Funktionen **Neu** und **Hinzufügen...** sind in ihrer Wirkung identisch, wenn Sie beim Speichern Ihrer Symbole einen neuen Dateinamen vergeben. Beide Male wird auch eine neue Bibliothek angelegt. Wählen Sie dagegen bei Verwendung von **Hinzufügen...** den Namen einer vorhandenen Datei aus, wird diese ersetzt, sofern Sie die entsprechende Anfrage des Systems mit **Ja** bestätigen.*

Zusätzlich können Sie über das Hilfsprogramm die Namen und Beschreibungen der Symbole über das Dialogfenster **Bearbeiten...** ändern sowie Symbole aus Symbolbibliotheken über **Entfernen** löschen.

Wichtig: *Um zu gewährleisten, dass die richtige Farbdefinition aus einer MicroStation-Zellbibliothek in die neue GeoMedia-Symboldatei übertragen wird, kopieren Sie die beim Erstellen der Zellen verwendete Farbtabelle der MicroStation-Zeichnungsdatei unter „LW:\Programme\GeoMedia\Program\Color.tbl". Die der Farbtabelle entnommenen RGB-Definitionen werden zum Erstellen der neuen Symbole verwendet.*

Hinweis: *In der **Windows-Systemsteuerung** finden Sie im Abschnitt **Schriftarten** die auf Ihrem System verfügbaren Schriftarten, auf die GeoMedia zugreift. Diese .ttf- und .pfm-Dateien sind im Pfad „LW:\Winnt\Fonts" abgelegt.*
Wenn Sie andere Schriftarten verwenden wollen, müssen Sie die entsprechende Quelldatei in das Verzeichnis „LW:\Programme\GeoMedia\Symbols" kopieren.
Die Software unterstützt <u>keine</u> Rasterschriftarten. Wenn Sie Rasterschriftarten für Punktobjekte verwenden, ist das Ergebnis nicht vorhersehbar.

Tipp: *Im Lieferumfang von GeoMedia sind drei True Type Fonts (.ttf) im Verzeichnis „LW:\Programme\GeoMedia\Symbols", die mittels **Start > Einstellungen > Systemsteuerung > Schriftarten (Datei > Neue Schriftart installieren...)** installiert und dann in GeoMedia verwendet werden können.*
Die Dateien GMCOAX.TTF, GMGIS.TTF und GMUTIL.TTF enthalten Symbole aus den Bereichen Telekommunikation, GIS und Utilities (Energieversorgung).

5.2.3.4 Änderung der Symbolik von Rasterdaten

Die Dialogbox zur Änderung der Bilddarstellung von Rasterdaten kann über einen Doppelklick auf den Symbolikschlüssel **Bild** in der Legende oder über **Legende > Eigenschaften > Symbolik...** aufgerufen werden. Je nachdem, ob es sich um ein Binärbild (zwei Farben) oder ein Graustufen-/Farbbild handelt, stehen jetzt unterschiedliche Einstellungsmöglichkeiten zur Verfügung.

Binärbild

Bei einem Binärbild kann sowohl die Vordergrundfarbe als auch die Hintergrundfarbe über das Dialogfenster **Farben** zugewiesen werden. Falls die Kontrollbox **Transparent** aktiviert ist, so ist nur die Vordergrundfarbe veränderbar, da der Hintergrund transparent (durchsichtig) dargestellt wird. Über die Kontrollbox **Bild invertieren** können die Vorder- und Hintergrundfarbe getauscht werden. Im Gegensatz zu Graustufen-/Farbbilder ist für Binärbilder keine Vorschaumöglichkeit vorhanden.

Abb. 5.19: Dialogbox Bilddarstellung Binärbild

Wichtig: *Sie können nicht gleichzeitig die Kontrollbox* **Bild invertieren** *und* **Transparent** *aktivieren. Wählen Sie* **Transparent***, wird automatisch das Icon zu Bestimmung der* **Hintergrundfarbe** *deaktiviert, während die Funktion* **Bild invertieren** *die Vorder- und Hintergrundfarbe vertauscht.*

5.2 Die Legende

Tipp: *Wollen Sie mehrere binäre Rasterbilder übereinander legen und dabei in den darunter liegenden Bildern etwas erkennen, so müssen Sie die Hintergrundfarbe in allen Bildern auf Transparent schalten. In der Abb. 5.20 ist eine Topographische Karte (TK) 1:25.000 als gescannte Karte abgebildet, wobei jedes Binärbild einen Farbton (Situation, Gewässer, Wald usw.) zugewiesen bekommt. Diese Binärbilder sind in GeoMedia transparent geladen, wobei der Vordergrundfarbe jeweils der entsprechende Farbwert aus der TK wieder zugewiesen wurde. Dadurch entsteht wieder der visuelle Eindruck der analogen TK.*

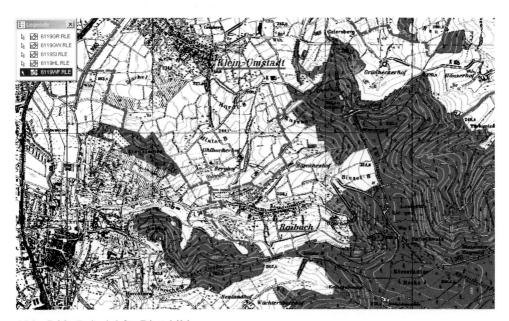

Abb. 5.20: Beispiel für Binärbilder

Graustufen-/Farbbild

Bei einem Graustufen-/Farbbild kann sowohl der Kontrast sowie die Helligkeit des Bildes in einem Spektrum von –100 bis +100 angepasst werden. Die Eingabe kann numerisch oder durch Klicken in das graue Feld und Ziehen der weißen Balken mit gedrückter linker Maustaster erfolgen. Durch Klicken auf **Vorschau** können Sie die Änderung des Bildes prüfen. Wenn Sie die optimale Einstellung gefunden haben, wenden Sie diese mit **OK** auf das Bild an. Unerwünschte Änderungen werden durch **Abbrechen** verworfen. Zusätzlich kann die Farbgebung durch Aktivieren der Kontrollbox **Bild invertieren** umgekehrt werden.

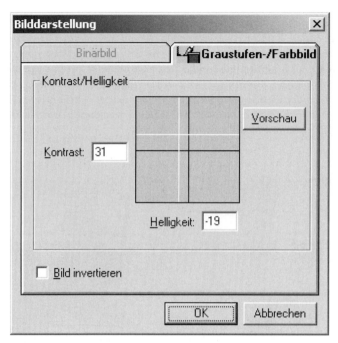

Abb. 5.21: Dialogbox Bilddarstellung für Graustufen-/Farbbild

5.2.3.5 Änderung der Symbolik einer thematischen Darstellung

Durch Anklicken des Symbolikschlüssels oder über **Legende > Eigenschaften > Symbolik...** können Sie die Darstellungsform einer thematischen Darstellung verändern. Dazu öffnet sich je nach Art der Darstellung entweder das Dialogfenster **Karte nach Bereichen** oder das Dialogfenster **Eindeutige Werte**. Hier können Sie die entsprechenden Anpassungen durchführen und mit **OK** bestätigen. Detaillierte Informationen zu den Dialogfenstern finden im Abschnitt 7.3.

5.2.3.6 Änderung des Skalierungsbereichs

GeoMedia gibt Ihnen die Möglichkeit, jeden Legendeneintrag in einem fest definierten Maßstabsbereich innerhalb des dazugehörigen Kartenfensters zu visualisieren. Das bedeutet, dass je nach Maßstab des Kartenfensters unterschiedliche Objektklassen automatisch präsentiert werden. Dieses auch als „fraktales Zoomen" bekannte Verfahren erlaubt es, Daten in ihren jeweils repräsentativen (gültigen) Maßstabsbereichen zu verwenden und in anderen Maßstäben auszublenden.
Beispiel: Sie haben eine topographische Karte im Maßstab 1:25.000, ein Luftbild im Maßstab 1:5.000 und Katasterdaten. Jeder dieser Datenbestände hat in einem bestimmten Maßstabsbereich seine Aussagekraft. Wird dieser Bereich verlassen, ist die Nutzung nur noch bedingt möglich. Sinnvollerweise weist man den Daten einen Skalierungsbereich wie folgt zu:

5.2 Die Legende

- Topographische Karte: (1:50.000 – 1:5.000)
- Luftbild: (1:15.000 – 1:1.000)
- Katasterkarte: (1:5.000 – 1:200).

In den Überlappungsbereichen werden die Datenbestände im Kartenfenster gemeinsam visualisiert; verlässt man den jeweils zugewiesen Skalierungsbereich, wird der Titel des Legendeneintrages grau eingefärbt und die Objektklasse im Kartenfenster entfernt.

Workflow: Festlegung des Skalierungsbereiches für eine Objektklasse
1. Wählen Sie **Legende > Eigenschaften**.
2. Wählen Sie auf der Registerkarte **Objekte** die Zelle **Darstellung** der Objektklasse, deren Skalierungsbereich Sie zuweisen wollen.
3. Wählen Sie in der Pulldown-Liste den Eintrag **Nach Maßstab**.
4. Klicken Sie auf die Schaltfläche **Skalierung...**.

Abb. 5.22: Dialogfenster Skalierungsbereich

5. Wählen Sie im Dialogfenster **Skalierungsbereich** den Darstellungsmaßstab über das Icon eines **Vordefinierten Bereiches**, durch Auswahl in den Listen der minimale und maximale Bereichswerte in den beiden Pulldown-Listen **Minimal** und **Maximal** oder durch explizite Eingabe der Bereichswerte in **Minimal** und **Maximal**. Gültige Bereichswerte sind zwischen 1 und 1.000.000.000.
6. Klicken Sie auf **OK**.
7. Klicken Sie auf **Übernehmen** (das Dialogfenster **Legendeneigenschaften** bleibt offen für weiter Einstellungen) oder auf **OK** (das Dialogfenster **Legendeneigenschaften** wird geschlossen), um die Einstellungen wirksam werden zu lassen.

Die folgenden vordefinierten Bereiche stellt GeoMedia Ihnen zur Verfügung:

Tab. 5.4: Vordefinierte Skalierungsbereiche

ICON	MINIMAL 1: ...	MAXIMAL 1: ...
	80.000.000	120.000.000
	30.000.000	110.000.000
	10.000.000	45.000.000
	900.000	16.000.000
	200.000	2.000.000
	5.000	400.000
	100	15.000
	1	300

Tipp: *Sie können die Punkte 2 und 3 auch überspringen. Nach der Festlegung des Skalierungsbereiches weist GeoMedia Sie in einem Dialogfenster daraufhin, dass der Darstellungsmodus auf* **Nach Maßstab** *gestellt werden muss. Bestätigen Sie dies mit* **JA**.

Wichtig: *Wird ein Legendeneintrag* **Nach Maßstab** *dargestellt, so erhält der Symbolikschlüssel das Symbol Kartenobjekt ist maßstabsabhängig (* ▬ *).*

Abb. 5.23: Kontextmenü Legendeneintrag

Die Darstellung nach Maßstab kann jederzeit über das Kontextmenü beim Klicken auf den Legendeneintrag und den Menüpunkt **Darstellen Ein** bzw. **Darstellen Aus** aufgehoben werden. Der gewählte Skalierungsbereich bleibt aber erhalten, so dass beim Klicken im Kontextmenü auf **Nach Maßstab darstellen** diese Bereiche wieder aktiviert werden.

5.2.3.7 Änderung der Lokalisierbarkeit

Um ein Objekt im Kartenfenster mit dem Mauszeiger auswählen zu können, muss dieses lokalisierbar sein. Ein Nordwest-Pfeil als Symbolikschlüssel in der Legende zeigt an, dass ein Objekt lokalisierbar ist. Die Lokalisierbarkeit kann im Dialogfenster **Legendeneigenschaften** auf der Registerkarte **Objekte** durch Klicken in die Zelle **Lokalisierbar** für einen Legendeneintrag ein- bzw. ausgeschaltet werden. Standardmäßig wird ein Legendeneintrag als lokalisierbar festgelegt.

Sinnvoll ist es zum Beispiel, bei Hintergrunddaten oder Logos die Lokalisierbarkeit aufzuheben, um ein versehentliches Auswählen zu vermeiden.

5.2.4 Hauptlegende

Da GeoMedia beim Importieren von Daten deren Symbologie in den Quelldateien berücksichtigt, muss deren grafische Ausprägung festgelegt werden, wenn eine Objektklasse oder eine Abfrage erstmalig einer Legende hinzugefügt wird. Diese Legendeneigenschaften werden in der Hauptlegende des GeoWorkspaces als Vorlage gespeichert und bei jedem neuen Hinzufügen zu einer Legende als Voreinstellung verwendet. Als Parameter können der Titel und Untertitel, die Symbolik, der Darstellungsmodus, Lokalisierbarkeit sowie Sichtbarkeit eingestellt werden.

Diese globalen Legendeneigenschaften können über **Legende > Hauptlegende** für jede offene Warehouse-Verbindung parametrisiert werden.

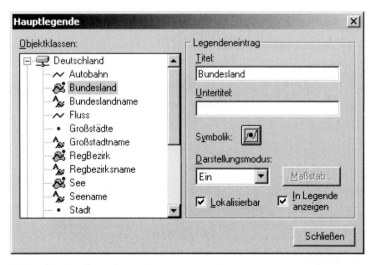

Abb. 5.24: Dialogfenster Hauptlegende

Wichtig: *Änderungen in der Hauptlegende wirken sich nicht auf bereits vorhandene Legendeneinträge aus, sondern werden erst beim nächsten Hinzufügen einer Objektklasse zu einer Legende aktiv.*

Hinweis: *Die Option* **In der Legende anzeigen** *legt fest, ob der Legendeneintrag in der Legende zu sehen ist, und gibt dem Anwender die Möglichkeit, ein Kartenobjekt in einem Kartenfenster darzustellen, ohne dass sein Eintrag in der Legende erscheint.*

5.2.5 Anpassen und Benennen einer Legende

Bei der Legende handelt es sich um ein Standardfenster, dass Sie entsprechend Ihren Bedürfnissen verschieben, skalieren und schließen können. Um eine automatische, optimale Legendegröße zu erhalten, steht Ihnen der Befehl **Legend > Legendengröße anpassen** zur Verfügung oder führen Sie einen Doppelklick in der Titelleiste der Legende durch.

Da eine Legende jeweils einem Kartenfenster eindeutig zugeordnet ist, wird die Legende mit dem Schließen des Kartenfensters automatisch gelöscht. Eine Ausnahme bilden benannte Legenden. Diese werden im GeoWorkspace gespeichert und stehen damit jederzeit im Rahmen einer Arbeitssitzung zur Verfügung. Daher empfiehlt es sich, Legenden zu benennen.

Workflow: Benennen einer Legende
1. Wählen Sie das Kartenfenster als aktives Kartenfester, dessen Legende Sie benennen möchten. Der Kopf des Kartenfensters wird blau unterlegt.
2. Wählen Sie **Legende > Legende benennen...** aus dem GeoMedia-Hauptmenü.
3. Vergeben Sie im Dialogfenster **Legende benennen** einen aussagekräftigen **Namen** oder wählen Sie einen bereits vergebenen Namen aus.
4. Klicken Sie auf **OK**.

Workflow: Arbeiten mit benannten Legenden
1. Wählen Sie **Legende > Legenden...** im GeoMedia-Hauptmenü.

Abb. 5.25: Dialogfenster Legenden

2. Wählen Sie im Legendenverzeichnisbaum zwischen einer **leeren Legende**, einer **Legende** eines vorhandenen Kartenfensters oder einer **benannten Legende**.

Wenn Sie eine benannte Legende umbenennen oder löschen wollen:
3. Klicken Sie auf **Organisieren...**.
4. Markieren Sie die entsprechende benannte Legende.
5. Klicken Sie auf **Umbenennen...** und vergeben Sie den neuen **Namen** oder **Löschen**.
6. Klicken Sie auf **Schließen > Schließen**.

Wenn Sie die Legende im aktiven Kartenfenster ersetzen wollen:
7. Klicken Sie auf **Ersetzen**.
8. Bestätigen Sie den Warnhinweis mit **Ja**.

Wenn Sie eine Legende bearbeiten wollen:
9. Klicken Sie auf **Eigenschaften**.
10. In dem Dialogfenster Legendeneigenschaften können Sie jetzt die Legende verändern.
11. Bestätigen Sie mit **OK** oder verwerfen Sie die Veränderungen mit **Abbrechen**.
12. Schließen Sie das Dialogfenster Legenden mit **Schließen**.

Tipp: *Möchten Sie benannte Legenden auch in einem anderen GeoWorkspace verwenden, so müssen Sie den aktuellen GeoWorkspace als GeoWorkspace-Vorlage (.gwt) abspeichern.*

5.3 Weitere Kartenfensterfunktionen

Neben der Legende und den Funktionen zur Ansichtsmanipulation bietet GeoMedia einen Nordpfeil und die Maßstabsleiste zur besseren Visualisierung der Karte. Ergänzt wird die Bearbeitungsfunktionalität des Kartenfensters durch Präzisionskoordinaten, Messen in der Karte, Kopieren in die Zwischenablage und die Maßstabsanzeige in der Statusleiste.

5.3.1 Nordpfeil

Der Nordpfeil wird standardmäßig nicht angezeigt. Sie können ihn über **Ansicht > Nordpfeil** aber jederzeit im Kartenfenster aktivieren oder deaktivieren. Beim ersten Aktivieren wird der Nordpfeil rechts oben im Kartenfenster positioniert. Danach können Sie ihn aber mit der Maus an eine beliebige Stelle innerhalb des aktiven Kartenfenster ziehen. GeoMedia merkt sich diese Veränderung, so dass der Nordpfeil dann beim nächsten Aktivieren in der neuen Position im Kartenfenster erscheint.

Die Darstellung des Nordpfeils lässt sich verändern. So können Sie seine Größe, Hintergrundfarbe, das verwendete Symbol und den Azimut (Winkel zwischen der geographischen Nordrichtung und der gewünschten Richtung des Pfeils im Uhrzeigersinn) manipulieren.

Hinweis: *Arbeiten Sie mit GeoMedia unter dem Betriebssystem Windows 95 oder 98, kann das Symbol sowie die Richtung des Nordpfeils nicht geändert werden.*

Workflow: Änderung der Darstellung des Nordpfeils
1. Blenden Sie den Nordpfeil im Kartenfenster durch **Ansicht > Nordpfeil** ein.
2. Wählen Sie **Bearbeiten > Eigenschaften des Nordpfeils**.

Abb. 5.26: Dialogfenster Eigenschaften des Nordpfeils

3. Ändern Sie das Nordpfeilsymbol, indem Sie über **Durchsuchen...** eine andere Bitmapdatei auswählen. GeoMedia liefert Ihnen im Verzeichnis GeoMedia\Program\ eine Auswahl von Nordpfeilen und Kompassrosen im Windows Metafile-Format (.wmf).
4. Wählen Sie in der Pulldown-Liste die **Größe** für den Nordpfeil. Diese Größe definiert die Größe für den späteren Druck (d. h. Definition der Größe in Punkten nicht in Bezugseinheiten). Der Nordpfeil wird durch Ansichtsmanipulationen nicht skaliert!
5. Legen Sie die **Hintergrundfarbe** für das Rechteck des Nordpfeilfensters fest. Wenn Sie einen transparenten Hintergrund möchten, so wählen Sie die Hintergrundfarbe des Kartenfensters. Dadurch werden aber keine Objekte im umschließenden Quadrat des Nordpfeilfensters sichtbar!
6. Verändern Sie das **Nordazimut**, falls notwendig (standardmäßig ist es über das **Koordinatensystem** festgelegt und wird bei Änderungen des Koordinatensystems des GeoWorkspace automatisch aktualisiert). Aktivieren Sie dazu **Benutzerdefiniert** und geben die gewünschte **Gradzahl** (im Uhrzeigersinn von der Vertikalen aus gemessen) ein.

5.3 Weitere Kartenfensterfunktionen

Hinweis: *Ein benutzerdefiniertes Nordpfeilazimut wird bei Änderungen des Koordinatensystems nicht automatisch angepasst. Die Anpassung muss der Anwender selbst vornehmen.*

7. Wenn Sie die getroffenen Einstellungen als Standard für alle Kartenfenster im GeoWorkspace verwenden möchten, aktivieren Sie das Kontrollkästchen **Als Standard speichern**. Dies gilt jedoch nur für neue Kartenfenster, geöffnete Kartenfenster behalten die bestehenden Einstellungen.
8. Um den Hintergrund des Nordpfeils im Ausdruck transparent darzustellen, aktivieren Sie das Kontrollkästchen **Transparent drucken**.
9. Kontrollieren Sie Ihre Einstellungen in der **Vorschau**.
10. Klicken Sie auf **Anwenden**, um die Anzeige im Kartenfenster zu überprüfen; das Dialogfenster **Eigenschaften des Nordpfeils** bleibt geöffnet.

ODER:

11. Bestätigen Sie die getroffenen Einstellungen mit **OK**.

Tipp: *Sie können auch eigene Bitmaps für einen Nordpfeil erstellen, aber das Dateiformat muss .wmf oder .emf sein.*

Hinweis: *Unter „LW:\Programme\GeoMedia\Program" finden sich eine Anzahl von Nordpfeile mit dem Namen arrow*.wmf.*

5.3.2 Maßstabsleiste und Maßstabsanzeige

Die Maßstabsleiste stellt Entfernungen in der Karte in Bezugseinheiten dar. Ebenso wie der Nordpfeil wird auch die Maßstabsleiste standardmäßig nicht angezeigt. Sie ist aber über **Ansicht > Maßstabsleiste** jederzeit im Kartenfenster ein- und ausblendbar. Beim ersten Aktivieren wird die Maßstabsleiste links unten im Kartenfenster positioniert, von wo sie mit der Maus an eine beliebige Stelle innerhalb des aktiven Kartenfenster gezogen werden kann. Da sich die Software die veränderte Position im Kartenfenster merkt, erscheint die Maßstabsleiste beim nächsten Aktivieren auch wieder an dieser Stelle.
Bezüglich des Erscheinungsbildes können Sie den Typ, die Einheiten, die Farbe, die Schriftart und die Intervallgröße der Maßstabsleiste ändern.

Workflow: Änderung der Darstellung der Maßstabsleiste
1. Aktivieren Sie die Maßstabsleiste im Kartenfenster durch **Ansicht > Maßstabsleiste**.
2. Wählen Sie **Bearbeiten > Eigenschaften der Maßstabsleiste**.

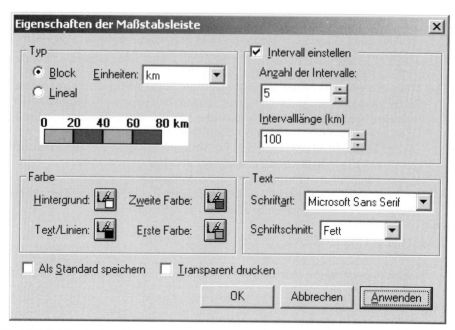

Abb. 5.27: Dialogfenster Eigenschaften der Maßstabsleiste

3. Wählen Sie als **Typ** der Maßstabsleiste **Block** oder **Lineal** und selektieren aus der Pulldown-Liste die **Einheiten**. Diese Auswahl hat nur Einfluss auf die Maßstabsleiste. Dennoch sollten die Einheiten mit denjenigen Pufferzonen und Maßangaben übereinstimmen! Als Standardeinheiten werden die für Maßangaben eingestellten Einheiten verwendet.
4. Passen Sie die **Farben** für Hintergrund, Text und Linien der Leiste nach Ihren Wünschen an.
5. Treffen Sie gegebenenfalls die **Intervalleinstellung**, indem Sie die **Anzahl der Intervalle** und die **Intervalllänge** Ihren Vorstellungen gemäß einstellen. Die Intervalllänge wird dabei in den zuvor gewählten Einheiten angegeben.
6. Wählen Sie in den beiden Pulldown-Listen unter **Text** die **Schriftart** und den **Schriftschnitt**.
7. Wenn Sie die getroffenen Einstellungen als Standard für alle Kartenfenster im GeoWorkspace verwenden möchten, aktivieren Sie das Kontrollkästchen **Als Standard speichern**. Dies gilt jedoch nur für neue Kartenfenster, geöffnete Kartenfenster behalten die bestehenden Einstellungen.
8. Um den Hintergrund der Maßstabsleiste im Ausdruck transparent darzustellen, aktivieren Sie das Kontrollkästchen **Transparent drucken**. Dadurch werden aber keine Objekte im umschließenden Quadrat des Maßstabbalkens sichtbar! Die Maßstabsleiste wird entsprechend dem Maßstab gedruckt, der unter **Datei > Seite einrichten...** gewählt wurde.
9. Klicken Sie auf **Anwenden**, um die Anzeige im Kartenfenster zu überprüfen; das Dialogfenster **Eigenschaften der Maßstabsleiste** bleibt geöffnet.

ODER:

5.3 Weitere Kartenfensterfunktionen

10. Bestätigen Sie die getroffenen Einstellungen mit **OK**.

Die Maßstabsleiste zeigt den Maßstab für das jeweilige Kartenfenster an. Pro Kartenfenster kann nur eine Maßstabsleiste verwendet werden. Somit können Sie in unterschiedlichen Kartenfenster jeweils eigene, angepasste Leisten definieren. Wenn Sie die Größe des Kartenfensters skalieren, werden die Länge und die Einteilung der Maßstabsleiste automatisch neu berechnet und angepasst, so dass die Länge der Maßstabsleiste ca. ein Fünftel der Breite des Kartenfensters beträgt. Dies gilt allerdings nur, wenn Sie Länge und Anzahl der Intervalle nicht selbst definiert haben. Ist dies der Fall, bleibt die Größe der Maßstabsleiste konstant.

Zusätzlich können Sie im Dialogfeld **Optionen** auf der Registerkarte **Kartendarstellung** mit der Option **Bei Größenveränderung von Kartenfenster** festlegen, ob der Inhalt eines Kartenfensters bei Skalierung der Fenstergröße automatisch eingepasst oder ob der Kartenmaßstab beibehalten wird.

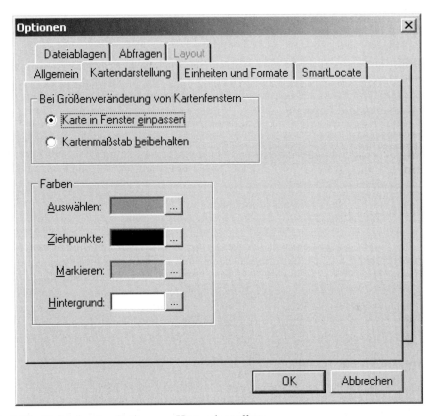

Abb. 5.28: Dialogfenster Optionen – Kartendarstellung

Als weitere Information erhalten Sie in der GeoMedia-Statusleiste rechts unten permanent die Information über den aktuellen Maßstab des Kartenfensters oder die Größe des Ansichtsbereiches (Länge x Breite des Ansichtsfensters in den Einheiten, die für Abstand gewählt sind).

> **Tipp:** *Sie können die Anzeige über* **Extras > Optionen** *in der Registerkarte* **Allgemein** *durch Aktivieren von* **Ansichtsbereich anzeigen** *oder* **Maßstab der Größenveränderung anzeigen** *umschalten.*

5.3.3 Präzisionskoordinaten

Die Formatierungsleiste **Präzisionskoordinaten** liefert Ihnen die aktuellen Koordinaten des Mauszeigers, wenn Sie ihn im aktiven Kartenfenster bewegen. Sie besteht aus der Pulldown-Liste **Aktuelles Koordinatenformat,** wo Sie festlegen können, ob geographische oder projizierte Koordinaten angezeigt werden, dem Anzeigenfeld für die Koordinatenwerte sowie einer Pulldown-Liste für die Optionen der Koordinatenanzeige. Dort haben Sie die Möglichkeit, anzugeben, ob die Koordinaten durch die Mausbewegung oder bei Mausklick aktualisiert werden sollen.

Zum Öffnen der andockbaren Leiste wählen Sie **Ansicht > Präzisionskoordinaten** im GeoMedia-Hauptmenü. Wie auch die oben erläuterten Messfunktionen basiert die Anzeige der Präzisionskoordinaten auf den unter **Extras > Optionen** eingestellten Parametern bezüglich **Einheiten und Formate**.

Abb. 5.29: Symbolleiste Präzisionskoordinaten

> **Tipp:** *Über* **Extras > Optionen** *können Sie auf der Registerkarte* **Einheiten und Formate** *die* **Einheiten** *und die* **Genauigkeit** *der Koordinatenanzeige festlegen. Dazu müssen Sie im Feld* **Typ** *„Geographisch" oder „Projektion" und in dem Feld* **Einheit** *die Einheit sowie im Feld* **Genauigkeit** *die gewünschte Auflösung (Anzahl der Nachkommastellen) auswählen.*

5.3.4 Messen im Kartenfenster

Sie können im Kartenfenster Entfernungen und Flächen unter Berücksichtigung (geographische oder sphäroidische Methode) oder Vernachlässigung der Erdkrümmung ermitteln (projiziert oder planare Methode) (weitere Verfahren zur Längen- und Flächenmessung finden Sie im Abschnitt 7.8). Die Wahl des **Messverfahrens** treffen Sie unter **Extras > Optionen** auf der Registerkarte **Einheiten und Formate**. Bei der planaren Methode werden die Messungen auf der Projektionsebene des GeoWorkspace-Koordinatensystems durchgeführt, welche Verzerrungen in Entfernungen und Flächen enthalten kann, während

5.3 Weitere Kartenfensterfunktionen

die Messungen im Rahmen der sphäroidischen Methode auf der Oberfläche des in der Geo-Workspace-Koordinatendefinition festgelegten Ellipsoids erfolgt.

Der Befehl **Extras > Entfernung messen** berechnet die lineare Entfernung zwischen zwei oder mehreren Punkten. Bei jedem Klick der linken Maustaste wird der Abstand zum vorhergehenden Punkt durch eine gestrichelte Linie im Kartenfenster visualisiert und im Dialogfenster **Entfernung messen** unter **Entfernung** berechnet. Zusätzlich wird die gesamte Entfernung zwischen allen gewählten Punkten unter **Gesamt** aufaddiert. Drücken der rechten Maustaste setzt die Anzeige im Kartenfenster und Dialogfenster wieder zurück; mit der **Rücktaste** kann eine vorherige Punktmessung gelöscht werden. Durch Unterstützung der **SmartLocate**-Funktion (s. Abschnitt 4.1.1.3) ist es möglich, bestimmte Messpunkte zu identifizieren (anzusnapen).

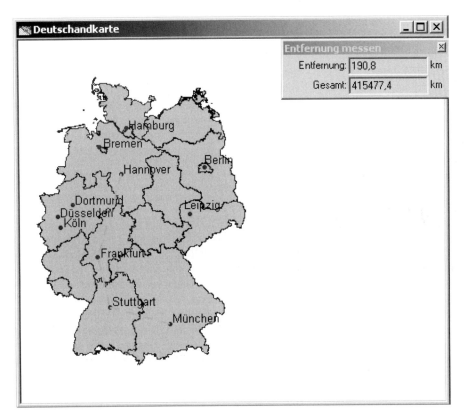

Abb. 5.30: Messen von Entfernungen

Tipp: *Unter **Extras > Optionen** können Sie in der Registerkarte **SmartLocate** den Fangradius für den Mauszeiger festlegen; in der Registerkarte **Einheiten und Formate** können Sie für den **Typ** „Abstand" die **Einheiten** (z. B. „km") und die **Genauigkeit** der Entfernungsdarstellung (Anzahl der Nachkommastellen) definieren.*

Um die Fläche eines Objektes zu ermitteln, klicken Sie mit der rechten Maustaste auf das Objekt und wählen **Bearbeiten > Auswahlsatzeigenschaften** im GeoMedia-Hauptmenü. In der Registerkarte **Allgemein** wird die Größe der Fläche aufgelistet.

Tipp: *Unter Extras > Optionen können Sie in der Registerkarte Einheiten und Formate die Einheit und die Genauigkeit der Flächenberechnung (Anzahl der Nachkommastellen) festlegen. Dazu müssen Sie unter Typ „Fläche" und im Feld Einheit die gewünschte Einheit sowie unter Genauigkeit die gewünschte Auflösung auswählen.*

Hinweis: *Zusammengesetzte Objekte mit unterschiedlichen Geometrietypen können nicht ausgemessen werden.*

5.3.5 Kopieren eines Kartenfensters in die Zwischenablage

Durch die Aktivierung des Befehls **Bearbeiten > Snapshot** kann das Bild eines aktiven Kartenfensters in die Zwischenablage kopiert werden. Dieses Bild steht dann über den Befehl **Bearbeiten > Einfügen** in allen OLE-fähigen Softwareprodukten (z. B. Word, Excel) zur weiteren Verwendung zur Verfügung. Hierin liegt einer der besonderen Vorteile von GeoMedia, wobei eine enge Anbindung an die Microsoft Office-Familie sich eben nicht nur auf das Look and Feel bezieht.

5.4 Zusammenfassung

Kartenfenster dienen in GeoMedia der Visualisierung von grafischen Objekten, Hintergrundbildern, Beschriftungen, thematischen Darstellungen und Abfragen. Die Microsoft Office-Kompatibilität der Software stellt sicher, dass sich Kartenfenster im Handling (Anordnung und Organisation sowie Navigation im Fenster) wie Fenster jeder anderen Windows-basierenden Applikation verhalten. Während die Kartenfenstereigenschaften der Ansichtsmanipulation im aktuellen Kartenfenster dienen (Visualisierung eines im Auswahlsatz befindlichen Objektes im aktuellen Maßstab, im aktuellen Maßstab zentriert oder eingepasst), beeinflussen die Darstellungseigenschaften des Fensters die Präsentation der Kartenobjekte. Definiert werden können der Darstellungsmaßstab, der Nenn-Kartenmaßstab und der Drehwinkel der Kartenansicht. Des Weiteren besteht die Wahl zwischen einer maßstabsabhängigen oder -unabhängigen Symbolik für die Kartenobjekte.
Zum Inhalt eines Kartenfensters zählen neben den Kartenobjekten die ein- und ausblendbaren Kartenelemente Nordpfeil, Maßstabsleiste und Legende. Nordpfeil und Maßstabsleiste vervollständigen die kartografische Gestaltung und lassen sich den Benutzeranforderungen anpassen: Größe, Hintergrundfarbe, verwendetes Symbol und Azimut sind beim Nordpfeil variabel, während bei der Maßstabsleiste Typ, Einheiten, Farbe, Schriftart und Intervallgröße der Wahl des Anwenders unterliegen.
Die Legende ist das zentrale, interaktive Steuerelemente des Kartenfensters, über das die Darstellung und grafische Ausprägung der Kartenobjekte gesteuert und kontrolliert wird. Zur Visualisierung eines Objektes muss dieses in der Legende des entsprechenden Kartenfensters eingetragen werden. Der Legendeneintrag besteht aus einem Titel, dem Symbolik-

schlüssel und der Statistik und liefert dem Anwender wertvolle Informationen. Mittels der Legendenfunktion **Eigenschaften** lassen sich folgende Darstellungseigenschaften eines Objektes definieren: Darstellungspriorität, Symbolik, Skalierungsbereich (fraktales Zoomen) und Lokalisierbarkeit. Die Einstellungsmöglichkeiten bezüglich der Symbolik sind bei Rasterdaten und Vektordaten unterschiedlich. So lassen Binärbilder Transparenz und Invertierung zu, während Kontrast- und Helligkeitsveränderungen sowie Invertierungen bei Graustufen-/Farbbilder durchführbar sind. Bei Vektordaten variieren die Einstellungsmöglichkeiten (Größe, Farbe, Symbol, Bemusterung, Linienart, Strichstärke, Flächenfüllung, Schriftart, Rahmengestaltung) je nach Geometrietyp. Allen Geometrietypen gemeinsam ist jedoch die Möglichkeit der maßstabsunabhängigen Anzeige.

Die Gesamterscheinung einer Legende lässt sich über Einstellungsparameter (Schriftart, inhaltlicher Umfang der Legende, aber auch automatische Anpassung der Legendengröße) steuern. Die Legenden der verschiedenen Kartenfenster sind unabhängig voneinander und können unterschiedliche grafische Ausprägungen für dasselbe Kartenobjekt enthalten. Die getroffenen Einstellungen, die beim Schließen des Kartenfenster mit der Legende gelöscht werden, stehen nach ihrer Speicherung in einer benannten Legende zur Wiederverwendung zur Verfügung. Jeder GeoWorkspace enthält eine Hauptlegende, die mit standardisierten Voreinstellungen als Vorlage für die Legendeneinträge einer Objektklasse in allen Legenden des GeoWorkspaces dient. Sie bietet die Möglichkeit, Kartenobjekte in allen Kartenfenstern einheitlich darzustellen.

Als weitere Kartenfenster-Funktionen stehen die Anzeige von Präzisionskoordinaten, das Messen von Entfernungen und Flächen mit oder ohne Berücksichtigung der Erdkrümmung sowie das Kopieren des Kartenfensterinhalts in die Zwischenablage dem Anwender zur Verfügung.

GeoMedia verwendet die im Betriebssystem verfügbaren Schriftarten und beinhaltet eine Reihe von Symbol- und Bitmapdateien. Die Installation weiterer Fonts und das Anlegen eigener Symboldateien werden von der Software unterstützt.

6 Das Datenfenster

Das Datenfenster dient zur Eingabe, Manipulation und Visualisierung der attributiven Informationen. Jedes Datenfenster enthält die nichtgrafischen Attributdaten einer einzelnen Objektklasse oder Abfrage in Tabellenform. Innerhalb einer sogenannten „Objekttabelle" steht eine Zeile für ein einzelnes Objekt und jede Spalte für ein Attribut der Objektklasse. Die Daten in den einzelnen Zellen werden als „Werte" oder „Attributwerte" bezeichnet. Sobald die Verbindung zu einem Warehouse hergestellt ist, können Sie eine Objektklasse oder Abfrage(-Ergebnisse) auswählen und in einem Datenfenster anzeigen.

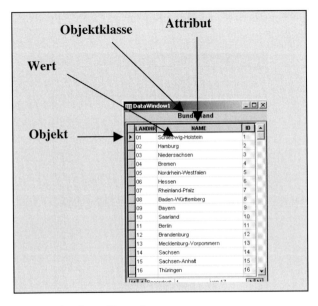

Abb. 6.1: Bezeichnungen in einem Datenfenster

In einem GeoWorkspace lassen sich viele Datenfenster gleichzeitig öffnen und beliebig mit Kartenfenstern kombinieren. Die Handhabung der Datenfenster gleicht in vielen Punkten dem Umgang mit Kartenfenstern. So lassen sich Datenfenster, die zur Identifikation ebenfalls benannt werden, in analoger Weise anordnen und über das **Datenfenster**-Icon in der Titelleiste steuern. Die Anzeige innerhalb eines Datenfensters verändern Sie mit Hilfe der Datenansichtsbefehle; diese arbeiten teils spalten-, teils zeilenorientiert.

Während Sie in schreibgeschützten Warehouse-Verbindungen lediglich die Anzeige, aber nicht den Inhalt verändern können, lassen sich in einem Warehouse mit Schreibzugriff auch die einzelnen Werte und Objekte im Datenfenster bearbeiten. Durch die Verknüpfung der Daten- und Kartenfenster haben die vorgenommenen Veränderungen (Hinzufügen, Editieren, Löschen, aber auch das Markieren von Objekten) sofort eine Auswirkung auf das Kartenfenster, d. h. wenn Sie beispielsweise ein Objekt im Datenfenster löschen, wird das Kartenfenster aktualisiert und die dazugehörige Geometrie dort ebenfalls entfernt.

Wichtig: *In Datenfenstern werden keine Spalten mit Geometrie- oder räumlichen Indexattributen angezeigt.*

6.1 Arbeiten mit Datenfenstern

Um ein Datenfenster zu öffnen, müssen Sie die Verbindung zu mindestens einem Warehouse hergestellt haben. Durch das Öffnen bzw. Aktivieren eines Datenfensters wird in der Menüleiste von GeoMedia das **Legenden**-Menü durch das Menü **Daten** ersetzt.

Workflow: Öffnen eines Datenfensters
1. Wählen Sie **Fenster > Neues Datenfenster** im GeoMedia-Hauptmenü.

Abb. 6.2: Neues Datenfenster

2. Vergeben Sie im Eingabefeld **Name des Fensters** einen aussagekräftigen Titel für das Datenfenster.
3. Wählen Sie die **Verbindung** und **Objektklasse** oder die **Abfrage**, die im Datenfenster angezeigt werden soll.
4. Klicken Sie auf **OK**.
5. Es wird das Datenfenster mit den Attributdaten der gewählten Objektklasse geöffnet, und gleichzeitig wird in der Menüleiste von GeoMedia das **Legenden**- durch das **Daten**-Menü ausgetauscht.

6.1 Arbeiten mit Datenfenstern

Wie erwähnt, können Sie die Anzeige der Attributinformationen in einem Kartenfenster den Anforderungen Ihrer jeweiligen Projektarbeit anpassen. So haben Sie die Möglichkeit, Spalten anzuzeigen oder zu verbergen und Zeilen an den Kopf des Datenfenster zu verschieben. Sie können die Daten auf verschiedenen Weisen sortieren, statistische Berechnungen durchführen und den Fensterinhalt drucken (s. Abschnitt 8.2.2). Alle diese Funktionen beziehen sich nur auf die Anzeige der Daten und wirken sich weder auf die Objekttabelle selbst noch auch die Quelldaten aus. Deshalb lassen sich diese Funktionen auch in schreibgeschützten Warehouse-Verbindungen durchführen. Sie setzen allerdings voraus, dass ein Datenfenster aktiv ist und Sie i. d. R. mindestens eine Zeile, Spalte oder Zelle in der Tabelle ausgewählt haben.

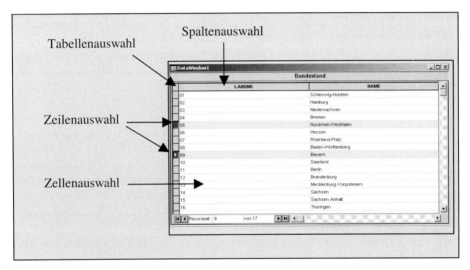

Abb. 6.3: Auswahlmöglichkeiten im Datenfenster

Das Auswählen von Daten können Sie wie folgt vornehmen:
- Um eine ganze Tabelle zu markieren, klicken Sie auf die graue Schaltfläche links oben im Datenfenster, oder Sie wählen **Bearbeiten > Alle Zeilen auswählen**.
- Um eine Zeile auszuwählen, klicken Sie auf die graue Schaltfläche Zeilenauswahl.
- Um eine Spalte auszuwählen, klicken Sie auf die Spaltenüberschrift.

Durch Ziehen der gedrückten linken Maustaste können Sie mehrere aufeinanderfolgende Zeilen, Spalten oder Zellen markieren. Das Markieren eines Zeilen-/Spaltenbereiches zwischen einer markierten Zeile/Spalte und der aktuellen Position des Mauszeigers erreichen Sie durch das Halten der **Umschalt**-Taste und ein Klick der linken Maustaste. Zum Selektieren bestimmter Zeilen bzw. Spalten müssen Sie die **STRG**- oder **CTRL**-Taste während der Auswahl gedrückt halten.

> **Hinweis:** *Im Datenfenster wird die linke Maustaste zur Selektion von Tabellenelementen (Zeile, Spalte oder Zelle) benutzt, während die rechte Maustaste das Kontextmenü aufruft. Dieses ist kontextsensitiv, d. h. die verfügbaren Befehle sind abhängig vom aktuellen Status das Datenfensters. Die mittlere Maustaste oder Rollkugel verwendet man zum Zoomen.*

Wenn sich Daten im Auswahlsatz befinden, können Sie eine Reihe von Funktionen auf die Tabelle anwenden, die entweder das gesamte Datenfenster beeinflussen, zeilen-, bzw. spaltenorientiert arbeiten oder sich auf einzelne Zellen beziehen:

Funktionen, die das komplette Datenfenster beeinflussen:
- Durch **Bearbeiten > Snapshot** wird das gesamte Datenfenster, aber ohne ausgeblendete Spalten und Zellen mit Hypertext, in die Zwischenablage kopiert und steht allen Anwendungen, die OLE unterstützen, zur Verfügung.
- Durch **Bearbeiten > Löschen** wird der gesamte Inhalt des Datenfensters und damit gleichzeitig die dazugehörige Geometrie gelöscht. Die Definition der Objektklasse bleibt jedoch erhalten.
- Durch **Fenster > Eigenschaften** können Sie den Namen des Datenfensters ändern. Geben Sie den neuen Namen ein und bestätigen Sie diesen mit **OK**.
- Um den Inhalt eines aktiven Datenfensters durch eine andere Objektklasse zu ersetzen, wählen Sie **Daten > Inhalt ändern**, selektieren die entsprechende Objektklasse oder Abfrage und bestätigen mit **OK**.

Spaltenorientierte Funktionen:
- Über **Daten > Spalten zeigen...** können Sie durch das Aktivieren oder Deaktivieren der entsprechenden Kontrollkästen steuern, welche Spalten im Datenfenster angezeigt werden. Die Reihenfolge der Spaltenanordnung ist aber nicht variierbar.
- Durch **Daten > Spalten ausblenden** können Sie markierte Spalten aus der Ansicht entfernen. Sie können alle bis auf eine Spalte ausblenden.
- Durch **Daten > Aufsteigend sortieren** sortieren Sie die Tabelle nach den Attributen der markierten Spalte aufsteigend.
- Durch **Daten > Absteigend sortieren** sortieren Sie die Tabelle nach den Attributen der markierten Spalte absteigend.
- Durch **Daten > Spaltenstatistik** erhalten Sie für eine markierte Spalte vom Datentyp „Numerisch" eine statistische Auswertung der Daten (Anzahl der Einträge, Anzahl der Einträge mit Werten, Minimum, Maximum, Wertebereich, Summe, Durchschnitt, Varianz und Standardabweichung).
- Durch **Bearbeiten > Löschen** können Sie den Inhalt der Zellen der markierten Spalten endgültig löschen.

Zeilenorientierte Funktionen:
- Durch **Daten > Zeilen nach oben verschieben** können Sie die Reihenfolge der Objekte in der Datenansicht verändern. Die markierten Zeilen werden in der markierten Reihenfolge dadurch an den Anfang der Tabelle verschoben.
- Durch **Bearbeiten > Löschen** können Sie die markierten Zeilen endgültig löschen. Dadurch wird automatisch auch die dazugehörige Grafik gelöscht!

6.1 Arbeiten mit Datenfenstern

Funktionen zur zellenweisen Bearbeitung:
- Durch **Bearbeiten > Ausschneiden** können Sie die markierten Zellwerte ausschneiden. Zellen mit Primärschlüsseln oder vom Typ Hypertext lassen sich nicht ausschneiden.
- Durch **Bearbeiten > Kopieren** können Sie die markierten Zellen als Text in die Zwischenablage kopieren. Zellen vom Typ „Hypertext" können nicht kopiert werden.

Tipp: *Gleiche Wirkung zum Kopieren hat die Tastenkombination (**STRG + C**) bzw. (**CRTL + C**).*

- Durch **Bearbeiten > Einfügen** können Sie Daten aus der Zwischenablage in die ausgewählten Zellen einfügen. Bei der Auswahl einer einzelnen Zelle werden die Daten in einem Zellenblock eingefügt, deren obere linke Ecke die ausgewählte Zellen bildet. Bei Auswahl eines zusammenhängenden Zellenblocks wird dessen Zellen durch den Inhalt der Zwischenablage ersetzt.
  In folgenden Fällen schlägt der Befehl **Einfügen** fehl:
  > Wenn die Anzahl der Zeilen und Spalten der einzufügenden Zellen nicht mit derjenigen des ausgewählten Zellenblocks übereinstimmt – außer wenn es sich um eine einzelne Zelle handelt.
  > Wenn die Anzahl der Spalten im Datenfenster überschritten wird.
  > Wenn erforderliche Zellen den Wert Null erhalten.
  > Wenn die Spalte **Primärschlüssel** nicht angezeigt wird.
  > Wenn eine ungültige Datenumwandlung (z. B. einer alphabetischen Zeichenfolge in eine numerische Zeichenfolge) erforderlich wäre.
  > Wenn die Zelle **Primärschlüssel** nach dem Einfügen nicht mehr eindeutig ist.

Wichtig: *Sie können die Befehle **Bearbeiten > Ausschneiden** und **Bearbeiten > Einfügen** nicht wieder rückgängig machen!*

Tipp: *Sie können den Inhalt der Zwischenablage an der gewünschten Stelle einfügen, indem Sie bei gedrückter **Umschalt**-Taste gleichzeitig die **Einfüge**-Taste drücken, oder durch Verwendung der Tastenkombination (**STRG + V**) bzw. (**CRTL + V**).*

- Durch **Bearbeiten Rückgängig** können Sie neu eingegebenen Text löschen oder gelöschten Text wiederherstellen, solange Sie den Mauszeiger nicht in eine andere Zeile bewegt haben!

Tipp: *Mit der rechten Maustaste können Sie das Kontextmenü für das Datenfenster aufrufen und haben damit die häufigsten Befehle für das Datenfenster schnell erreichen.*

Hinweis: *Ansichtsveränderungen bleiben nur während einer Arbeitssitzung bestehen und gehen beim Schließen des GeoWorkspaces verloren.*

Als weitere Funktionen zum Arbeiten mit Datenfenstern stehen Ihnen noch zur Verfügung:

Ändern des Datenfensternamens
Um den Namen eines Datenfensters zu verändern, wählen Sie **Fenster > Eigenschaften**, geben den neuen **Namen** ein und bestätigen diesen mit **OK**.

Ändern des Inhalts eines aktiven Datenfensters
Um den Inhalt eines aktiven Datenfensters durch eine andere Objektklasse zu ersetzen, wählen Sie **Daten > Inhalt ändern**, selektieren die entsprechende Objektklasse oder Abfrage und bestätigen mit **OK**, um den Inhalt des Datenfensters zu aktualisieren.

6.2 Kombiniertes Arbeiten mit Daten- und Kartenfenster

In vielen Anwendungsfällen ist es angebracht und hilfreich, nicht allein in einem Kartenfenster oder einem Datenfenster zu arbeiten, sondern diese beiden Fenstertypen parallel zu verwenden. Ein solcher Anwendungsfall ist z. B. gegeben, wenn Sie eine Anzahl von Objekten mit ihrer Geometrie erfasst haben und dann weitere attributive Informationen in einem zweiten Arbeitsschritt in die Datenbank eingeben möchten.

Workflow: Kombiniertes Arbeiten im Daten- und Kartenfenster
1. Öffnen Sie ein **Kartenfenster** (z. B. die Bundesländer im Warehouse „*Deutschland.mdb*").
2. Öffnen Sie ein **Datenfenster** mit der gewünschten Objektklasse (z. B. „*Bundesland*").
3. Ordnen Sie die **Fenster > Untereinander** oder **Nebeneinander** auf dem Bildschirm an.
4. Markieren Sie einen **Datensatz** im Datenfenster, und es wird die dazugehörige Geometrie im Kartenfenster farbig dargestellt.
5. Falls Sie die Geometrie nicht erkennen, klicken Sie in die Titelleiste des Kartenfensters (damit wird dieses auf aktiv geschaltet und seine Titelleiste farblich unterlegt) und wählen die Funktion **Ansicht > Auswahlsatz einpassen**. Damit wird das markierte Objekt optimal im Kartenfenster eingepasst.
6. Markieren Sie ein Objekt im Kartenfenster und sofort wird der entsprechende Attributdatensatz im Datenfenster gesucht und farblich unterlegt.

Hinweis: *Das Zusammenspiel zwischen Daten- und Kartenfenster kann wie in Abschnitt 5.1.1 beschrieben gesteuert werden.*

6.2 Kombiniertes Arbeiten mit Daten- und Kartenfenster

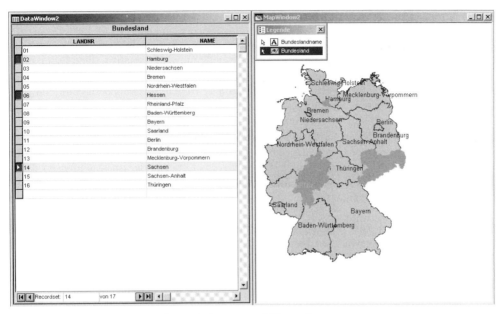

Abb. 6.4: Kombiniertes Arbeiten mit Daten- und Kartenfenstern

Diese Arbeitsweise gilt auch für mehrere markierte Objekte.

Workflow: Erfassen von Geometrien zu vorhandenen attributiven Daten
1. Öffnen Sie ein **Kartenfenster**.
2. Öffnen Sie ein **Datenfenster** mit der gewünschten Objektklasse.
3. Ordnen Sie die **Fenster > Untereinander** oder **Nebeneinander** auf dem Bildschirm an.
4. Überprüfen Sie, ob die gewünschte Objektklasse in der Legende eingetragen ist. Wenn nicht, fügen Sie diese über **Legende > Objektklasseneintrag** in der Legende hinzu. Anderenfalls können Sie zwar die Geometrien digitalisieren, aber nicht die Ergebnisse im Kartenfenster visualisieren!
5. Markieren Sie einen Datensatz im Datenfenster und klicken Sie auf die Titelleiste des Kartenfensters.
6. Klicken Sie auf **Bearbeiten > Geometrie fortsetzen**.
7. Digitalisieren Sie die entsprechende Geometrie im Kartenfenster.
8. Wiederholen Sie die Schritte 5. bis 7. bis alle Datensätze bearbeitet sind.

Wichtig: *Um zu einem nichtgrafischen Objekt Geometrien hinzuzufügen, muss dieses in der Objektklassendefinition einen Geometrietyp besitzen!*

6.3 Zusammenfassung

Ein Datenfenster stellt eine Ansicht der nichtgrafischen Attributinformationen von Objekten in Tabellenform dar. Jede Zeile einer Objekttabelle umfasst die attributiven Daten eines Objektes, jede Spalte enthält ein Attribut der Objektklasse. Dem Datenfenster zugeordnet sind eine Reihe von Funktionen und Befehle zum Einfügen, Visualisieren, Editieren und Drucken dieser Daten. Sie arbeiten teils spalten-, teils zeilenorientiert oder wirken sich auf das Datenfenster als Ganzes aus. Innerhalb eines Datenfensters können Sie die Ansicht verändern, indem Sie Spalten ein- oder ausblenden; Sie können statistische Reports erstellen, die sich nicht auf die Quelldaten auswirken, oder die Daten nach den Attributwerten einer Spalte sortieren. Für diese Funktionen sowie das Drucken der im Datenfenster angezeigten Informationen reicht der schreibgeschützte Verbindungsstatus aus. Dagegen bedarf es zum Hinzufügen, Verändern/Aktualisieren sowie zum Löschen von Attributdaten einer Warehouse-Verbindung mit Schreibzugriff. Vom Editieren ausgeschlossen sind allerdings Zellen, die verborgen sind oder Hypertext enthalten. Das Verändern selbst wird von allen Standard-Windowsbefehlen zum Kopieren, Ausschneiden, Löschen und Einfügen unterstützt. Zum effektiven Arbeiten lassen sich Datenfenster beliebig mit Kartenfenstern kombinieren.

7 Analysieren der Daten

Die Analyse der Daten bildet die Kernaufgabe eines Geo-Informationssystems. Das zentrale Element für die Datenanalyse stellt in GeoMedia die Abfrage dar. Sie dient dazu, aus bestehenden Daten neue Informationen nach attributiven und/oder räumlichen Kriterien zu selektieren. Das Abfrageergebnis wird im GeoWorkspace gespeichert und steht damit für weitere Analysen zur Verfügung, d. h. es kann genauso wie eine Objektklasse in GeoMedia weiter verwendet werden. Es ist durch die Speicherung im GeoWorkspace nicht zwingend notwendig, ein Warehouse mit Schreibzugriff geöffnet zu haben.

Als weitere Analysemöglichkeiten verfügt GeoMedia über die Funktionen Thematische Karte, Pufferzone, Join, Räumliche Schnittfläche sowie Differenz, Koordinaten und Adressen identifizieren und schließlich Geometrie analysieren.

7.1 Abfrage

Mit Hilfe von Abfragen können Sie Objekte oder Informationen über Objekte eines Warehouses abrufen, die bestimmte Bedingungen erfüllen. Die Resultate werden grafisch in einem Kartenfenster und/oder in tabellarischer Form im Datenfenster angezeigt. Dabei wird die Legende des Kartenfensters um den Eintrag für das Abfrageergebnis ergänzt, der wie alle anderen Einträge über die Legendeneigenschaften bearbeitet werden kann.

Wichtig: Abfrage sind in GeoMedia dynamisch, d. h. wenn sich die Daten ändern, auf denen die Abfrage basiert, so ändert sich auch automatisch das Abfrageergebnis. Ist eine Warehouse-Verbindung mit einem räumlichen Filter versehen, wird auch die Abfrage auf die geographische Fläche beschränkt, die durch diesen Filter definiert wird.

Grundsätzlich kann man Abfragen in attributive, räumliche, kombinierte und Datenserver-spezifische Abfragen unterteilen.

7.1.1 Attributive Abfrage

Eine attributive Abfrage selektiert aus einer Objektklasse alle Objekte, deren Attributwerte die Bedingungen erfüllen, die anhand von Operatoren definiert werden. Sie besitzt die allgemeine Form:

„FROM <Objektklasse/Abfrage> WHERE, <Attribut(-Wert)> [OPERATOR] <Wert>"

Folgende Operatoren können zur Formulierung verwendet werden:

Tab. 7.1: Attributive Abfrageoperatoren

=	gleich
>=	größer als oder gleich
>=	kleiner als oder gleich
<>	ungleich
>	größer als
<	kleiner als
()	Klammern zum Gruppieren von Ausdrücken
and	logisches UND zwischen zwei Ausdrücken
or	logisches ODER zwischen zwei Ausdrücken

Weiter Operatoren wie etwa der Platzhalter % oder verschiedene SQL-Funktionen können je nach Warehouse-Verbindung in der Pulldown-Liste der **Operatoren** im Dialogfenster **<Attribut> Filter** ausgewählt werden. Welche Operatoren verfügbar sind, hängt von der Warehouse-Verbindung ab.

Workflow: Definition einer attributiven Abfrage
1. Wählen Sie im GeoMedia-Hauptmenü **Analyse > Neue Abfrage....**

Abb. 7.1: Dialogfenster Neue Abfrage

7.1 Abfrage

2. Wählen Sie im Dialogfenster **Neue Abfrage** in der Pulldown-Liste **Objekte wählen in** eine Objektklasse oder Abfrage.
3. Wenn Sie SQL beherrschen und das Attribut kennen, können Sie den where-Teil der Abfrage direkt in das Feld **Filter** eingeben; andernfalls klicken Sie auf **Filter...**.

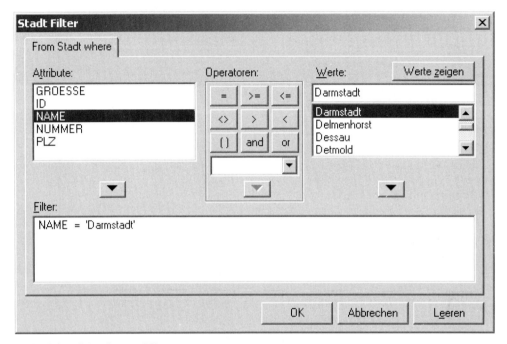

Abb. 7.2: Dialogfenster Filter

4. Markieren Sie das **Attribut**, das Sie abfragen wollen, und klicken Sie auf den **Abwärtspfeil** unter dem Feld **Attribute**. Dann wird es im Feld **Filter** eingetragen (alternativ zu den Abwärtspfeilen können Sie auch ein Doppelklick zur Übernahme verwenden).
5. Wählen Sie den gewünschten **Operator**. Falls Sie einen aus der Pulldown-Liste verwenden, müssen Sie auf den **Abwärtspfeil** klicken, damit er in das Feld **Filter** übernommen wird.
6. Falls Sie eine Liste der verfügbaren Attributwerte erstellen wollen, klicken Sie auf **Werte zeigen**. Bestätigen Sie die Erstellung der Liste und wählen Sie den entsprechenden **Attributwert** aus. Andernfalls geben Sie den **Attributwert** ein. Fügen Sie die Werten durch den **Abwärtspfeil** Ihrem Filter hinzu.
7. Fügen Sie, falls notwendig, weitere Einschränkungen hinzu.
8. Prüfen Sie die Richtigkeit der SQL-Anweisung im Feld **Filter**.
9. Klicken Sie auf **OK**.
10. Vergeben Sie einen aussagekräftigen **Namen** für Ihre Abfrage und optional eine **Beschreibung**.
11. Klicken Sie auf **Optionen...**.

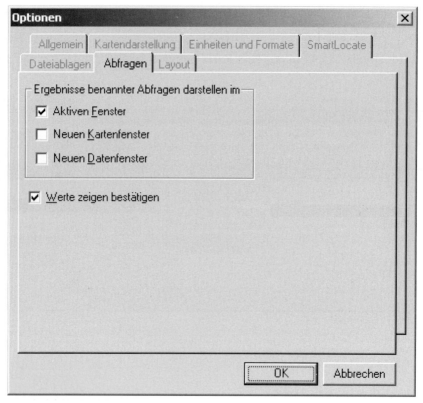

Abb. 7.3: Dialogfenster Optionen – Abfrage

12. Definieren Sie, ob das Ergebnis der Abfrage im **aktiven Fenster**, in einem **neuen Kartenfenster** und/oder in einem neuen **Datenfenster** dargestellt werden soll.
13. Klicken Sie auf **OK**.
14. Um die Abfrage auszuführen und darzustellen, klicken Sie im Dialogfenster **<Attribut> Filter** auf **OK**.

Wichtig: *Für Datums- und Uhrzeit-Abfragen (und möglicherweise auch für andere), die auf MGE- und MGDM-Datenserver zugreifen, müssen Sie den SQL-Text im Dialogfenster Filter von Hand überarbeiten, wenn die Abfrage gelingen soll. Dies ist wegen den unterschiedlichen SQL-Versionen der verschiedenen ODBC-Treiber erforderlich. Hauptfehlerquelle ist hierbei hauptsächlich das Trennzeichen (' bzw. #).*

Tipp: *Wenn Sie mit dem Aufbau der Abfrage unzufrieden sind, können Sie auf **Leeren** klicken, und das Abfragefenster wird komplett gelöscht.*

7.1.2 Räumliche Abfrage

Eine räumliche Abfrage definiert die Beziehung zwischen zwei Objektklassen unter Verwendung eines räumlichen Operators. Der räumliche Operator bildet die *that*-Klausel der Abfrageanweisung und arbeitet in einer Struktur der Form:

SELECT FEATURES IN <„Subjekt"-Objektklasse> THAT [OPERATOR] FEATURES IN <„Objekt"-Objektklasse>

Die als „Subjekt" eingetragene Objektklasse wird nach jenen Objekten durchsucht, die die Bedingung erfüllen. Die derart selektierten Objekte des „Subjekts" stellen dann das Ergebnis der Abfrage dar und werden ausgegeben. In Verbindung mit dem räumlichen Operator bilden die räumlichen Eigenschaften der als „Objekt" definierten Objektklasse schließlich die Selektionsbedingung der Abfrage. Eine räumliche Abfrage könnte beispielsweise lauten: „Finde alle Seen, die in einem Abstand bis zu 15 km von einer Großstadt liegen". Dann heißt der räumliche Operator „im Abstand von", die Objektklasse „Seen" ist das Subjekt, während die Objektklasse „Großstädte" das Objekt der Abfrage bildet.
Bei der Formulierung der Abfrage ist darauf zu achten, dass in Abhängigkeit vom verwendeten Operator nur Objektklassen bestimmten Geometrietyps als Abfrage-Subjekt und – Objekt in Betracht kommen: So kann beispielsweise ein Flächenobjekt nicht innerhalb eines Punktobjektes „enthalten" sein.

GeoMedia kennt neun verschiedene räumliche Operatoren. Diese sind:

Tab. 7.2: Räumliche Operatoren für GeoMedia

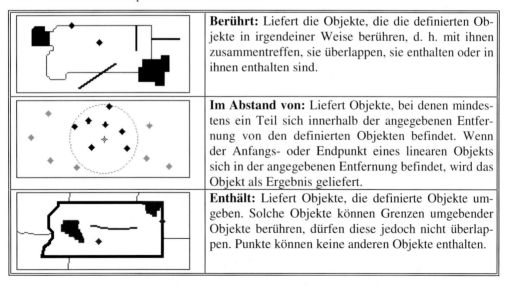

Tab. 7.2: (Fortsetzung)

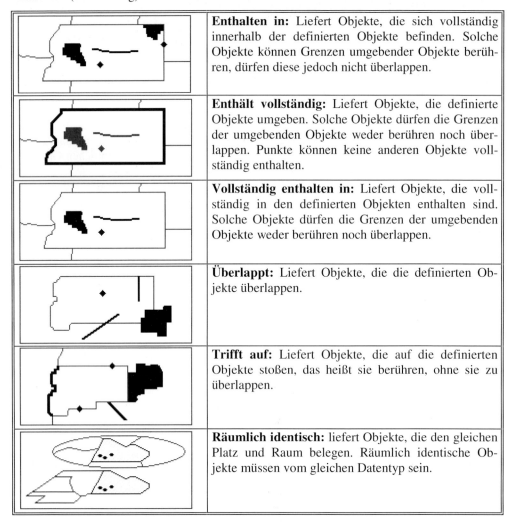

	Enthalten in: Liefert Objekte, die sich vollständig innerhalb der definierten Objekte befinden. Solche Objekte können Grenzen umgebender Objekte berühren, dürfen diese jedoch nicht überlappen.
	Enthält vollständig: Liefert Objekte, die definierte Objekte umgeben. Solche Objekte dürfen die Grenzen der umgebenden Objekte weder berühren noch überlappen. Punkte können keine anderen Objekte vollständig enthalten.
	Vollständig enthalten in: Liefert Objekte, die vollständig in den definierten Objekten enthalten sind. Solche Objekte dürfen die Grenzen der umgebenden Objekte weder berühren noch überlappen.
	Überlappt: Liefert Objekte, die die definierten Objekte überlappen.
	Trifft auf: Liefert Objekte, die auf die definierten Objekte stoßen, das heißt sie berühren, ohne sie zu überlappen.
	Räumlich identisch: liefert Objekte, die den gleichen Platz und Raum belegen. Räumlich identische Objekte müssen vom gleichen Datentyp sein.

Wichtig: *Die von der Option **Räumliche Abfragen** verwendeten räumlichen Operatoren unterscheiden sich von den Oracle Spatial-spezifischen Operatoren, die bei dem Befehl **Plattformspezifische Abfragen** zum Abfragen eines Oracle-Warehouses verwendet werden.*

Workflow: Definition einer räumlichen Abfrage
1. Wählen Sie im GeoMedia-Hauptmenü **Analyse > Neue Abfrage...**.
2. Wählen Sie im Dialogfenster **Neue Abfrage** in der Pulldown-Liste **Objekte wählen in** eine Objektklasse oder Abfrage.
3. Klicken Sie auf **Räumlich >**, so dass sich das Dialogfenster entsprechend erweitert.

7.1 Abfrage

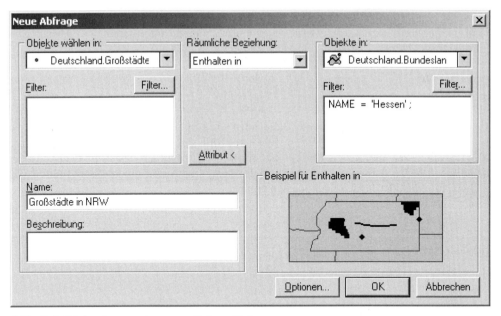

Abb. 7.4: Dialogfenster einer räumlichen Abfrage

4. Wählen Sie in der Pulldown-Liste **Objekte in** die zweite Objektklasse oder Abfrage, die Sie zum räumlichen Vergleich zur ersten Objektklasse oder Abfrage heranziehen wollen.
5. Wählen Sie in der Pulldown-Liste **Räumliche Beziehung** den richtigen räumlichen Operator um die beiden Objektklassen in die gewünschte räumliche Beziehung zu setzen.
6. Vergeben Sie einen aussagekräftigen **Namen** für Ihre Abfrage und optional eine **Beschreibung**.
7. *Optional:* Klicken Sie auf **Optionen...**, um die Darstellung der Abfrage zu definieren.
8. Um die Abfrage auszuführen und darzustellen, klicken Sie auf **OK**.

Hinweis: *Räumliche Abfragen können über mehrere Warehouses und verschiedene Warehouse-Typen ausgeführt werden.*

Toleranzen bei räumlichen Abfragen

Wenn man mit räumlichen Abfragen arbeitet, so muss man die Toleranz kennen und beachten, mit der die Software Koordinaten als gleichwertig betrachtet. GeoMedia arbeitet mit einer Toleranz von einem Millimeter, das heißt, Stützpunkte, die innerhalb eines Abstandes von einem Millimeter zueinander liegen, werden als gleichwertig angenommen. Das kann die Ergebnisse von räumlichen Abfragen auf zwei Arten beeinflussen:
Zum einen kann es vorkommen, dass Objekte als ungültig markiert werden, wenn diese zum Beispiel als Strecke eine Länge von kleiner einem Zentimeter haben.
Zum anderen kann es passieren, dass GeoMedia verschiedene Ergebnisse für räumliche Abfragen ausgibt. Befindet sich beispielsweise eine Geometrie in einem Abstand von we-

niger als vier Millimetern zu einer anderen, wurde diese Geometrie zuvor als nicht berührend interpretiert. Jetzt werden diese Objekte als berührend interpretiert und deshalb gibt eine derartige Abfrage eventuell mehr Objekte aus.

7.1.3 Kombinierte Abfrage

Eine kombinierte Abfrage schränkt die beiden Objektklassen oder Abfragen durch die Möglichkeit eines attributiven Filters weiter ein. Mit anderen Worten: Sie verbindet die Möglichkeiten der räumlichen Abfrage mit denen der attributiven. Die Vorgehensweise ist dabei identisch zu derjenigen der räumlichen Abfrage und wird durch die Definition von **Filter...** für eine oder beide Objektklassen ergänzt.

Eine kombinierte Abfrage könnte man beispielsweise wie folgt formulieren: „Finde alle Autobahnen, die in Hessen enthalten sind". In diesem Fall muss für die zweite Objektklasse „Bundesland" noch zusätzlich ein attributiver Filter definiert werden, der das Bundesland mit dem Namen „Hessen" selektiert.

7.1.4 Datenserver-spezifische Abfrage

Über die oben beschriebenen Abfragemöglichkeiten hinaus, die für alle Datenserver bis auf kleinere Differenzen in der SQL-Syntax identisch sind, gibt es für den Oracle- und den MGSM-Datenserver plattformspezifische Erweiterungen. Um diese erweiterten Abfragemöglichkeiten anwenden zu können, ist eine Verbindung zu einem Warehouse, das diese Funktion sowie Server-spezifische Parameter unterstützt, die Voraussetzung.

MGSM-Datenserver
Der MGSM-Datenserver unterstützt eine Abfrage zum Erstellen einer komplexeren Abstandsdarstellung für Objekte in Form eines linienhaften Netzwerkes. So können Sie beispielsweise verteilte Attribute rechts oder links der Mittellinie des gewählten Referenzobjektes in einem bestimmten Abstand darstellen. Abstände können als **Fest**, **Skaliert** oder in einer Kombination von beiden definiert werden. Über die Eingabe positiver und negativer Abstandswerte steuern Sie die Positionierung rechts oder links der Mittellinie. Die Definition der Abstandsdarstellung wird nicht gespeichert und geht nach der Darstellung der Abfrage verloren. Das gilt auch, wenn die Abstandsabfrage in einem GeoWorkspace gespeichert wird; beim nächsten Öffnen des GeoWorkspaces ist der Abstand nicht mehr vorhanden.

Oracle-Datenserver
Für eine Orcacle-Warehouse-Verbindung besteht die Möglichkeit, die Abfrage mit GeoMedia durchzuführen oder mit der plattformspezifischen Analyse – vorausgesetzt der Oracle-Datenserver ist mit einer Oracle-Datenbank verbunden, die über die Spatial-Erweiterung verfügt. Beide Varianten unterscheiden sich durch die räumlichen Operatoren, die verwendet werden und den Ort der Durchführung. Im Standardfall werden die Objektklassen in GeoMedia geladen, und GeoMedia führt auch die notwendigen Berechnungen durch. Im zweiten Fall berechnet Oracle die räumliche Analyse in der Datenbank und überträgt nur das Ergebnis an GeoMedia. Je nach Datenmenge und Operator kann diese

plattformspezifische Vorgehensweise erhebliche Performanzgewinne bedeuten, da sowohl die Spatial-Funktionalität von Oracle als auch die Geschwindigkeit der Hardware genutzt wird, die die Datenbank enthält. Die Oracle-spezifischen Abfragemöglichkeiten sind sowohl für den relationalen Datenserver, wie auch für das Objektmodell von Oracle nutzbar.

Im Folgenden soll nur die plattformspezifische Definition für den Oracle-Datenserver beschrieben werden, da diese Anwendungsmöglichkeit eine weitere Verbreitung hat als der MGE Segment Manager (hierzu finden sich detaillierte Erläuterungen in der Online-Hilfe zu GeoMedia).

Workflow: Definition einer Oracle-spezifischen Abfrage
1. Wählen Sie **Analyse > Plattformspezifische Abfrage** im GeoMedia-Hauptmenü.

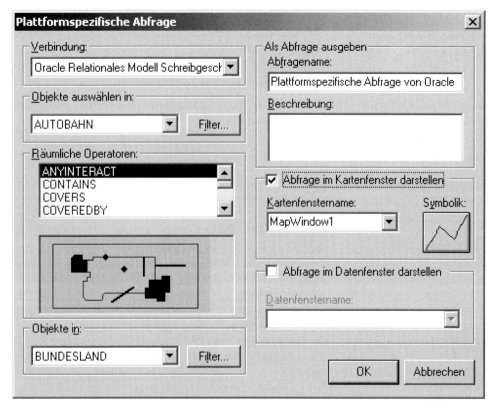

Abb. 7.5: Dialogfenster Plattformspezifische Abrage

2. Wählen Sie in der Pulldown-Liste **Verbindung** eine Oracle-Verbindung.
3. Wählen Sie in der Pulldown-Liste **Objekte wählen in** die Objektklasse, die Sie abfragen möchten (z. B. die Objektklasse „*Autobahnen*").
4. Wählen Sie in der Pulldown-Liste **Räumliche Operatoren** den räumlichen Operator.

5. Wählen Sie in der Pulldown-Liste **Objekte in** die gewünschte einschränkende Objektklasse (z. B. *„Bundesland"*).
6. *Optional:* Schränken Sie die Objektklassen gegebenenfalls durch einen Attributfilter ein (z. B: *„Name = 'Hessen'"*).
7. Vergeben Sie einen aussagekräftigen **Namen** für Ihre Abfrage und optional eine **Beschreibung**.
8. Wählen Sie, ob das Ergebnis im **Kartenfenster** und/oder **Datenfenster** dargestellt werden soll, und passen Sie falls gewünscht die **Symbolik** für das Kartenfenster an.
9. Klicken Sie auf **OK**, um die Abfrage durchzuführen und darzustellen.

Tipp: *Wenn Sie weder ein Karten- noch ein Datenfenster wählen, wird die Definition der Abfrage dem Abfrageordner des GeoWorkspaces hinzugefügt.*

Wichtig: *Bei der plattformspezifischen Abfrage werden andere Operatoren verwendet als bei der räumlichen Abfrage mit GeoMedia. Es ist auch nicht möglich, eine Abfrage als Eingabe für eine plattformspezifische Abfrage zu verwenden, da diese im GeoWorkspace und nicht in der Datenbank abgespeichert ist!*

Folgende zehn räumliche Operatoren sind in Oracle Spatial implementiert (falls möglich ist die Entsprechung in GeoMedia in Klammern angefügt):

Tab. 7.3: Räumliche Operatoren für Oracle Spatial

Any Interact (Berührt)	Die Objekte sind nicht getrennt. Dies ist der Standardoperator, wenn für die Sitzung keine gültige Einstellung festgelegt ist.
Contains (Enthält vollständig)	Die Innenfläche und der Flächenumring eines Objekts sind vollständig in der Innenfläche des anderen enthalten.
Covers	Die Innenfläche eines Objekts ist vollständig in der Innenfläche des anderen enthalten, und ihre Flächenumringe überschneiden sich.
Covered By	Das Gegenteil von Covers. A Covered By B bedeutet, dass B das Objekt A deckt.
Disjoint	Die Grenzen und Innenflächen überschneiden sich nicht.
Equal (Räumlich identisch)	Die beiden Objekte haben die gleichen Flächenumringe und Innenfläche.
Inside (Vollständig enthalten in)	Das Gegenteil von Contains. A Inside B bedeutet, dass B das Objekt A enthält.
Overlap Boundery Disjoint	Die Innenfläche eines Objekts überschneidet den Flächenumring und die Innenfläche des anderen Objekts, aber die beiden überschneiden sich nicht. Diese Beziehung liegt vor, wenn beispielsweise eine Linie außerhalb eines Polygons anfängt und in diesem Polygon endet.
Overlap Boundery Intersect (Überlappt)	Die Flächenumringe und Innenflächen der beiden Objekte überschneiden sich.
Touch	Die Grenzen schneiden sich, aber nicht die Innenflächen.

7.2 Beschriften von Objekten

Eine Beschriftung von Objekten kann in GeoMedia in Form einer Abfrage oder als Objektklasse durchgeführt werden. Der Inhalt der Beschriftung kann aus einem eingegebenen Text sowie einem oder mehreren Attributwerten bestehen. Dies unterscheidet das Beschriften von Objekten (Befehl **Einfügen > Beschriftung**) vom Befehl **Einfügen > Text** (s. Abschnitt 4.1.1.4). Letzterer platziert nur Text, der manuell eingegeben werden muss. Voraussetzung, um Beschriftungen erstellen zu können, ist ein aktives Kartenfenster. Soll die Beschriftung als Objektklasse ausgeben werden, muss außerdem eine Warehouse-Verbindung mit Schreibzugriff vorhanden sein. Bei der Ausgabe als Abfrage hingegen spielt der Schreibzugriff keine Rolle.

Beschriften von Objekten als Abfrage
Diese Form der Beschriftung, die als grafischer Text ausgegeben wird, baut eine aktive (dynamische) Verknüpfung zu den Objekten auf. Dies bedeutet, die Beschriftung wird den Objekten automatisch zugeordnet und jede Bearbeitung der Objekte sowie das Öffnen des GeoWorkspaces bewirken ihre Aktualisierung. Wenn Sie beispielsweise ein Objekt aus einer Objektklasse löschen, wird auch dessen Beschriftung automatisch gelöscht. Ein neu eingefügtes Objekt wird automatisch beschriftet.

Tipp: *Da Sie eine Abfrage jederzeit bearbeiten können, ist es bei dieser Form der Beschriftung leicht möglich, die Ausrichtung oder den horizontalen und vertikalen Abstand zum Objekt anzupassen.*

Hinweis: *Die Beschriftungen selbst können jedoch erst dann bearbeitet werden, wenn Sie die Abfrage in eine Objektklasse mit Schreibzugriff ausgegeben haben. Dazu verwenden Sie den Befehl* **Warehouse > Ausgabe an Objektklasse.**

Beschriften von Objekten als Objektklasse
Hierbei können Beschriftungen entweder als weitere Objekte in eine bestehende Objektklasse eingefügt oder als eine neue Objektklasse angelegt werden. Voraussetzung ist in beiden Fällen ein Warehouse mit Schreibzugriff. Da die Beschriftungen in der erzeugten Objektklasse als Binärobjekte abgelegt werden, lassen sie sich nicht mit dem Datenfenster anzeigen und verändern. Beschriftungen, die als Objektklasse erstellt werden, können genau wie andere Objekte verschoben, gedreht und gelöscht werden. Sie besitzen keine aktive Verknüpfung zu Attributwerten oder Geometrie. Dennoch lässt sich der darin enthaltene Text bearbeiten.

Tipp: *Wenn Sie eine einzelne Beschriftung modifizieren wollen, so müssen Sie diese markieren. Der Befehl* **Bearbeiten > Text bearbeiten** *ermöglicht dann das Editieren oder die Veränderung der Ausrichtung.*

Tipp: *Wollen Sie nur Teile einer Objektklasse beschriften, müssen Sie vorher eine Abfrage definieren, deren Ergebnis Sie dann als Eingabe für die Beschriftung verwenden.*

Workflow: Erstellen einer Beschriftung
1. Wählen Sie im GeoMedia-Hauptmenü **Einfügen > Beschriftung**.

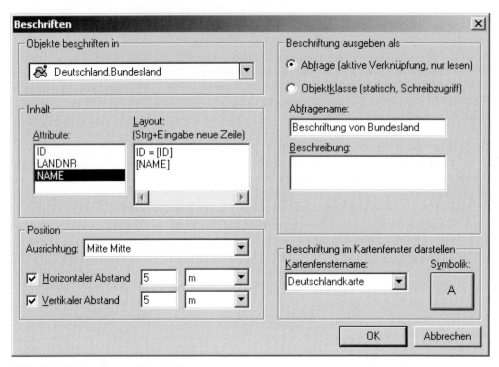

Abb. 7.6: Dialogfenster Beschriften

2. Wählen Sie im Dialogfenster **Beschriften** aus der Pulldown-Liste **Objekte beschriften in** die Objektklasse oder Abfrage, die Sie durch Beschriftung ergänzen wollen.
3. Wählen Sie unter **Inhalt** die **Attribute**, deren Werte zur Erstellung der Beschriftung verwendet werden sollen. Im Eingabefeld **Layout** sehen Sie dann die Anordnung der gewählten Attributfelder. Sie können diese Anordnung verändern, wobei Sie einen Zeilenumbruch mittels der Tastenkombination **STRG + Eingabe**-Taste erreichen. Zusätzlich besteht die Möglichkeit, erläuternden Text einzugeben, der dann jedem Objekt hinzugefügt wird.
4. Um die **Position** der Beschriftung im Verhältnis zu ihrem berechneten Ursprung anzugeben, wählen Sie eine der neun verfügbaren **Ausrichtungs**-Möglichkeiten aus der Pulldown-Liste und definieren die Entfernung der Beschriftung vom zugehörigen Objekt durch Angabe des **horizontalen** und **vertikalen Abstands** sowie der **Maßeinheit**.
5. Wählen Sie unter **Beschriftung ausgeben als**, ob Sie die Beschriftung als **Abfrage** oder als **Objektklasse** ausgeben wollen.

Haben Sie **Abfrage** gewählt,
6. vergeben Sie einen **Abfragenamen** und optional eine **Beschreibung**. Die Beschriftung wird dann automatisch den einzelnen Objekten zugeordnet, die sie beschriften.

Haben Sie Objektklasse gewählt,
7. selektieren Sie eine **Verbindung** mit Schreibzugriff, in der die Objektklasse gespeichert werden soll. Wählen Sie in der Pulldown-Liste **Objektklasse** eine bereits bestehende Objektklasse, so wird die Beschriftung dieser angehängt. Vergeben Sie einen neuen Namen, wird eine neue Objektklasse vom Geometrietyp Text erstellt. Ergänzen Sie optional eine **Beschreibung**.
8. Wählen Sie in der Pulldown-Liste **Kartenfenstername** das Kartenfenster, in dem die neue Beschriftung dargestellt werden soll.
9. Passen Sie die **Symbolik** der Beschriftung im sich öffnenden Dialogfenster **Symbolik definieren** durch Einstellungen Ihrer Wahl für Schriftgrad, Farbe, Schriftschnitt, Umrandung und Maßstabsabhängigkeit an.
10. Klicken Sie auf **OK**.

Tipp: *Anstatt die unterschiedlichsten Beschriftungen auf verschiedene Warehouses zu verteilen, ist es ratsam, ein Warehouse ausschließlich für Beschriftungen einzurichten. Dies erspart Ihnen viel Zeit, die Sie anderenfalls für die Suche nach einer bestimmten Beschriftung vergeuden.*

7.3 Thematische Karte

Thematische Karten dienen in GeoMedia der Symbolisierung von Objekten mit Hilfe von Farben und anderen Darstellungsmitteln (Symbole, Bitmaps, Linienart, Strichstärke, Bemusterung und Flächenfüllung) entsprechend ihren nichtgrafischen Attributdaten. Damit wird es möglich, die Objekte einer Objektklasse anhand ihrer Attributwerte weiter zu strukturieren. Hinsichtlich der Strukturierungsmethode kann man zwischen dem Kartentypen „Eindeutige Werte" und dem „Bereichs-"Kartentyp wählen. Beim Kartentyp „Eindeutige Werte" bildet jeder Attributwert eine separate Kategorie mit einer eigenen Symbolik, die ihn von allen übrigen Werten unterscheidet. Dagegen basiert der „Bereichs"-Kartentyp – er ist für Attributwerte vom Datentyp *„Character"* nicht möglich – auf einer Klassifizierung der Attributwerte. Jedem Wertebereich (Klasse) wird dabei eine eigene, unverwechselbare Symbolik zugewiesen. Maximal sind 300 unterschiedliche Kategorien oder Klassen in den beiden Kartentypen möglich.

Für ihre Anzeige im Kartenfenster muss jede thematische Darstellung in der dazugehörigen Legende eingetragen sein. Sie wird in einem GeoWorkspace gespeichert, so lange ihr Eintrag nicht aus der Legende gelöscht wird. Thematische Darstellungen sind dynamisch, d. h. Veränderungen in den Warehouse-Daten führen auch zu einer Aktualisierung der grafischen Ansicht. In welcher Weise sich diese verändert, hängt vom jeweiligen Kartentyp und den Veränderungen in den Daten ab: Generell erfolgen Aktualisierungen aufgrund von Veränderungen, die keine Ergänzung der bereits definierten Kategorien erfordert, automatisch. Erfordert das Hinzufügen eines weiteren Objektes mit einem neuen Attributwert beim Kartentyp „Eindeutiger Wert" die Festlegung einer neuen Kategorie, so muss der Anwender die Definition dieser Kategorie einschließlich ihrer Symbolik manuell vornehmen. Fällt dagegen der Attributwert eines neuen Objektes außerhalb der im Rahmen der Bereichskarte definierten Bereichsgrenzen, wird er in der Darstellung einfach einem Bereich hinzugefügt, wenn der Anwender die Bereichsgrenzen nicht manuell anpasst.

Hinweis: *Der Aktualisierungszeitpunkt hängt vom Warehouse-Typ ab: Veränderungen in ACCESS- und MGE-Warehouses führen zu einer sofortigen Aktualisierung des Kartenfensters, während die Aktualisierung bei einem Oracle-Warehouse erst erfolgt, wenn der Anwender die Funktion* **Warehouse > Auffrischen mit Änderungen im Warehouse** *ausführt.*

Tipp: *Als Faustregel für die Gestaltung einer thematischen Darstellung sollte gelten: Beschränken Sie die Anzahl der Kategorien bzw. Bereiche wenn möglich auf zehn, da viele Menschen bei einer größeren Anzahl Probleme haben, die gewählte Symbolik zu unterscheiden.*

Workflow: Erstellung einer thematischen Darstellung
1. Wählen Sie **Legende > Thematische Darstellung hinzufügen...** im GeoMedia-Hauptmenü.

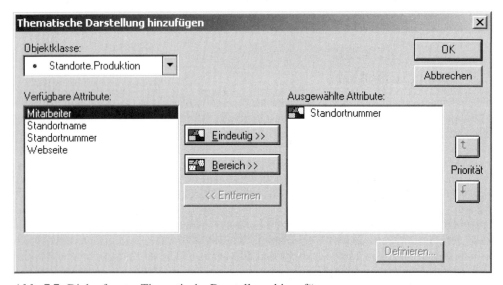

Abb. 7.7: Dialogfenster Thematische Darstellung hinzufügen

2. Wählen Sie im Dialogfenster **Thematische Darstellung hinzufügen** aus der Pull-down-Liste **Objektklasse** die gewünschte Objektklasse oder Abfrage.

Hinweis: *Der Name der Warehouse-Verbindung ist hier der Bezeichnung der Objektklasse bzw. Abfrage vorangestellt, wenn die Option* **Verbindungspräfix zu Objektname hinzufügen** *auf der Registerkarte* **Allgemein** *unter* **Extras > Optionen** *aktiviert ist!*

7.3 Thematische Karte

3. Wählen Sie aus der Liste der **Verfügbaren Attribute** das Attribut, auf dessen Basis Sie die Thematische Darstellung erzeugen wollen.
4. Je nach Datentyp des Attributs haben Sie jetzt die Möglichkeit der **eindeutigen** Darstellung oder können eine Darstellung nach **Bereichen** (Klassen) bilden. Klicken Sie auf die gewünschte Schaltfläche.

Hinweis: *Wenn Sie für die Thematische Darstellung mehr als ein Attribut auswählen, können Sie die Pfeiltasten **Priorität** (Aufwärts- und Abwärtspfeil) verwenden, um die ausgewählten Attribute neu zu ordnen. Die Sortierreihenfolge der Attribute bestimmt die Reihenfolge der entsprechenden Legendeneinträge und damit auch die Reihenfolge, in der die Attribute im Kartenfenster erscheinen: Das Attribut am Listenanfang hat die oberste Priorität und erscheint als letztes, während das Attribut mit der niedrigsten Priorität am Listenende steht und als erstes erscheint.*

*Um ein markiertes Attribut aus der Liste **Ausgewählte Attribute** wieder zu entfernen, klicken Sie auf **Entfernen**.*

Wenn Sie Attribute für eine Objektklasse oder Abfrage gewählt haben und anschließend eine andere Objektklasse oder Abfrage wählen, werden alle zuvor ausgewählten Attribute gelöscht.

---

5. Klicken Sie auf **Definieren...**, um die grafische Darstellung der thematischen Karte festzulegen.

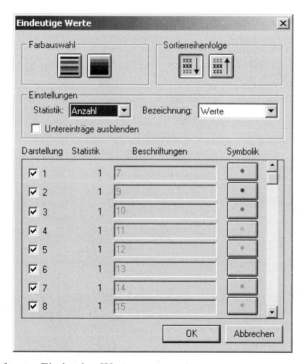

Abb. 7.8: Dialogfenster Eindeutige Werte

Wenn Sie den Kartentyp **Eindeutige Werte** gewählt haben:

6.a Wählen Sie eine **Farbauswahl** (linke Schaltfläche für **Farbschemata rotieren** oder rechte Schaltfläche für **Zugewiesene Farben abstufen**) und die **Sortierreihenfolge** (Schaltflächen für **Aufsteigend** bzw. **Absteigend**).

7.a Wählen Sie die **Statistik** (*„Anzahl"* oder *„Prozent"*), welche die Häufigkeit eines eindeutigen Wertes angibt und die **Bezeichnung** (*„Werte"* oder *„Beschreibungen"*) für die spätere Beschriftung in der Legende. Die Check-Box **Untereinträge ausblenden** regelt die spätere Beschriftung in der Legende (die Liste der Werte erscheint oder wird ausgeblendet).

8.a Wenn Sie bestimmte Werte von der thematischen Darstellung ausschließen wollen, deaktivieren Sie das entsprechende Kontrollkästchen in der Spalte **Darstellung**. Haben Sie bei der **Bezeichnung** die Option *„Beschreibungen"* gewählt, können Sie hier den jeweiligen Text in jedes Feld der Spalte **Beschriftungen** eintragen. Passen Sie gegebenenfalls die Symbolik durch Anklicken der **Punktsymbole** an.

9.a Klicken Sie auf **OK**.

10.a *Optional:* Wählen Sie ein weiteres Attribut und wiederholen Sie die Schritte 6 bis 9 bzw. 6 bis 13.

11.a Klicken Sie auf **OK**.

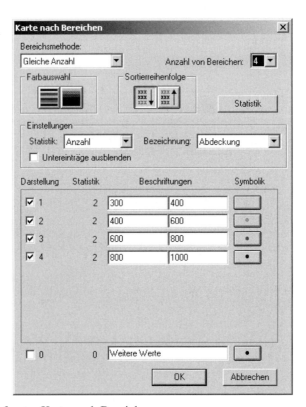

Abb. 7.9: Dialogfenster Karte nach Bereichen

Wenn Sie den **Bereichs**-Kartentyp gewählt haben:

6.b Wählen Sie aus den Pulldown-Listen die **Bereichsmethode** und die **Anzahl von Bereichen**. Als Bereichsmethoden stehen zur Auswahl: „*Gleiche Anzahl*", „*Gleiche Bereiche*", „*Standardabweichung*" und „*Benutzerdefinierter Bereich*". Durch Klicken auf die Schaltfläche **Statistik** erhalten Sie statistische Informationen über die Attributwerte.

7.b Wenn Sie als **Bereichsmethode** „*Gleiche Anzahl*", „*Gleiche Bereiche*" oder „*Standardabweichung*" gewählt haben, gehen Sie zum nächsten Schritt über. Fiel Ihre Wahl dagegen auf „*Benutzerdefinierter Bereich*", erscheint das gleichnamige Dialogfenster, wo Sie **Start-** und **Endwert** für Ihre Daten angeben. Mit **OK** schließen Sie das Fenster wieder.

8.b Wählen Sie eine **Farbauswahl** (linke Schaltfläche für **Farbschemata rotieren** oder rechte Schaltfläche für **Zugewiesene Farben abstufen**) und die **Sortierreihenfolge** (**Aufsteigend** bzw. **Absteigend**).

9.b Wählen Sie die **Statistik** („*Anzahl*", „*% der Anzahl*", „*Bereich*" oder „*% des Bereiches*"), und die **Bezeichnung** („*Abdeckung*" oder „*Beschreibung*") für die spätere Beschriftung in der Legende. Durch Aktivierung der Check-Box **Untereinträge ausblenden** können Sie den Legendeneintrag Ihrer thematischen Darstellung in der Legende ausblenden; die thematische Darstellung selbst wird aber im Kartenfenster angezeigt.

10.b Bestimmte Bereiche der thematischen Darstellung blenden Sie in der Visualisierung aus, indem Sie das entsprechende Kontrollkästchen in der Spalte **Darstellung** aktivieren. Tragen Sie unter **Beschriftung** die passende Bereichsbeschreibung in jeder Zeile ein, sofern Sie unter **Bezeichnung** die Option „*Beschreibung*" gewählt haben.

11.b Passen Sie gegebenenfalls die Symbolik durch Anklicken der **Punktsymbole** an.

12.b Wollen Sie für Werte, die außerhalb der definierten Bereiche liegen, einen Eintrag in der Legende platzieren, so aktivieren Sie die Check-Box in der Spalte **Darstellung** neben dem Textfeld in der Spalte **Beschriftungen**. Editieren Sie den in diesem Feld vorgegebenen Text „*Weitere Werte*" und verändern Sie die **Symbolik** Ihren Vorstellungen gemäß.

13.b Klicken Sie auf **OK**.

14.b *Optional:* ein weiteres Attribut und wiederholen Sie die Schritte 6 bis 9 bzw. 6 bis 13.

15.b Klicken Sie auf **OK**.

Tipp: *Sie können die thematische Darstellung eines Attributes jederzeit anpassen, indem Sie in der Legende auf den Attributschlüssel* ▨ *oder* ▨ *doppelklicken. Es erscheint dann das Dialogfenster* **Eindeutige Werte** *oder* **Karte nach Bereiche**, *wo Sie die Änderungen vornehmen können.*

7.4 Pufferzone

Die Bildung von Pufferzonen zählt zu den am häufigsten benutzten Funktionen in einem GIS oder einem Desktop-Mapping-System und wird i. d. R. für räumliche Analysen und

Abfragen verwendet. Eine Pufferzone wird um ein oder mehrere punkt-, linien- oder flächenhafte Objekte oder Abfrageergebnisse gebildet und erzeugt eine Fläche um die ausgewählten Objekte (Puffer), deren Umring die Objekte in einen konstanten Abstand umschließt. Der Puffertyp ist dabei von dem Geometrietyp der selektierten Objekte abhängig. Das Ergebnis einer Pufferzonenbildung wird als flächenhafte Objektklasse in einem Warehouse mit Schreibzugriff abgelegt. Es ist dabei weder zwingend notwendig, eine separate Objektklasse vorher zu definieren, noch muss die Pufferzone in jenem Warehouse gespeichert werden, das die Quelldaten der Zonenbildung enthält. Vielmehr kann das Ergebnis der Pufferzonenbildung als ein neues Objekt einer bereits existierenden Objektklasse abgelegt werden, oder die neu erzeugte Geometrie wird einem vorhandenen Objekt hinzugefügt.

> **Hinweis:** *Standardmäßig wird eine für die Pufferzone neu definierte Objektklasse automatisch in dem von Ihnen gewählten Warehouse erstellt und gespeichert.*

Workflow: Erstellen einer Pufferzone
1. Wählen Sie **Einfügen > Pufferzone...** im GeoMedia-Hauptmenü.

Abb. 7.10: Dialogfenster Pufferzone

2. Wählen Sie im Dialogfenster **Pufferzone** aus der Pulldown-Liste **Pufferzone um** eine Objektklasse oder Abfrage.
3. Wählen Sie aus der Pulldown-Liste **Warehouse** unter **Pufferzone ausgeben an** das Warehouse, in das Sie die Pufferzonen-Objektklasse ausgeben wollen (es stehen nur Warehouses mit Schreibzugriff zur Auswahl!).

7.4 Pufferzone

4. Wählen Sie aus der Pulldown-Liste **Objektklasse** eine vorhandene Objektklasse für die Pufferzone aus oder tragen Sie einen neuen Klassennamen ein.
5. Definieren Sie die **Symbolik** für die flächenhafte Objektklasse der Pufferzone.
6. Geben Sie in das Textfeld **Konstanter Abstand** die Distanz(en) ein; separieren Sie mehrere Werte durch einen Strichpunkt. Wählen Sie in der Pulldown-Liste die dazugehörigen **Einheiten**.
7. Wählen Sie den gewünschten **Puffertyp**, wobei je nach Objektklassentyp nicht immer alle Puffertypen zur Verfügung stehen.
8. Wählen Sie, ob die Pufferzonen **Nicht zusammengefasst** oder **Zusammengefasst** werden sollen. Die Beispielgrafik gibt einen visuellen Eindruck der gewählten Einstellungen.
9. Klicken Sie auf **OK**.

Wenn die Pufferzone ein Objekt in einer neuen Objektklasse ist, wird die Pufferzone automatisch im Kartenfenster dargestellt und die Objektklasse in die Legende eingetragen. Falls die Pufferzone in eine bestehende Objektklasse geschrieben wird, so muss diese gegebenenfalls der Legende des Kartenfensters hinzugefügt werden.

Wichtig: *Um eine Pufferzonenbildung durchzuführen, muss mindestens ein Kartenfenster geöffnet sein.*

Folgende Pufferzonen/Objekttypenkombinationen sind zulässig:

Tab. 7.4: Mögliche Pufferzonen

Punktobjekte		
	Einfach	Eine separate Pufferzone umgibt jedes Punktobjekt der Objektklasse.
	Schichten	Jede Pufferzone wird auf der vorherigen aufgestapelt (d. h. die Fläche jeder Pufferzone ist die komplette Kreisfläche mit dem als Abstand eingegebenen Radius). Schichten können nicht zusammengefasst werden.
	Kreise	Jeder Kreis ist eine separate Pufferzone, die in einem vorgegeben Abstand vom Punktobjekt platziert wird (die Fläche jeder Pufferzone bildet einen Kreisring). Kreise können nicht zusammengefasst werden.

Tab. 7.4: (Fortsetzung)

Linienobjekte		
	Rund	Die Endpunkte der Linien werden mittels Halbkreisen verbunden. Es ist nur ein konstanter Wert zulässig.
	Eckig	Die Endpunkte der Linien werden in Form eines Rechtecks verbunden. Es ist nur ein konstanter Wert zulässig.
Flächenobjekte		
	Außerhalb	Pufferzonen werden in einem bestimmten Abstand um das Flächenobjekt platziert. Es ist nur ein konstanter Wert zulässig.
	Innerhalb	Pufferzonen werden in einem bestimmten Abstand innerhalb des Objektes platziert. Es ist nur ein konstanter Wert zulässig.

Bei allen Puffertypen außer Schichten und Kreise können die Ergebnisse als nicht zusammengefasst oder zusammengefasst dargestellt werden. Zusammengefasst bedeutet, dass an den Überlappungsbereichen von einzelnen Pufferzonen die Umringe aufgelöst werden und so die Zonen fließend ineinander übergehen. Damit wird aus jeweils getrennten, übereinanderliegenden Pufferobjekten ein einziges gemeinsames Objekt. Der Unterschied zwischen den beiden Varianten ist in Abb. 7.11 nochmals grafisch verdeutlicht.

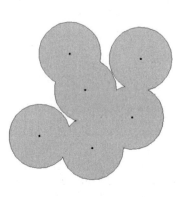
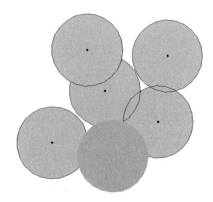

Zusammengefasst   Nicht Zusammengefasst

Abb. 7.11: Ergebnisse von Pufferzonen

Tipp: *Obwohl nur ein konstanter Wert bei linien- und flächenhaften Objektklassen zulässig ist, können sie trotzdem mehrfache Pufferzonen um Linien und Flächen in GeoMedia bilden. Sie müssen nur den Workflow „Pufferzone" für jede Zone gesondert durchführen.*

Hinweis: *Da jedem Warehouse bei seiner Anlage eine Projektion und ein geodätisches Datum zugewiesen wird, die sich von der gewählten Projektion des aktuellen GeoWorkspaces unterscheiden kann, muss GeoMedia in einem solchen Fall die Warehouse-Daten zur Visualisierung transformieren. Dies betrifft auch Pufferzonen, so dass kreisförmige Pufferzonen entsprechend (z. B. elliptisch) verzerrt werden. Die Transformation verändert jedoch nur die Darstellung der Objekte im Kartenfenster, aber nicht die Warehouse-Daten!*
Die Geometrie einer kreisförmigen Pufferzone ist nicht exakt ein Kreis, sondern ein 23-seitiges Polygon, so dass die ermittelte Fläche etwas kleiner als die exakte Kreisfläche ist. Diese Abweichung beträgt beispielsweise bei einer Pufferzone mit einem Abstand von 200 km nur 0,788 km^2 und ist also damit i. d. R. vernachlässigbar.
*Über **Bearbeiten > Geometrie löschen** können Sie die Geometrie eines Pufferzonenobjektes löschen, das Sie im Kartenfenster bzw. dessen Zeile Sie im Datenfenster selektieren haben.*
*Um das Pufferzonenobjekt selbst zu löschen, selektieren Sie es im Kartenfenster bzw. markieren die entsprechende Zeile im Datenfenster und wählen im GeoMedia-Hauptmenü **Bearbeiten > Löschen**.*
*Mit der **ESC**-Taste kann die Generierung einer Pufferzonen unterbrochen werden.*

7.5 Join

Ein Join (eine Verknüpfung) ist eine Datenbank-Operation, bei der bestimmte Daten aus zwei Tabellen, die mindestens ein gemeinsames Feld aufweisen, extrahiert und in einer neuen Tabelle zusammengefasst werden. In GeoMedia verwenden Sie Joins, um eine Beziehung zwischen den Informationen zweier Objektklassen oder Abfragen aus einem oder zwei verschiedenen Warehouses herzustellen. Die Verknüpfung erfolgt über jeweils identische Attributwerte, wobei die Namen der Attributspalten nicht identisch sein müssen. Zulässige Verknüpfungen sind: Objektklasse mit Objektklasse, Objektklasse mit Abfrage, Abfrage mit Abfrage.
Ein Join ist besonders dann hilfreich, wenn bestehende nichtgrafische Informationen mit grafischen Objekten (z. B. Daten aus Textdateien, Arbeitsblättern oder Datenbanksystemen, die über keine GDO-kompatible Grafikkomponente verfügen) verbunden werden sollen. Joins sind in GeoMedia dynamisch realisiert, das bedeutet, wenn sich in einer der beiden Join-Tabellen ein Attributwert ändert oder neue Werte hinzukommen, so wird der Join automatisch aktualisiert. Joins haben aber keinerlei Auswirkungen auf die Ausgangsobjektklassen. Deswegen können sie mit Objektklassen sowohl aus Read-only- als auch aus Read/Write-Verbindungen gebildet werden. Als Abfragen definiert, werden Joins in GeoMedia auch als solche in einem GeoWorkspace gespeichert. Ihre Ergebnisse können Sie in

eine Objektklasse eines Warehouses mit Schreibzugriff ausgegeben. Derart gebildete Objektklassen lassen sich mit den in den Karten- und Datenfenstern vorhandenen Editierwerkzeugen manipulieren (Verschieben, Löschen und Ändern der Kartenobjekte; Hinzufügen, Modifizieren und Löschen der Attributsspalten).

Wichtig: *Die Attributsspalten müssen vom gleichen Datentyp sein und die Attributwerte müssen jeweils identisch sein (auch keine unterschiedliche Anzahl von Leerzeichen!).*

GeoMedia bietet vier Arten von Join-Verknüpfungen, die festlegen, wie die Daten der ausgewählten Tabellen zusammengeführt werden:

Tab. 7.5: Mögliche Join-Verknüpfungen

Exklusiv		Zeilen werden nur in den Join aufgenommen und zusammengefügt, wenn das Attribut im linken Feldes dem Attribut des zugehörigen rechten Feldes entspricht. Alle anderen Zeilen (Einträge) werden nicht in den Join einbezogen.
Links inklusiv		Alle Zeilen aus der linken Objektklasse werden in den Join einbezogen, jedoch nur die übereinstimmenden aus der rechten werden extrahiert. Aus der rechten Objektklasse stammende Zeilen, die keine Entsprechung aufweisen, werden nicht in den Join einbezogen.
Rechts inklusiv		Alle Zeilen aus der rechten Objektklasse werden in den Join einbezogen, jedoch nur die übereinstimmenden aus der linken. Aus der linken Objektklasse stammende Zeilen, die keine Entsprechung aufweisen, werden nicht in den Join einbezogen.
Inklusiv		Alle Zeilen (Einträge) aus beiden Objektklassen werden in den Join einbezogen, bleiben also erhalten. Zeilen beider Objektklassen, die keine Entsprechung aufweisen, werden Nullwerte zugewiesen.

In allen inklusiven Join-Verknüpfungen haben die Felder aus Einträgen mit nichtübereinstimmenden Werten den Wert *„Null"*. Wenn ein Eintrag in einer Objektklasse ein Attribut aufweist, das mehr als einen Eintrag der anderen Objektklasse entspricht, gibt die Abfrage mehrere Kopien des ersten Eintrags aus.

Workflow: Erstellung eines Joins
1. Wählen Sie im GeoMedia-Hauptmenü **Analyse > Join....**

7.5 Join

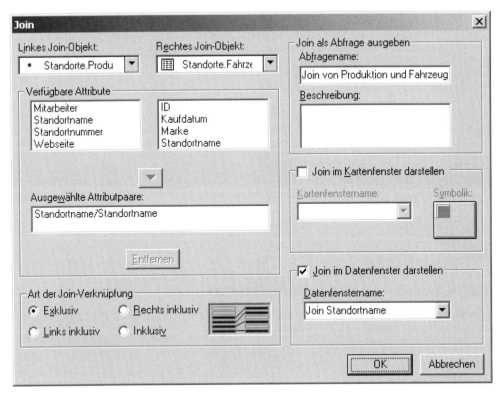

Abb. 7.12: Dialogfenster Join

2. Wählen Sie aus der Pulldown-Liste **Linkes Join-Objekt** die linke Objektklasse oder Abfrage.
3. Wählen Sie aus der Pulldown-Liste **Rechtes Join-Objekt** die rechte Objektklasse oder Abfrage.
4. Markieren Sie aus den **Verfügbaren Attributen** die beiden Attribute, auf deren Grundlage Sie den Join erstellen wollen.
5. Fügen Sie durch Anklicken des Pfeils das Attributpaar zu den **Ausgewählte Attributpaaren** hinzu.

Wenn die Einträge in mehr als einem Attributpaar übereinstimmen sollen, wiederholen Sie die Schritte 4 und 5. Über **Entfernen** können sie eine Auswahl rückgängig machen.

6. Wählen Sie die **Art der Join-Verküpfung**.
7. Möchten Sie den Join als Abfrage speichern, vergeben Sie unter **Join als Abfrage ausgeben** einen aussagekräftigen **Namen** für den Join; fügen Sie optional eine **Beschreibung** hinzu.
8. Wenn das Ergebnis in einem Kartenfenster dargestellt werden soll, so muss das Kontrollkästchen **Join im Kartenfenster darstellen** aktiviert sein. Wählen Sie in der Pulldown-Liste einen bestehenden **Kartenfenstername** oder vergeben Sie einen neuen Namen für das Ausgabefenster. Passen Sie die **Symbolik** gegebenenfalls an.

9. Wenn das Ergebnis in einem Datenfenster dargestellt werden soll, so muss das Kontrollkästchen **Join im Datenfester darstellen** aktiviert sein. Wählen Sie in der Pulldown-Liste einen bestehenden **Datenfenstername** oder vergeben Sie einen neuen Namen für das Ausgabefenster.
10. Klicken Sie auf **OK**.

Wichtig: *Zur Darstellung der Join-Abfrage in einem Kartenfenster benutzt GeoMedia die Geometrie aus dem linken Join-Objekt. Wählen Sie daher sorgfältig die Anordnung der Join-Objekte!*

Tipp: *Wollen Sie mehr als zwei Tabellen über Attributwerte miteinander verknüpfen, so müssen Sie mehrere Join-Verknüpfungen ineinander verschachteln: Dazu generieren Sie in einem ersten Schritt zwei Joins, die Sie als Abfragen abspeichern. Sie bilden dann das linke und rechte Join-Objekt einer zweiten Join-Verknüpfung.*

7.6 Räumliche Schnittflächen und Differenz

GeoMedia verfügt über zwei Befehle zur Durchführung von räumlichen Analysen: Räumliche Schnittfläche und räumliche Differenz.

7.6.1 Räumlich Schnittfläche

Mit dem Befehl **Räumliche Schnittfläche** können Sie zwei Objektklassen oder Abfragen überlagern, um Bereiche zu finden, die sich überschneiden oder übereinstimmen. Das Ergebnis ist wiederum eine Abfrage. Als räumliche Operatoren kommen dieselben acht Möglichkeiten zur Anwendung, die bereits in dem Abschnitt 7.1.2 erläutert wurden. Lediglich die Option **im Abstand von** steht nicht zur Verfügung, da es sich hierbei um ein lineares Objekt handeln muss. Die Eingabeobjekte können Punkte, Linien, Flächen oder jede beliebige Kombination dieser Objekttypen sein. Als Ergebnisse werden die Geometrien der räumlich überlagernden Punkte, Linien und Flächen sowie die Attribute jedes sich räumlich schneidenden Objektpaares gebildet und in einem Karten- und/oder Datenfenster angezeigt. In Abhängigkeit von der Geometrie und dem gewählten Operator können die übereinstimmenden Bereiche ganze Objekte oder Teile von Objekten sein.

Workflow: Bilden einer räumlichen Schnittfläche
1. Wählen Sie **Analyse > Räumliche Schnittfläche...** im GeoMedia-Hauptmenü.

7.6 Räumliche Schnittflächen und Differenz 157

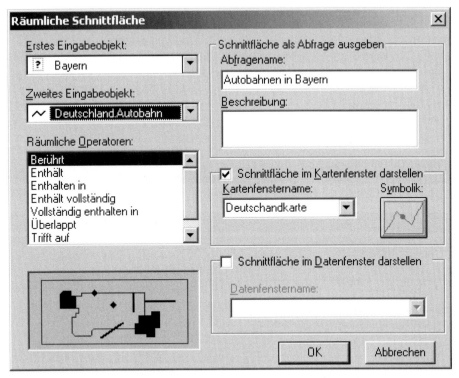

Abb. 7.13: Dialogfenster Räumliche Schnittfläche

2. Wählen Sie aus der Pulldown-Liste **Erstes Eingabeobjekt** die erste Objektklasse oder Abfrage.
3. Wählen Sie aus der Pulldown-Liste **Zweites Eingabeobjekt** die zweite Objektklasse oder Abfrage.
4. Wählen Sie den für Ihre Abfrage richtigen **räumlichen Operator**.
5. Vergeben Sie unter **Schnittfläche als Abfrage ausgeben** einen aussagekräftigen **Namen** für die Abfrage sowie optional ein **Beschreibung**.
6. Wenn das Ergebnis in einem Kartenfenster dargestellt werden soll, so muss das Kontrollkästchen **Schnittfläche im Kartenfenster darstellen** aktiviert sein. Wählen Sie in der Pulldown-Liste einen bestehenden **Kartenfenstername** oder vergeben Sie einen neuen **Namen** für das Ausgabefenster. Passen Sie die **Symbolik** gegebenenfalls an.
7. Wenn das Ergebnis in einem Datenfenster dargestellt werden soll, so muss das Kontrollkästchen **Schnittfläche im Datenfester darstellen** aktiviert sein. Wählen Sie in der Pulldown-Liste einen bestehenden **Datenfenstername** oder vergeben Sie einen neuen **Namen** für das Ausgabefenster.
8. Klicken Sie auf **OK**.

Tipp: *Um das Ergebnis im Kartenfenster besser zu visualisieren, sollten Sie die Symbolik ändern.*

7.6.2 Räumliche Differenz

Mit dem Befehl **Räumliche Differenz** können Sie zwei Objektklassen oder Abfragen voneinander subtrahieren. Als Eingabe können nur flächenhafte Objektklassen verwendet werden. Das Ergebnis ist wiederum ein Abfrageresultat. Es werden bei dieser Abfrage alle Geometrien der ersten Objektklasse entfernt, die deckungsgleich (räumlicher Operator berührt) mit der zweiten Objektklasse sind. Die Ausgabe stellt also alle Bereiche der Objektklasse dar, deren Geometrie nicht von der zu subtrahierenden Objektklasse (sie wird als Maske verwendet) abgedeckt wird.

Workflow: Bilden einer räumlichen Differenz
1. Wählen Sie im GeoMedia-Hauptmenü **Analyse > Räumliche Differenz....**

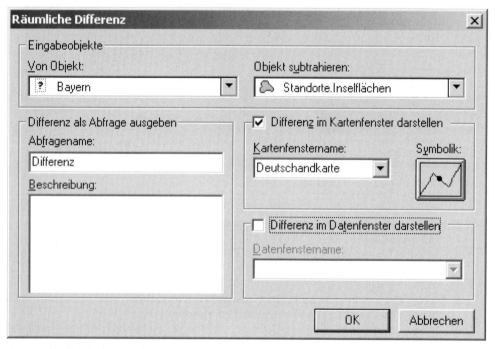

Abb. 7.14: Dialogfenster Räumliche Differenz

2. Wählen Sie aus der Pulldown-Liste **Von Objekt** die Objektklasse oder Abfrage, die die Basis bildet.
3. Wählen Sie aus der Pulldown-Liste **Objekt subtrahieren** die Objektklasse oder Abfrage, die abgezogen werden soll.
4. Vergeben Sie einen aussagekräftigen **Namen** für die auszugebende Abfrage sowie optional ein **Beschreibung**.

5. Wenn das Ergebnis in einem Kartenfenster dargestellt werden soll, so muss das Kontrollkästchen **Differenz im Kartenfenster darstellen** aktiviert sein. Wählen Sie in der Pulldown-Liste einen bestehenden **Kartenfenstername** oder vergeben Sie einen neuen **Namen** für das Ausgabefenster. Passen Sie die **Symbolik** gegebenenfalls an.
6. Wenn das Ergebnis in einem Datenfenster dargestellt werden soll, so muss das Kontrollkästchen **Differenz im Datenfester darstellen** aktiviert sein. Wählen Sie in der Pulldown-Liste einen bestehenden **Datenfenstername** oder vergeben Sie einen neuen **Namen** für das Ausgabefenster.
7. Klicken Sie auf **OK**.

7.7 Koordinaten und Adressen identifizieren

Die beiden Befehle **Koordinaten identifizieren und Adressen identifizieren** dienen dazu, aus bestehenden Attributen neue, grafische Objektklassen zu erzeugen. Das Ergebnis wird als neue Abfrage ausgegeben, die in einem Karten- und/oder Datenfenster präsentiert werden kann. Der Befehl **Adressen identifizieren** hat für deutsche Anwendungen keine Bedeutung, da dieser zu sehr auf amerikanische Verhältnisse adaptiert ist. Im folgenden wird also nur der Befehl **Koordinaten identifizieren** weiter erläutert.

Der Befehl **Koordinaten identifizieren** erstellt für eine Objektklasse oder Abfrage Punktgeometrien auf der Basis von Koordinatenwerten, die in den Feldern der Objektklasse bzw. Abfrage gespeichert sind. Der Befehl unterstützt:
- 2D- und 3D-Koordinatenattribute
- Geographische und projizierte Koordinaten in beliebigen GeoMedia-Koordinatensystemen
- Die Feldtypen: Text, Integer, Long, Single und Double
- Koordinateneinheiten (z. B. Grad und Radiant) und Koordinatenformate (z. B. Grad und d:m:s) jeglicher Art, die von GeoMedia-Koordinatensystemen unterstützt werden.
- Definition bzw. Einlesen der GeoMedia-Koordinatensystemdateien (.csf bzw. dgn)
- Ausgabe einer Statusanzeige zur Korrektur fehlerhafter Koordinatendaten.

Workflow: Koordinaten identifizieren
1. Wählen Sie **Analyse > Koordinaten identifizieren...** im GeoMedia-Hauptmenü.

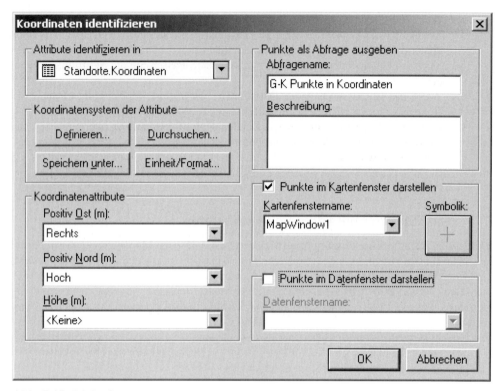

Abb. 7.15: Dialogfenster Koordinaten identifizieren

2. Wählen Sie im Feld **Attribute identifizieren in** des Dialogfensters **Koordinaten identifizieren** die Objektklasse oder Abfrage, in der die zu identifizierenden Attribute enthalten sind.
3. Legen Sie das **Koordinatensystem der Attribute** fest, wobei Ihnen zwei Wege offen stehen: Sie können über **Definieren...** ein neues System anlegen und mit einem Klick auf **Speichern unter...** als .csf-Datei zur weiteren Verwendung abspeichern.

ODER:

4. Sie wählen über **Durchsuchen...** eine bestehende .csf-Datei aus.
5. *Optional:* Durch Klicken auf **Einheit/Format** können Sie die Standardeinstellungen für das Koordinatensystem überprüfen und gegebenenfalls anpassen.

6. Weisen Sie in den Pulldown-Listen **Koordinatenattributen** den identifizierten Koordinatenachsen die jeweiligen Attribute der gewählten Objektklassse bzw. Abfrage zu. Je nach gewähltem Koordinatensystem und Einheiten ist die Bezeichnung der Achsen unterschiedlich. Das Koordinatattribut für die **Höhe** ist optional.
7. Vergeben Sie einen aussagekräftigen **Abfragenamen** sowie optional eine **Beschreibung**.
8. Wenn das Ergebnis in einem Kartenfenster dargestellt werden soll, so muss das Kontrollkästchen **Punkte im Kartenfenster darstellen** aktiviert sein. Wählen Sie in der Pulldown-Liste einen bestehenden **Kartenfensternamen** oder vergeben Sie einen neuen **Namen** für das Ausgabefenster. Passen Sie die **Symbolik** gegebenenfalls an.
9. Wenn das Ergebnis in einem Datenfenster dargestellt werden soll, so muss das Kontrollkästchen **Punkt im Datenfester darstellen** aktiviert sein. Wählen Sie in der Pulldown-Liste einen bestehenden **Datenfensternamen** oder vergeben Sie einen neuen **Namen** für das Ausgabefenster.
10. Klicken Sie auf **OK**.

Tipp: *Dieser Befehl ergänzt sich optimal mit dem ODBC-Tabelle-Datenserver. Mit diesem können attributive Punkte verfügbar und mit dem Befehl **Koordinaten identifizieren** visuelle Punkte sichtbar und analysierbar gemacht werden.*

7.8 Geometrie analysieren

Der Befehl **Geometrie analysieren** liefert Ihnen statistische Informationen zu den vorhandenen Geometrien. Als Eingabe wird eine Objektklasse oder Abfrage erwartet; die Ausgabe wird als neue Abfrage in einem Karten- und/oder Datenfenster dargestellt. Die Abfrage enthält alle Felder der Eingabe-Objektklasse sowie zusätzliche Felder für alle entsprechenden statistischen Daten zu einer Geometrie, die im Dialogfenster ausgewählt wurden. Auch dieser Befehl setzt ein Warehouse mit Schreibzugriff voraus.

Wichtig: *Die Abfrage ist dynamisch mit den Ausgangsdaten verknüpft und wird bei Änderungen automatisch aktualisiert.*

Folgende statistischen Informationen sind verfügbar:

Tab. 7.6: Mögliche statistische Informationen

Geometrietyp	Statistische Information	Beschreibung
Flächenobjekte	Fläche	Berechnet die Fläche jedes Objektes mit einer Flächengeometrie und speichert den Wert in einem neuen Feld namens **Fläche** (**Area**).
	Umfang	Berechnet den Umfang nicht zusammenhängender Geometrien, wobei Aussparungen berücksichtigt werden. Das Ergebnis wird in einem neuen Feld **Umfang** (**Perimeter**) gespeichert.
	Fläche/Umfang^2	Berechnet das Verhältnis zwischen Fläche und Umfang^2, wobei Aussparungen bei der Flächenberechnung berücksichtigt werden. Das Ergebnis wird in einem neuen Feld **Fläche/UmfangVerhältnis** (**AreaPerimeterRatio**) gespeichert.
Linienobjekte	Länge	Berechnet die Länge nicht zusammenhängender Geometrien. Das Ergebnis wird in einem neuen Feld **Länge** (**Length**) gespeichert.
Punktobjekte	keine	entfällt
Zusammengesetzte Objekte	Fläche, Länge, Umfang, Fläche/Umfang	s.o.
Textobjekte	keine	entfällt

Hinweis: *Bei der Ausgabe wird der bestehenden Objektklassentabelle das jeweilige Feld angefügt. Existiert bereits ein Feld mit diesem Namen, so wird an den Feldnamen solange eine zweistellige Zahl, beginnend bei 01, angehängt, bis ein eindeutiger Name gefunden ist.*

Workflow: Geometrie analysieren
1. Wählen Sie **Analyse > Geometrie analysieren....**

7.8 Geometrie analysieren

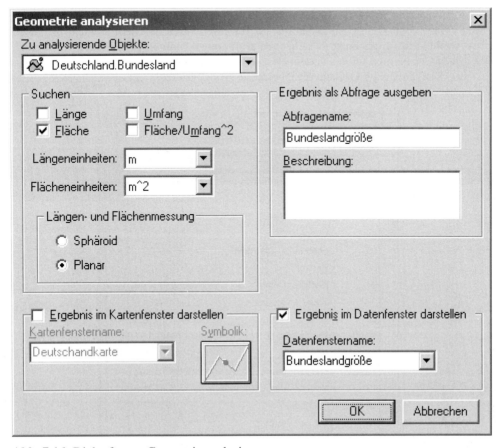

Abb. 7.16: Dialogfenster Geometrie analysieren

2. Wählen Sie in der Pulldown-Liste **Zu analysierende Objekte** eine Objektklasse oder Abfrage.
3. Wählen Sie im Auswahlbereich **Suchen** die entsprechende Analysefunktion (**Länge, Fläche, Umfang** oder **Fläche/Umfang²**) und die gewünschten **Längen-** und **Flächeneinheiten**, wobei standardmäßig die Einheiten aus der Registerkarte **Einheiten und Formate** des Dialogfensters **Optionen** angeboten werden.
4. Vergeben Sie im Feld **Abfragenamen** einen aussagekräftigen **Namen** sowie optional ein **Beschreibung**.
5. Wählen Sie, ob die **Längen- und Flächenmessung Sphäroidisch** oder **Planar** durchgeführt wird.
6. Wenn das Ergebnis in einem Kartenfenster dargestellt werden soll, aktivieren Sie das Kontrollkästchen **Ergebnis im Kartenfenster darstellen**. Wählen Sie in der Pulldown-Liste den **Kartenfensternamen** des Ausgabefensters und definieren Sie die Ausgabe-**Symbolik**.

7. Wenn das Ergebnis in einem Datenfenster dargestellt werden soll, aktivieren Sie das Kontrollkästchen **Ergebnis im Datenfenster darstellen**. Wählen Sie in der Pulldown-Liste einen bestehenden **Datenfensternamen** oder vergeben Sie einen neuen **Namen** für das Ausgabefensters.
8. Klicken Sie auf **OK**, um die Geometrie zu analysieren.

LANDNR	NAME	Area
01	Schleswig-Holstein	15785508382,2
02	Hamburg	758137581,5
03	Niedersachsen	48418328451,5
04	Bremen	406792417,4
05	Nordrhein-Westfalen	34125386032
06	Hessen	21093415685
07	Rheinland-Pfalz	19863439043,9
08	Baden-Württemberg	35814786484,6
09	Bayern	70544793956,5
10	Saarland	2555194646,5
11	Berlin	895486159,9
12	Brandenburg	31566628532,3
13	Mecklenburg-Vorpommern	23743799791,8
14	Sachsen	18510194952
15	Sachsen-Anhalt	20553597515,8
16	Thüringen	16191866765,7

Abb. 7.17: Ergebnisdatenfenster Geometrie analysieren

Wichtig: *Alle Berechnungen werden im GeoWorkspace-Koordinatensystem vorgenommen.*

7.9 Manipulieren von Abfragen

Jede Abfrage wird im GeoWorkspace gespeichert und steht daher für weitere Anwendung zur Verfügung. Sie können einmal definierte Abfragen auf dreierlei Arten manipulieren: darstellen, bearbeiten und löschen.

7.9.1 Abfragen darstellen

Eine bereits definierte Abfrage kann auf zwei verschiedene Arten wieder dargestellt werden. Der erste Weg fügt eine Abfrage dem aktiven Kartenfenster oder Datenfenster hinzu. Für die Visualisierung im Kartenfenster klicken Sie auf das Icon [?] und wählen den **Namen** der Abfrage. Mit **OK** wird das Abfrageergebnis dann grafisch dargestellt. Um die Daten in einem Datenfenster darzustellen, klicken Sie auf [🔲], expandieren den Abfragebaum und wählen den **Namen** der Abfrage. Mit **OK** wird das Ergebnis in einem Datenfenster präsentiert. Wenn bereits ein Datenfenster aktiv ist, klicken Sie auf **Daten > Inhalt ändern** oder auf das Icon [🔲], expandieren den Abfragebaum, wählen die gewünschte Abfrage und klicken auf **OK**.

Die zweite Möglichkeit ist der Aufruf aus dem Dialogfenster **Abfragen**.

Workflow: Manipulieren von Abfragen
1. Wählen Sie **Analyse > Abfragen** im GeoMedia-Hauptmenü.

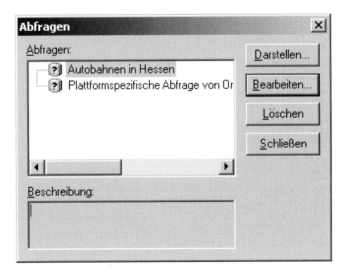

Abb. 7.18: Dialogfenster Abfragen

2. Wählen Sie im Dialogfenster **Abfragen** die Abfrage, die Sie darstellen wollen und klicken Sie auf **Darstellen...**.

Abb. 7.19: Dialogfenster Abfrage darstellen

3. Wählen Sie im Dialogfenster **Abfrage darstellen**, in welchem **Kartenfenster** und/oder **Datenfenster** die Abfrage dargestellt werden soll. Wenn Sie ein neues Fenster anlegen möchten, so tippen Sie den entsprechenden **Namen** in das Namensfeld.
4. Passen Sie falls notwendig die **Symbolik** an.
5. Klicken Sie auf **OK**.

7.9.2 Abfrage bearbeiten

Durch die Funktion **Abfrage bearbeiten...** können Sie eine definierte Abfrage jederzeit verändern, jedoch nicht die Objektklassen oder Abfragen auf der sie aufbauen. Der Abfragetyp ist von einer Änderung ebenfalls ausgeschlossen. Je nach Erstellung der Abfrage (Geometrie analysieren, Join, räumliche Abfrage, ...) stehen Ihnen unterschiedliche Optionen zur Bearbeitung zur Verfügung. Um die Veränderungen im Karten- und/oder Datenfenster wirksam zu machen, müssen Sie auf **Darstellen...** im Dialogfenster **Abfragen** klicken.

Hinweis: *Die Art der Abfrage bestimmt, was im Dialogfenster* **Abfrage bearbeiten** *erscheint.*

Wichtig: *Ändern Sie eine Abfrage, die wiederum Bestandteil einer weiteren Abfrage darstellt, wird das Ergebnis dieser abhängige Abfrage ebenfalls dynamisch verändert:*
So kann eine Änderung an der Definition einer Abfrage eine abhängig Abfrage ungültig machen. Handelt es sich bei der abhängigen Abfrage um eine Attributabfrage, wird ihre Darstellung aus dem Kartenfenster gelöscht und die der Objektklasse zugehörigen Datenfenster bleiben leer.

> *Wenn Sie die Verbindung zu einem Warehouse schließen, das eine in der abhängigen Abfrage verwendete Objektklasse enthält, werden die Daten aus der Darstellung entfernt, der entsprechende Legendeneintrag bleibt jedoch erhalten.*

7.9.3 Abfrage löschen

Durch Anklicken von **Löschen** im Dialogfenster **Abfragen** wird die markierte Abfrage aus der Abfrage-Sammlung gelöscht. Dadurch wird die Definition der Abfrage, jedoch nicht die dazugehörigen Daten gelöscht.

> **Wichtig:** *Mit der Entfernung der Abfrage aus der Abfrage-Sammlung wird aber der Name der Abfrage weder aus Legenden noch aus Datenfenstern oder dem Verzeichnisbaum im Dialogfenster **Abfragen** entfernt. Eine Warnmeldung weist Sie nochmals darauf hin.*

7.10 Zusammenfassung

Die Analyse – also die Ableitung neuer Informationen aus den bestehenden raumbezogenen Datenbeständen – zählt zu den Hauptaufgaben eines GIS. In GeoMedia bildet die Abfrage das zentrale Element der Analysefunktionalität.

Man unterscheidet grundsätzlich attributive, räumliche, kombinierte und Datenserver-spezifische Abfragen. Die attributive Abfrage selektiert aus einer Objektklasse alle Objekte, deren Attribute eine bestimmte Bedingung erfüllen. Zur Formulierung der Bedingung stehen in GeoMedia folgende Filter-Operatoren zur Verfügung: „=", „>=", „<=", „<>", „>", „<", „()", „and" sowie „or"), die in einigen Warehouse-Typen noch durch verschiedene SQL-Funktionen ergänzt werden.

Im Rahmen der attributiven Abfrage, die aus einer Objektklasse alle Objekte selektiert, deren Attribute eine bestimmte Bedingung erfüllen, können neun verschiedene Operatoren verwendet werden: „Berührt"; „Im Abstand von", „Enthält", „Enthält vollständig", „Enthalten in", „Vollständig enthalten in", „Überlappt".

Informationen, die auf den räumlichen Verhältnissen zweier Objektklassen zueinander beruhen, liefert die räumliche Abfrage. Die kombinierte Abfrage bietet eine noch größere, da sie die Möglichkeiten der attributive und räumlichen Abfrage miteinander verbindet. Datenserver-spezifische Abfragen bieten weitere Möglichkeiten. So verfügt der MGSM-Datenserver über Abstandsdarstellungen, während man mit dem Oracle-Datenserver räumliche Analysen (mit etwas von den GeoMedia-internen abweichenden räumlichen Operatoren) in der Datenbank durchzuführen kann, was Performance-Vorteile mit sich bringt.

Beschriftungen sind Zeichenfolgen, die Sie als Objekte in eine Objektklasse eines Warehouses einfügen oder als Abfrage in einem GeoWorkspace ausgeben können.

Thematische Darstellungen sind die Symbolisierung von Objektattributen mit Farben, die es erlauben, die Objekte einer Objektklasse weiter zu untergliedern. Dabei können Sie die Attributwerte entweder eindeutig (Alle) oder in Bereiche (Klassen) eingeteilt darstellen. Entsprechend ergibt sich der Kartentyp „Eindeutige Werte" bzw. der „Bereichs"-Kartentyp.

Die Pufferzonenbildung liefert bestimmte Flächen um ein Objekt herum oder in seinem Inneren, an denen weitere räumliche Analysen vorgenommen werden können. Je nach Geometrietyp des Objektes lassen sich unterschiedliche Arten von Pufferzonen („Einfach", „Schichten" und „Kreise" für Punktobjekte, „Rund" und „Eckig" für Linienobjekte sowie „Außerhalb" und "Innerhalb" für Flächenobjekte) bilden. Außer bei Schichten und Kreise können alle sich überlappenden Pufferzonen zusammengefasst werden.

Joins stellen eine Beziehung zwischen zwei Objektklassen oder Abfragen her, so dass ausgewählte Attribute aus beiden in einer einzigen Abfrage zusammengefasst werden können.

Räumliche Schnittmenge und räumliche Differenz sind zwei weitere Analysemethoden. Während der Befehl Räumliche Schnittflächen zwei Objekte überlagert, um Bereiche zu finden, die sich überschneiden oder übereinstimmen, subtrahiert der Befehl Räumliche Differenz die räumlichen Bereiche zweier Objektklassen voneinander, vergleichbar einem Stanzverfahren, dessen Ergebnis das nach dem Stanzen verbleibende Material ist.

Der Befehl **Koordinaten identifizieren** erstellt für eine Objektklasse oder Abfrage Punktgeometrien auf der Basis von Koordinatenwerten, die in den Feldern der Objektklasse bzw. Abfrage gespeichert sind.

Die Funktionen zum Analysieren von Geometrien liefern statistische Informationen (sphärische oder planare Berechnung von Fläche, Umfang, des Verhältnisses zwischen Fläche und Umfang sowie Linienlängen) zu den vorhandenen Geometrien.

8 Layout und Drucken

Neben der Analyse stellt die Ausgabe eine der wesentlichen Funktionen eines Geo-Informationssystems dar. GeoMedia unterstützt neben der reinen Druckausgabe des Karten- und Datenfensters auch die Erstellung eines Kartenlayouts. Eigens zu diesem Zweck wurde in GeoMedia V4.0 das Layoutfenster integriert. Im Folgenden werden also zunächst die Grundkenntnisse für das Arbeiten mit Layoutfenstern dargestellt, sodann das Erstellen von Kartenlayouts erläutert und schließlich die eigentliche Druckausgabe der Karten-, Daten und Layoutfenster beschrieben.

8.1 Layoutfenster

Bei dem Layoutfenster handelt es sich um ein eigenständiges Fenster zur Aufbereitung und Ausgabe eines Karten- oder Plotlayouts. Im Gegensatz zu den Karten- oder Datenfenstern kann es aber in einem GeoWorkspace nur ein Layoutfenster geben, das entweder geöffnet oder geschlossen ist. Wird das Layoutfenster geöffnet und/oder aktiviert, werden die beiden Menü-Einträge **Analyse** und **Legende** des GeoMedia-Hauptmenüs durch **Layout** und **Blätter** ersetzt. Diese enthalten die Layoutfunktionen. Gleichzeitig werden die Befehle des Layoutfensters aktiviert und die Symbolleisten zum Platzieren und Bearbeiten von ausgewählter Layoutgrafik eingeblendet. Wie jedes andere Fenster, kann auch das geöffnete Layoutfenster verschoben, maximiert, minimiert und in seiner Größe verändert werden.

Ein Layoutfenster besteht mindestens aus einem Layoutblatt, kann aber durchaus auch mehrere Layoutblätter enthalten, vergleichbar der Excel-Arbeitsmappe, die über mehrere Tabellenblätter verfügt. Das Blattregister am Fuße des Layoutfensters zeigt die vorhandenen Layoutblätter an. Hier kann ein Layoutblatt ausgewählt oder von einem in das andere Blatt gewechselt werden. Das Arbeiten ist nur in einem ausgewählten und damit aktiven Layoutblatt möglich.

8.1.1 Grundkenntnisse für den Umgang mit Layoutfenstern

Das Layoutfenster kennt zwei verschiedene Arten von Blättern. Zum einen gibt es das Layout- oder Arbeitsblatt und zum anderen das Hintergrundblatt. Das Arbeitsblatt (Vordergrund) stellt den Bereich dar, in dem Sie die Kartengrafik, also den aus einem Kartenfenster extrahierten Teilbereich (Kartenausschnitt) einschließlich der dazugehörigen Kartenelemente (Legende, Nordpfeil und Maßstabsleiste), platzieren. Aufgabe des Hintergrundblattes ist es, immer wiederkehrende Zeichnungselemente, wie Blattrahmen, Firmenlogo, Planstempel usw. (zusammengefasst unter dem Begriff der Layoutgrafik), einmal zu definieren und dann an das jeweilige Arbeitsblatt anzuhängen. Da im Layoutfenster immer nur eine der beiden Blattarten dargestellt wird, stellen Sie über **Ansicht > Arbeitsblätter** bzw. **Ansicht > Hintergrundblätter** die Ansicht der gewünschten Blattart ein.

Die Generierung eines Kartenlayouts basiert auf der Platzierung intelligenter SmartFrames (Vorlagerahmen). Darunter versteht man in der GeoMedia-Terminologie sogenannte Container, welche die Position, physische Ausdehnung und den Typ der in das Layoutblatt zu integrierenden Kartengrafik definieren. SmartFrames können mit Karten Legenden, Nordpfeilen und Maßstabsleisten aus beliebigen Kartenfenstern des GeoWorkspaces gefüllt werden. Sie sind intelligent, d. h. sie wissen, welche Art von Kartengrafik sie enthalten. Zum Positionieren von SmartFrames wird der Befehl **Kartenlayout erstellen** verwendet, wobei die SmartFrames für die Kartenelemente erst gezeichnet werden können, nachdem der SmartFrame für die Karte platziert wurde. Das Einfügen der Kartengrafik erfolgt über den Befehl **Kartengrafik einfügen**.

> **Tipp:** *Um SmartFrames exakt zu positionieren, sollten Sie den Befehl* **PinPoint** *nutzen, mit dem Sie während des Zeichnens präzise Koordinateneingaben an sämtliche Zeichenbefehle übergeben können. Zum Aufruf von PinPoint klicken Sie auf die entsprechende Schaltfläche in der Symbolleiste* **Standard**.

Das Arbeiten mit dem Layoutfenster beruht grundsätzlich auf folgender Vorgehensweise: Um auf die Layout und Plotumgebung zuzugreifen und das Layoutfenster zu öffnen, klicken Sie auf **Fenster > Layout-Fenster** im GeoMedia-Hauptmenü. Ist noch kein Layout- oder Arbeitsblatt vorhanden (weil Sie das Layoutfenster zum ersten Mal in einem GeoWorkspace öffnen), müssen Sie eines einfügen. Hierfür nutzen Sie entweder den Befehl **Blätter > Blatt einfügen**, oder sie importieren eine externe Datei als neues Layoutblatt (Befehl **Blätter > Layout importieren**). Vom aktiven Layoutfenster ausgehend, definieren Sie in einem zweiten Arbeitsschritt das Seitenlayout des eingefügten Arbeitsblattes über **Datei > Seite einrichten**. Festgelegt werden Papiergröße, Ränder, Hintergrundblätter sowie Sichtbarkeitsstatus. Anschließend können Sie mit der Erstellung des Karten- oder Plotlayouts beginnen. Sie positionieren zunächst die SmartFrames und fügen dann die Kartengrafik ein, wobei die Größenbeziehung zwischen der Grafik und dem zugehörigen Vorlagerahmen zu beachten ist. Eine Karte kann entweder in ihrer Größe reduziert/vergrößert werden, um sie in den SmartFrame einzupassen, oder umgekehrt, der Vorlagerahmen wird an die Größe der Karte angepasst. Dagegen basiert die Größe der Legende auf dem größten Punktsymbol, während die Größe von Nordpfeil und Maßstabsleiste über zuvor festgelegte Parameter gesteuert wird. Ihre SmartFrames werden entsprechend verändert. In einem weiteren Schritt vervollständigen Sie das Kartenlayout, indem Sie noch ein Hintergrundblatt anhängen und mit der gewünschten Layoutgrafik versehen. Wenn der Entwurf schließlich Ihren Vorstellungen entspricht, speichern Sie das Kartenlayout und geben es auf einem Drucker oder Plotter aus.

Die enorme Flexibilität der Layoutfenster-Befehle bietet Ihnen die Möglichkeit, Arbeitsabläufe genau auf Ihre projektspezifischen Aufgabenstellungen und Anforderungen zuzuschneiden. So kann man einige grundlegende Arbeitsabläufe unterscheiden:
- Verwendung des Layoutfensters zum schnellen Plotten.
- Verwendung des Layoutfensters, um mehrere Karten gemeinsam zu plotten. Dazu kombinieren und platzieren Sie mehrere Karten und ihre zugehörigen Kartenelemente frei in einem Kartenlayout, wobei jede Karte ihre eigenen Kartenelemente enthält.
- Verwendung des Layoutfensters zur Erstellung eines Karten- oder Plotlayouts.

8.1.2 Erzeugen eines neuen Plotlayouts

Die Aufbereitung und Ausgabe eines Karten- oder Plotlayouts kann über drei verschiedene Workflows erfolgen:
- Erzeugen eines neuen Plotlayouts beginnend mit einer leeren Zeichenfläche
- Erzeugen eines Plotlayouts über eine bereits definierte Vorlage
- Exportieren eines Plotlayouts.

Der Arbeitsablauf der Layouterstellung unter Verwendung einer leeren Zeichenfläche umfasst folgende Schritte:

Workflow: Erzeugen eines neuen Plotlayouts
1. Wählen Sie im GeoMedia-Hauptmenü **Fenster > Layout-Fenster**.
2. Richten Sie das Layoutfenster über **Datei > Seite einrichten...** ein. Vergeben Sie auf der Registerkarte **Allgemein** des Dialogfensters **Layout-Fenster Seite einrichten** einen aussagekräftigen **Namen** und eine **Beschreibung** für das Layoutblatt. Stellen Sie, falls gewünscht, die **Sichtbarkeit** des Blattes ein, und entscheiden Sie, ob ein **Hintergrundblatt** verwendet wird, dessen Namen Sie gegebenenfalls im entsprechenden Eingabefeld eintragen. Wählen Sie schließlich das **Papierformat** und die **Ausrichtung** des Papiers.

Wichtig: *Sie können nur dann ein Hintergrundblatt aus dem Pulldown-Menü auswählen, wenn mindestens ein Hintergrundblatt definiert ist. Ansonsten ist das Menü leer.*

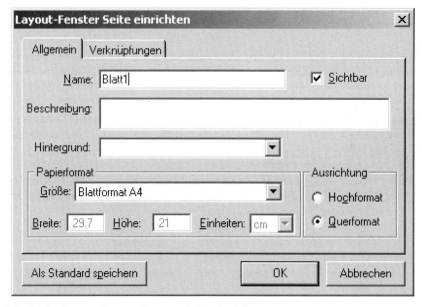

Abb. 8.1: Dialogfenster Layout-Fenster Seite einrichten

3. *Optional:* Wenn Sie diese Einstellungen als Standard verwenden wollen, klicken Sie auf **Als Standard speichern**.
4. Bestätigen Sie mit **OK**.
5. Erstellen und positionieren Sie die SmartFrames über **Layout > Kartenlayout erstellen...** im GeoMedia-Hauptmenü. Sie müssen zuerst den SmartFrame für die Karte generieren, ehe Sie optional je einen SmartFrame für Legende, Nordpfeil und Maßstabsleiste vorsehen können. Wählen Sie einen SmartFrame aus und klicken Sie auf **Anwenden**., um den selektierten Vorlagerahmen über zwei Punkte im Layoutblatt zu platzieren Die für einen Satz Kartengrafik platzierten Smart-Frames werden automatisch miteinander verknüpft und als Gruppe platziert.

Abb. 8.2: Dialogfenster Kartenlayout erstellen

6. Wenn Sie alle Vorlagen erstellt haben, klicken Sie auf **Schließen**.

Tipp: *Sie können mehrere Karten und die zugehörigen Kartenelemente in einem Kartenlayout platzieren, wobei jede Karte ihre eigenen zugehörigen Kartenelemente enthält.*

7. Markieren Sie jenen SmartFrame, in dem Sie eine Kartengrafik einfügen möchten, und klicken Sie auf **Layout > Kartengrafik einfügen...** im GeoMedia-Hauptmenü.
8. Wählen Sie aus der Pulldown-Liste das Kartenfenster, das die einzufügenden Objekte enthält. Definieren Sie den **geographischen Bereich**, den **Plotmaßstab** und den **Modus**, mit dem die Karte eingefügt werden soll (Erläuterungen zu diesen Optionen finden Sie im Anschluss an diesen Workflow).

8.1 Layoutfenster

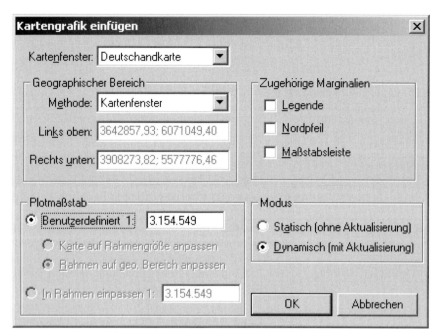

Abb. 8.3: Dialogfenster Kartengrafik einfügen

Wichtig: *Sie können über den Befehl **Layout > Kartengrafik einfügen** auch direkt ein Kartenlayout erstellen. Dann müssen Sie noch die dazugehörigen Kartenlemente (Legende, Nordpfeil und Maßstabsleiste) auswählen und nach den Einstellungen die entsprechenden SmartFrames auf dem Layoutblatt platzieren.*

9. Klicken Sie auf **OK**. In die vordefinierten SmartFrames werden dann die entsprechenden Karten sowie Kartenelemente eingefügt.
10. *Optional:* Verwenden Sie die im Layoutfenster verfügbaren Zeichenbefehle (Textfelder, Zeichengrafik, Logos, usw.), um die Karte nach Ihren Wünschen zu gestalten.

Das Dialogfenster **Kartengrafik einfügen** stellt Ihnen eine Reihe von Optionen zur Verfügung, die im Folgenden ausführlicher erläutert werden sollen.

Der **Geographische Bereich** definiert den geographischen Umfang (Erfassungsbereich) der Karte, die im Layoutfenster dargestellt werden soll. Er kann über folgende Methoden bestimmt werden:

Tab. 8.1: Methoden um eine Kartengrafik einzufügen

Kartenfenster (Standardmethode)	Verwendet zum Festlegen des geographischen Bereiches die im ausgewählten Kartenfenster gegenwärtig dargestellte Fläche.
Vorhandenes Vieleck	Verwendet einen vorhandenen benutzerdefinierten Flächengeometrietyp oder zusammengefügten Geometrietyp (der eine Flächendefinition enthält) zum Identifizieren des geographischen Bereiches.
Papierformat	Erfordert die Angabe eines benutzerdefinierten Papierformats. Die Einheiten für die Höhen- und Breitenwerte basieren auf den Einheiten, die mit dem Befehl **Datei > Seite einrichten** definiert wurden.
Rechteck	Erfordert die Eingabe eines benutzerdefinierten Rechtecks über zwei Punkte im Kartenfenster, die die geographische Ausdehnung identifizieren.
Polygon	Erfordert die benutzerdefinierte Digitalisierung eines Polygons, um den geographischen Bereich festzulegen.
Räumlicher Filter	Verwendet einen vorhandenen räumlichen Filter zum Definieren des geographischen Bereichs.
Geographischer Rahmen	Erfordert die Eingabe der linken oberen und rechten unteren Ecke des Vierecks in geographischen Koordinaten, die die geographische Ausdehnung identifizieren.
Projizierter Rahmen	Erfordert die Eingabe der linken oberen und rechten unteren Ecke des Vierecks in projizierten Koordinaten, die die geographische Ausdehnung identifizieren.

Wichtig: *Es kann kein Karten-Vorlagerahmen definiert werden, der die Größe des Layoutblattes überschreitet. Sollte dies der Fall sein, müssen Sie den Plotmaßstab und/oder den geographischen Bereich reduzieren, oder das Papierformat im Dialogfenster* **Layout-Fenster Seite einrichten** *vergrößern.*

Der **Plotmaßstab** der Karte legt das Verhältnis zwischen Bezugseinheiten und Papiereinheiten bei der Abbildung des geographischen Bereiches fest. Die Größe der auf Papier abgebildeten Karte ergibt sich aus einer Kombination des Plotmaßstabs und der Definition des geographischen Bereiches. Beim Erstellen von Kartenlayouts gibt es zwei grundlegende Methoden, mit denen die Größe der Karte im Verhältnis zum Papierlayout festgelegt wer-

den kann. Sie können entweder die Karte dem Papier oder das Papier der Karte anpassen. Hierbei sind folgende drei Möglichkeiten denkbar:
1. Vor Ausführung des Befehls wurde kein SmartFrame markiert; der geographische Bereich sowie ein benutzerdefinierter Plotmaßstab wurden ausgewählt. Die Größe der resultierenden Karte ist durch den ausgewählten geographischen Erfassungsbereich und den angegebenen Plotmaßstab vordefiniert. Die Karte passt möglicherweise nicht auf das ausgewählte Papierformat, und Sie müssen gegebenenfalls Änderungen am Seitenlayout vornehmen, um der Größe der Karte gerecht zu werden.
2. Vor Ausführung des Befehls wurde ein SmartFrame markiert; der geographische Bereich sowie ein benutzerdefinierter Plot-Maßstab wurden ausgewählt. In diesem Fall stehen Ihnen zwei weitere Optionen zur Verfügung: **Karte auf Rahmengröße anpassen** und **Rahmen auf geographischen Bereich anpassen**. Beide Optionen erhalten zwar den benutzerdefinierten Plotmaßstab, liefern jedoch unterschiedliche visuelle Ergebnisse. Es wird entweder der geographische Bereich geändert, um in den aktuellen SmartFrame zu passen, oder die Größe des SmartFrames wird geändert, um den geographischen Bereich aufzunehmen. Bei beiden Optionen wird der Mittelpunkt des geographischen Bereiches auf den Mittelpunkt des SmartFrames platziert.
3. Vor Ausführung des Befehls wurde ein SmartFrame markiert; der geographische Bereich sowie der Plotmaßstab **In Rahmen einpassen** wurde ausgewählt. In diesem Fall wird der Plotmaßstab automatisch berechnet, um eine optimale Einpassung des geographischen Bereiches in den vorhandenen SmartFrame durchzuführen. Wenn die optimale Einpassung entlang der horizontalen Achse fällt, wird die entlang der vertikalen Achse verbleibende Fläche bis zum Rand des SmartFrames mit Grafik ausgefüllt. Bei dieser Methode wird außerdem sichergestellt, dass die Karte in den aktuellen Layoutentwurf passt.

Mit dem Modus **Statisch** und **Dynamisch** können Sie festlegen, ob Kartgrafik (Karte und zugehörige Kartenelemente) nach dem Platzieren aktualisiert wird. Im Modus **Statisch (ohne Aktualisierung)** wird ein Snapshot erfasst, d. h. das Erscheinungsbild der Daten zum Zeitpunkt der Platzierung im Layoutfenster. Im statischen Modus platzierte Grafik kann nicht aktualisiert werden. Sie können lediglich vorhandene Kartenelemente mit dem Befehl **Layout > Eigenschaften der Kartengrafik** entfernen. Im Modus **Dynamisch (mit Aktualisierung)** können automatische Aktualisierungen vorgenommen werden. Bestimmte im Kartenfenster vorgenommene Änderungen werden automatisch im Layoutfenster wiedergegeben. Hierzu gehören das Hinzufügen und Entfernen von Objektklassen, Änderungen der Symbolik sowie der Eigenschaften des Nordpfeils oder der Maßstabsleiste.

Wichtig: *Wenn allerdings Änderungen an der Geometrie erfolgen, wie z. B. das Einstellen einer anderen Kartenprojektion oder das Drehen der Ansicht im Kartenfenster oder Veränderungen der Legende, dann muss die Grafik mit dem Befehl* **Layout > Kartengrafik aktualisieren** *im Layoutfenster neu gezeichnet werden.*

Wenn Sie die Kartengrafik im dynamischen Modus platzieren, können Sie Kartenelemente hinzufügen oder entfernen. Sie können außerdem den Befehl **Layout > Eigenschaften der Kartengrafik** verwenden, um den Modus von dynamisch in statisch zu ändern.

Tipp: *Kartengrafik setzt sich aus einer Karte und den dazugehörigen Kartenelemente zusammen. Diese werden im Layoutfenster als Gruppenelemente gespeichert, auch dann, wenn eine Kartengrafik lediglich aus einer Karte ohne Kartenelemente besteht. Um ein einzelnes Element der Gruppe bearbeiten oder manipulieren zu können, müssen Sie zunächst mit PickQuick ein Element auswählen. Auf diese Weise können Sie das zu bearbeitende Element auswählen, und es werden alle Ziehpunkte eingeblendet, mit denen Sie den SmartFrame zuschneiden können.*

Wie bereits in der Einführung erwähnt, können Sie immer wieder benötigte Grafiken in einem Hintergrundblatt ablegen und dieses mit dem Arbeitsblatt verknüpfen.

Workflow: Erzeugen und Nutzen eines Hintergrundblattes
1. Wählen Sie **Fenster > Layout-Fenster** im GeoMedia-Hauptmenü.
2. Wählen Sie **Ansicht > Hintergrundblätter** im GeoMedia-Hauptmenü.
3. Wählen Sie im GeoMedia-Hauptmenü **Blätter > Layout importieren...** (s. Abschnitt 8.1.4).
4. Wählen Sie eine Vorlagedatei unter Angabe von **Dateiname** und Pfad und klicken Sie auf **Öffnen**.
5. Gehen Sie über **Ansicht > Hintergrundblätter** zurück zu den Hintergrundblättern (dieser zusätzliche Schritt ist wegen eines Fehlers in der Software notwendig).
6. Erst wenn mindestens ein Blatt vorhanden ist, können Sie eigene Blätter über **Blätter > Blatt einfügen** erstellen.
7. *Optional:* Nachdem Sie ein neues Blatt eingefügt haben, können Sie das importierte löschen und so Ihr eigenes neues Hintergrundblatt gestalten.
8. Erstellen Sie Ihr Hintergrundblatt nach eigenen Vorstellungen.
9. Wechseln Sie über **Ansicht > Arbeitsblätter** wieder zu den Arbeitsblättern.
10. Wählen Sie über das Blattregister jenes **Arbeitsblatt**, dem Sie das Hintergrundblatt anhängen möchten. Klicken Sie auf **Datei > Seite** einrichten. In der Pulldown-Liste **Hintergrund** sind nun die Hintergrundblätter verfügbar, und Sie können das Benötigte auswählen.

Wichtig: *Sie können nur **ein** Hintergrundblatt mit einem Arbeitsblatt verknüpfen.*

8.1.3 Verwalten der Layoutblätter

Zur Verwaltung von Layoutblättern verfügt jedes Layoutblatt über ein eigenes Blattregister am Fuße des Layoutfensters. Durch Anklicken des Registers können Sie das entsprechende Blatt (sowohl ein Arbeits- als auch ein Hintergrundblatt) auswählen und aktivieren. Ein aktives Blatt kann umbenannt, gelöscht oder bearbeitet werden. Zum Umbenennen wählen Sie den Befehl **Blätter > umbenennen** im GeoMedia-Hauptmenü, geben den **Neuen Namen** ein und klicken auf **OK**. Mit **Blätter > Blatt löschen** wird das aktive Blatt gelöscht, wenn Sie die Systemmeldung „Die gewählten Blätter werden unwiderruflich gelöscht. Möchten Sie trotzdem fortfahren?" mit **OK** bestätigen.

Bei einer größeren Anzahl von Layoutblättern ist es oft hilfreich, den Status eines Arbeits- oder Hintergrundblattes im Layoutfenster von „sichtbar" (**Ja**) auf „verdeckt" (**Nein**) zu wechseln. Das erspart Ihnen aufwendiges Blättern. Der Statuswechsel erfolgt mittels des

Befehls **Fenster > Eigenschaften des Layout-Fensters** im GeoMedia-Hauptmenü. Das sich öffnende Dialogfenster enthält eine Liste aller derzeit im Layoutfenster gespeicherten Layoutblätter. Den Sichtbarkeitsstatus verändern Sie, indem Sie in das entsprechende Feld klicken.

Wichtig: *Mindestens ein Layoutblatt muss jederzeit sichtbar sein.*

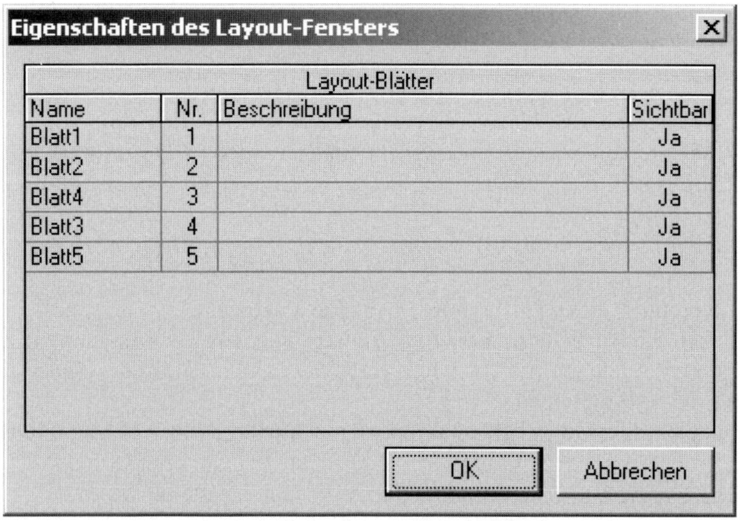

Name	Nr.	Beschreibung	Sichtbar
Blatt1	1		Ja
Blatt2	2		Ja
Blatt4	3		Ja
Blatt3	4		Ja
Blatt5	5		Ja

Abb. 8.4: Dialogfenster Eigenschaften des Layout-Fensters

Als weitere Informationen enthält das Fenster **Eigenschaften des Layout-Fensters** den Blattnamen, eine logische Nummer (sie wird einem Blatt automatisch von der Software zugewiesen) sowie optional ein Beschreibung. Die logische Nummer können Sie verwenden, um im Dialogfenster **Layout-Fenster drucken** (**Datei > Drucken...**) Seitenbereiche festzulegen, wenn Sie mehrere Layoutfenster auf einmal drucken wollen (z. B. 1-3, 5, 9).

Tipp: *Sie wechseln zwischen Arbeitsblätter und Hintergrundblätter über* **Ansicht > Arbeitsblätter** *bzw.* **Ansicht > Hintergrundblätter.**

Hinweis: *Mit einem Doppelklick auf die Zeile eines angezeigten Layoutblattes öffnen Sie das Dialogfenster* **Layout-Fenster Seite einrichten,** *wo Sie den Blattnamen und/oder die Beschreibung ändern können.*

8.1.4 Erzeugen eines Plotlayouts über eine Vorlage

Neben der Möglichkeit, ein neues Plotlayout zu erstellen, können Sie auch vorhandene Plotlayouts als Vorlage verwenden. GeoMedia liefert eine Reihe von Beispiellayouts mit, die Sie direkt verwenden oder nach eigenen Vorstellungen anpassen können. Standardmäßig werden Vorlagen unter „LW:\Programme\GeoMedia\Templates\Layouts" gespeichert. Dieser vordefinierte Pfad kann über die Registerkarte **Dateiablage** im Dialogfenster **Extras > Optionen** verändert werden. Neben dem GeoMedia Format für Vorlagedateien (.glt) können Sie auch SmartSketch-Zeichnungsdateien (.igr) oder Imagineer- (ehemalige Produktbezeichnung für SmartSketch) bzw. SmartSketch-Vorlagedateien (.igt) verwenden.

Eine Vorlagedatei darf ausschließlich Layoutgrafik (inklusive SmartFrames) enthalten, die mit dem Befehl **Kartenlayout erstellen** erzeugt wurden. Jede Vorlage entspricht einem Layoutblatt.

> **Hinweis:** *Layoutvorlagen, die in GeoMedia 4.0 (oder später) mit dem Befehl Layout exportieren erstellt werden, enthalten nur Layoutgrafik. Dagegen können Imagineer/SmartSketch-Dateien oder -Vorlagen, die mit den Plot-Arbeitsabläufen in GeoMedia 2.0 oder GeoMedia 3.0 erstellt wurden, sowohl Kartengrafik als auch Layoutgrafik enthalten. Wenn Sie diese Dateitypen importieren, wird nur die Layoutgrafik sowie die Smartframes der Kartengrafik importiert. Die Kartengrafik selbst wird ignoriert.*

Workflow: Erzeugen eines Plotlayouts über eine Vorlage
1. Klicken Sie auf **Fenster > Layout-Fenster** im GeoMedia-Hauptmenü.
2. *Optional:* Erstellen Sie ein neues Layoutblatt über **Blätter > Blatt einfügen** im GeoMedia-Hauptmenü.
3. Klicken Sie im GeoMedia-Hauptmenü auf **Blätter > Layout importieren....**

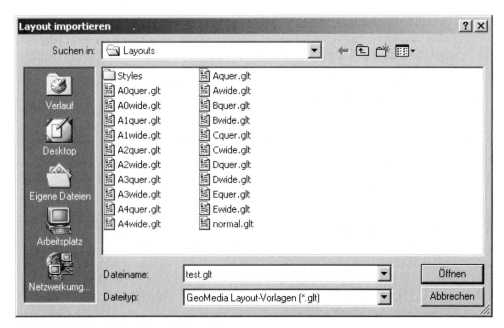

Abb. 8.5: Dialogfenster Layout importieren

4. Wählen Sie im Dialogfenster **Layout importieren** den entsprechenden **Dateityp** (.glt, .igr oder .igt) und die gewünschte **Vorlagedatei**.
5. Klicken Sie auf **Öffnen** und das in der ausgewählten .glt-Datei enthaltene Blatt wird als neues Layoutblatt in den aktuellen WorkSpace kopiert und dort aktiviert.

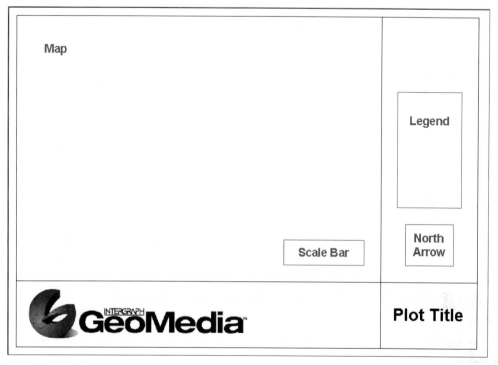

Abb. 8.6: Plotlayout A4 Wide

6. Fügen Sie die Kartengrafik über **Layout > Kartengrafik einfügen...**, wie in Abschnitt 8.1.2 beschrieben, ein.
7. *Optional:* Verwenden Sie die im Layoutfenster verfügbaren Zeichenbefehle (Textfelder, Zeichengrafik, Logos, usw.), um die Karte nach Ihren Wünschen zu gestalten.

Wichtig: *Das Layoutblatt erhält den Namen, mit dem das Blatt vorher exportiert wurde. Verwenden Sie daher aussagekräftige Namen als Bezeichnungen.*

Im Gegensatz zu dem GeoMedia Layout-Vorlagen (.glt) können die SmartSketch-Vorlagedateien (.igt, .igr) auch mehrere Blätter enthalten. Diese werden dann alle als Layoutblätter in den aktuellen GeoWorkspace kopiert, und das zuletzt hinzugefügte Blatt wird aktiviert.

8.1.5 Exportieren eines Plotlayouts

Mit dem Befehl **Blätter > Layout exportieren** können Sie das aktive Layoutblatt im Layoutfenster in eine externe GeoMedia Layout-Vorlagedatei (.glt) exportieren. Der Befehl exportiert nur Layoutgrafik (Titel, Ränder, Logos etc.) und assoziierte SmartFrames, d. h. die Inhalte der SmartFrames (Karte, Legende, Maßstabsleiste und Nordpfeil) werden nicht mit abgespeichert. Man unterscheidet zwei Vorlagetypen:
1. Die Vorlage enthält nur Layoutgrafik. Das bedeutet, dass Sie die Kartengrafik über SmartFrames dann selbst definieren und einfügen müssen.
2. Die Vorlage enthält neben der Layoutgrafik auch intelligente SmartFrames. Das bedeutet, dass später in die vorgesehenen Frames die entsprechende Kartengrafik automatisch platziert wird.

Wichtig: *Sie können nur Plotlayouts im GeoMedia Layout-Vorlagendateiformat (.glt) abspeichern. Es kann immer nur ein Layoutblatt pro Datei abgelegt werden, wobei auch der Name des Blattes mit gespeichert wird.*

Zur Zeit können Sie jeweils nur ein Layoutblatt einschließlich eines referenzierten Hintergrundblattes exportieren.

Workflow: Layoutblatt exportieren
1. Stellen Sie sicher, dass die erforderlichen Informationen im aktiven Layoutblatt enthalten sind.
2. Klicken Sie auf **Blätter > Layout exportieren** im GeoMedia-Hauptmenü und es öffnet sich das gleichnamige Dialogfenster.
3. Wählen Sie das entsprechende **Verzeichnis**, indem Sie die neue Vorlagedatei ablegen möchten, und geben Sie den **Namen** der zu exportierenden Datei in das Feld **Dateiname** ein.
4. Klicken Sie auf **Speichern**, und die aktive Layout-Vorlage wird unter dem angegebenen Dateinamen gespeichert.

Tipp: *Die Standardablage des Layout-Vorlageverzeichnisses wird auf der Registerkarte* **Dateiablage** *des Dialogfensters* **Optionen** *definiert. Es ist das Verzeichnis „LW:\ Programme\GeoMedia\Templates\Layouts". Wählen Sie* **Extras > Optionen** *im GeoMedia-Hautpmenü, um die Standardablage zu überprüfen oder zu ändern.*

8.1.6 Optionen des Layoutfensters

Auf der Registerkarte **Layout** des Dialogfelds **Optionen** (**Extras > Optionen**) können Sie sowohl verschiedene Einstellungen für das Erscheinungsbild des Layoutfensters treffen, als auch das Verhalten von Grafikbefehlen des Layoutfensters im Bezug auf Raster, Symbole und Längenausgaben festlegen. Diese Registerkarte wird aber erst aktiviert, wenn das Layoutfenster im GeoWorkspace geöffnet wird.

8.1 Layoutfenster

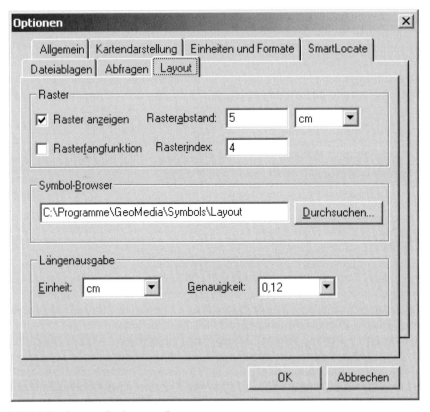

Abb. 8.7: Dialogfenster Optionen > Layout

Im Abschnitt **Raster** können Sie folgende Optionen für die Rasteranzeige und Rasterfangfunktion festlegen:
- **Raster anzeigen:** Zeigt ein Raster (ein grundsätzlich unsichtbarer Satz von Linien, der beim Ausrichten von Elementen hilft) für die präzise Platzierung von Elementen an. Die Rasterlinien sind nicht Bestandteil des Dokuments und werden auch nicht ausgedruckt.
- **Rasterfangfunktion:** Richtet Elemente am Raster aus. Wenn Sie diese Option auswählen, werden Elemente immer an den Rasterlinien oder dem nächstliegenden Schnittpunkt der Rasterlinien ausgerichtet.
- **Rasterabstand:** Legt den Abstand zwischen Rasterlinien fest. Sie können inch, cm oder mm als Einheiten für den Abstand auswählen.
- **Rasterindex:** Legt die Anzahl der Index-Rasterlinien fest. Der Rasterindex legt die Anzahl der Rasternebenlinien fest, die zwischen den Rasterhauptlinien angezeigt werden sollen.

Beispiel: Für einen Rasterabstand von 2.5 m und einem Rasterindex von 4, werden die Rasternebenlinien alle 2.5 m als grau gestrichelte Linien und die Rasterhauptlinien alle 10 m als graue durchgezogene Linien dargestellt.

Im Abschnitt **Symbol-Browser** können Sie das Standardverzeichnis für den Symbol-Browser festlegen, wenn dieser im Layoutfenster angezeigt wird. Der Befehl **Symbol-Browser** befindet sich in der Symbolleiste Standard.

Im Abschnitt **Längenausgaben** können Sie die Maßeinheiten und Genauigkeiten festlegen, mit denen Längenwerte im Layoutblatt angegeben werden. Die Genauigkeitsangabe legt die Anzahl der Dezimalstellen für die Genauigkeit der Einheitswerte fest.

Wichtig: *Wenn Sie Optionen für die Einheiten in einem GeoWorkspace auf der Registerkarte **Layout** festlegen, habe die Einstellungen keinen Einfluss auf die Bemaßungswerte des GeoWorkspaces.*

8.2 Drucken

Bevor Sie in GeoMedia eine Druckausgabe erzeugen können, müssen Sie die Parameter für den Druck definieren. Das sind einerseits die Parameter zur Druckerkonfiguration und andererseits die Parameter zur Festlegung des Seitenformats. Obwohl viele dieser Steuerelemente für die verschiedenen Fenstertypen identisch sind, beeinflussen sie sich gegenseitig nicht und sind völlig unabhängig voneinander. Die Druckparameter des Karten -, Daten- und Layoutfensters werden getrennt definiert und gespeichert, so dass Sie z. B. jedem Fenstertyp einen anderen Drucker/Plotter sowie ein eigenes Seitenformat zuordnen können. Mit **Datei > Seite einrichten...** öffnet sich immer das gleichnamige Dialogfenster für den aktiven Fenstertyp. Darin finden Sie auf den vier Registerkarten **Größe/Skalierung**, **Seitenränder**, **Einheiten** und **Drucker** die folgenden für alle Fenstertypen identischen Druckparameter:

- **Papierformat:** Legt das Papierformat fest und ist abhängig vom gewählten Drucker. Die angezeigten Einheiten werden mit der Option **Ausgabeeinheiten** auf der Registerkarte **Einheiten** festgelegt.
- **Ausrichtung:** Legt fest, ob Hoch- oder Querformat gedruckt wird und setzt damit die Standardeinstellungen des Druckers außer Kraft.
- **Seitenränder:** Legt den linken, rechten, oberen und unteren Rand im Verhältnis zu den Papierkanten fest. Die Papiereinheiten werden über die Registerkarte **Einheiten** definiert.
- **Papiereinheiten:** Wählen Sie zwischen inch, cm und mm. Die hier vorgenommene Einstellung wird dann für alle Druckparameter-Berechnungen verwendet.
- **Drucker:** Wählen Sie den Drucker und ändern Sie gegebenenfalls seine Eigenschaften. Die verfügbaren Eigenschaften hängen von dem gewählten Drucker ab.

Tipp: *Wollen Sie statt eines Papierausdruckes eine Ausgabe in eine Datei, so müssen Sie im Dialogfenster **Datei > Drucken...** das Kontrollkästchen **Ausgabe in Datei** aktivieren.*

Wichtig: *Bevor Sie in GeoMedia drucken können, müssen Sie einen lokalen Drucker oder eine Netzwerk-Druckerwarteschlange einrichten.*

8.2.1 Kartenfenster drucken

GeoMedia druckt das Kartenfenster und die Legende, wie sie auf dem Bildschirm erscheinen. Der Nordpfeil wird anhand der Einstellungen im Dialogfenster Eigenschaften des Nordpfeils gedruckt. Wenn Sie die Legende, den Nordpfeil und/oder die Maßstabsleiste auf dem Ausdruck haben möchten, so müssen Sie diese im Kartenfenster einschalten. Über die Eigenschaften der Legende und des Nordpfeils (s. Abschnitte 5.2.1 und 5.3.1) können Sie diese entsprechend Ihren Wünschen anpassen.

Weitere Druckparameter für die Ausgabe des Kartenfensters sind:

- **Druckmaßstab:** Hier können Sie einen vorgegebenen **Maßstab** eingeben bzw. einen Wert aus der Liste auswählen, einen Maßstab selbst definieren (**Benutzerdefiniert**) oder eine bestimmte Anzahl von Seiten festlegen (**Einpassen**), auf denen der Ausdruck erscheinen soll.

Der Maßstab ist das Verhältnis zwischen einer Entfernungseinheit auf dem Ausdruck und der Anzahl der Entfernungseinheiten in der Wirklichkeit (**Bezugseinheiten** auf der Registerkarte **Einheiten**). Beim Ändern des Maßstabs können Sie die Wirkung im Feld **Ausgabe** beobachten, wo die Größe des resultierenden Ausdruckes/Plots angezeigt wird. Die Maßstabsauflösung (**Maßstabsgenauigkeit**) wird auf der Registerkarte **Einheiten** definiert.

Der Druckbereich gibt die Größe des Bereiches an, der im aktiven Kartenfenster dargestellt ist und gedruckt wird.

- **Seiten zentrieren:** Mit dieser Einstellung wird die Ausgabe auf dem Blatt zentriert. Die übliche Ausrichtung ist links unten.
- **Seitenränder überlappen:** Diese Option dupliziert die Ränder, damit sie überlappen. Dies ist nützlich bei Teilausdrucken, die später zusammengefügt werden sollen.
- **Bezugseinheiten:** Legt die Maßeinheiten für den Inhalt des zu druckenden Kartenfensters fest. Damit werden die Einheiten für den **Druckbereich** auf der Registerkarte **Größe/Skalierung** definiert. Diese Einstellung hat keinerlei Wirkung auf die Bezugseinheiten im GeoWorkspace.
- **Maßstabsgenauigkeit:** Legt die Genauigkeit des auf der Registerkarte **Größe/Skalierung** festgelegten **Druckmaßstabs** fest.

Workflow: Ausdruck eines Kartenfensters

1. Aktivieren Sie das zu druckende Kartenfenster und prüfen Sie, ob Ihre Karte, die Legende, die Maßstabsleiste und der Nordpfeil so aussehen, wie sie auf dem Ausdruck erscheinen sollen.
2. Wählen Sie **Datei > Seite einrichten...** im GeoMedia-Hauptmenü.
3. Wählen Sie auf der Registerkarte **Drucker** den Drucker oder Plotter, über den die Ausgabe erfolgen soll.
4. Wählen Sie auf der Registerkarte **Einheiten** die Papiereinheiten, die Bezugseinheiten und die Maßstabsauflösung.
5. Stellen Sie in der Registerkarte **Größe/Skalierung** des Dialogfensters **Kartenfensterseite einrichten** das **Papierformat**, die **Ausrichtung** und den **Druckmaßstab** ein.
6. Prüfen Sie im Feld **Ausgabe** die Anzahl der Druckseiten.
7. Stellen Sie auf der Registerkarte **Seitenränder** den **Abstand zum Rand** ein und schalten Sie die **Zentrier-** und **Überlappungsoptionen** ein oder aus.

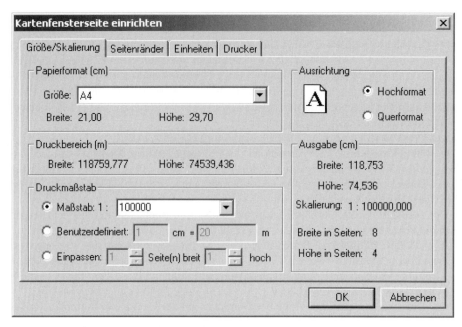

Abb. 8.8: Dialogfenster Kartenfensterseite einrichten

8. Klicken Sie auf **OK**.
9. Wählen Sie **Datei > Drucken...** im GeoMedia-Hauptmenü.
10. Geben Sie die **Anzahl** der zu druckenden **Exemplare** an, die Sie auch **Sortiert** ausgeben lassen können.
11. Starten Sie den Druck mit **OK**.

Abb. 8.9: Dialogfenster Kartenfenster drucken

8.2 Drucken

Tipp: *Kontrollieren Sie vor dem endgültigen Drucken die Informationen im Feld **Ausgabe** auf der Registerkarte **Größe/Skalierung**. Besonders die Überprüfung der Anzahl der Seiten in Breite und Höhe kann davor schützen, durch eine falsche Maßstabswahl eine große Anzahl von Papier sinnlos zu bedrucken.*

8.2.2 Datenfenster drucken

GeoMedia druckt auch das Datenfenster so, wie es auf dem Bildschirm erscheint. Das heißt, wenn Sie bestimmte Spalten nicht gedruckt haben wollen, so müssen Sie diese vorher ausblenden. Darüber hinaus haben Sie die Wahl, mehr oder weniger als die angezeigten Informationen zu drucken. Sie können nämlich alle Zeilen ausgeben oder nur einen bestimmten Bereich drucken. Als einzigen weiteren Druckparameter können Sie den Druckmaßstab einstellen:

- **Druckmaßstab:** Bestimmt den Maßstab für den Ausdruck des Datenfensters. 100% bedeutet, dass der Zellentext in seiner Originalgröße ausgegeben wird. Eine Einstellung größer als 100 % vergrößert den Text, eine Angabe kleiner als 100 % reduziert die Textgröße (200 % führt zu einer Verdopplung, 50 % zu einer Halbierung).

Hinweis: *Das Druckprogramm überprüft, ob der eingestellte Maßstab zu einer Aufteilung einer Spalte auf zwei Seiten führen würde. In einem solchen Fall wird der Faktor so angepasst, dass die Teilung vermieden wird.*

Workflow: Ausdruck eines Datenfensters

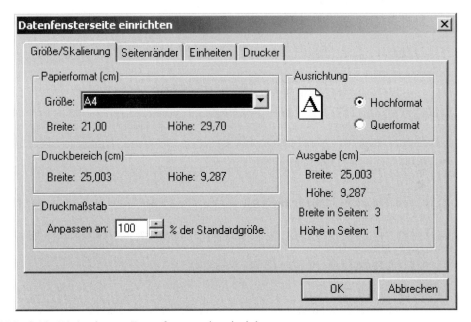

Abb. 8.10: Dialogfenster Datenfensterseite einrichten

1. Prüfen Sie, ob Ihr Datenfenster genau so aussieht, wie es später auf dem Ausdruck erscheinen soll. Blenden Sie überflüssige Spalten aus und schalten Sie die gewünschten an.
2. Wählen Sie im GeoMedia-Hauptmenü **Datei > Seite einrichten...**.
3. Wählen Sie auf der Registerkarte **Drucker** den Drucker oder Plotter, über den die Ausgabe erfolgen soll.
4. Wählen Sie auf der Registerkarte **Einheiten** die **Papiereinheiten**.
5. Stellen Sie auf der Registerkarte **Größe/Skalierung** des Dialogfensters **Datenfensterseite einrichten** das **Papierformat**, die **Ausrichtung** und den **Druckmaßstab** ein.
6. Prüfen Sie im Feld **Ausgabe** die Anzahl der Druckseiten.
7. Stellen Sie auf der Registerkarte **Seitenränder** den Abstand zum Rand ein.
8. Klicken Sie auf **OK**.
9. Wählen Sie **Datei > Drucken...** im GeoMedia-Hauptmenü.

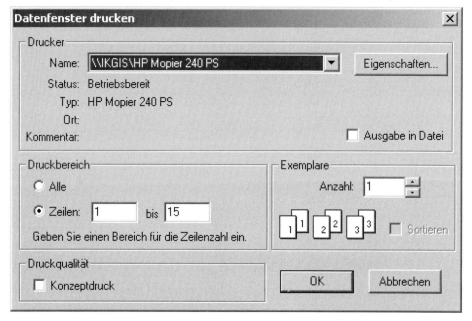

Abb. 8.11: Dialogfenster Datenfenster drucken

10. Geben Sie im Feld **Druckbereich** an, ob **alle Zeilen** oder nur ein **Bereich** gedruckt werden soll.
11. Geben Sie die **Anzahl** der zu druckenden **Exemplare** an, die Sie auch **Sortiert** ausgeben können.
12. Klicken Sie auf **OK**, um den Druck zu starten.

8.2.3 Druckausgabe in eine Datei

Neben dem direkten Ausdrucken bietet GeoMedia Ihnen noch die Möglichkeit, die Druckausgabe in eine Datei umzuleiten, die Sie dann zu einem späteren Zeitpunkt auf einem Drucker ausgeben können. Das Verfahren ist ganz ähnlich der Vorgehensweise beim Online-Druck:

Workflow: Druckausgabe in eine Datei
1. Aktivieren Sie das zu druckende Karten- oder Datenfenster.
2. Wählen Sie **Datei > Drucken...** im GeoMedia-Hauptmenü.
3. Treffen Sie wie oben beschrieben die Einstellung der **Druckparameter**.
4. Selektieren Sie den gewünschten **Drucker** und aktivieren Sie die Option **Ausgabe in Datei**.
5. Wechseln Sie in das **Verzeichnis**, in dem Sie die Datei ablegen möchten und tragen Sie im Feld **Dateinamen** den gewünschten **Namen** ein.
6. Klicken Sie auf **Speichern**, um die Druckdatei zu generieren.

Wichtig: *Druckdateien erhalten die Dateierweiterung .prs.*

Hinweis: *Um eine Druckdatei zu übergeben und auszudrucken, tippen Sie bei der DOS-Eingabeauffoderung folgenden Befehl ein:*
`copy <Dateiname> <Druckername>`
wobei der „Dateiname" den Name der .prs-Datei mit vollständiger Pfadangabe darstellt und der „Druckername" dem Namen des Druckers und der Druckerwarteschlage entspricht.

8.2.4 Layoutfenster drucken

In einem aktiven Layoutfenster verwenden Sie den Befehl **Datei > Ducken**, um ein oder mehrere im Layoutfenster enthaltene Layoutblätter auf einem Drucker oder Plotter oder in eine Datei auszugeben. Sie können wählen, ob Sie das aktive Layoutblatt, alle sichtbaren oder nur ausgewählte sichtbare Layoutblätter (als Seitenzahlen werden die logischen Nummern aus dem Dialogfenster **Eigenschaften des Layout-Fensters** verwendet) drucken wollen. Die Option **Druckbereich** im Dialogfenster **Layout-Fenster drucken** bietet außerdem die Möglichkeit, nur einen Teilbereich eines Layoutblattes auszugeben.
Die Dialogfenster **Einstellungen** und **Druckbereich** enthalten unter **Vorschau** eine farbcodierte Bereichsdarstellung, mit deren Hilfe Sie auf einfache Weise das Verhältnis zwischen Druckbereich des Dokuments, Papierformat des Druckers und tatsächlichem Druckbereich des fertigen Plots überprüfen können, bevor Sie den Druck endgültig starten.
Obwohl das Drucken von Layoutblättern dem Windows-Standard für Druckverfahren und Schnittstellen entspricht, weicht es doch geringfügig vom Drucken von Karten- und Datenfenstern ab.

Workflow Ausdruck eines Layoutblattes
1. Wählen Sie das entsprechende Layout-Fenster als aktives Fenster.
2. Wählen Sie **Datei > Drucken...** im GeoMedia-Hauptmenü.

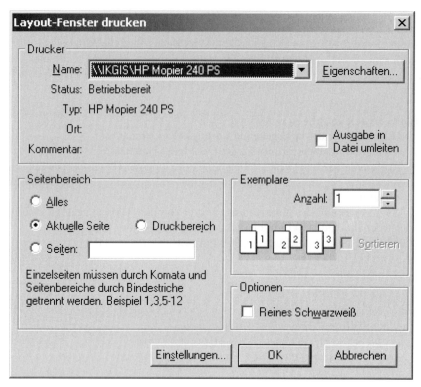

Abb. 8.12: Dialogfenster Layout-Fenster drucken

3. Legen Sie im Dialogfenster **Layout-Fenster drucken** die Parameter unter **Drucker**, **Seitenbereich**, **Exemplare** und **Optionen** fest.

Wichtig: *Wenn Sie unter Seitenbereich die Option Druckbereich auswählen, so wird die Schaltfläche Einstellungen deaktiviert.*

4.a *Optional:* Klicken Sie auf die Schaltfläche **Einstellungen...**, um die **Skalierung** und den **Ursprung** zu ändern. Durch das Kontrollkästchen **Zentriert** kann das Layoutblatt in der Mitte des Ausgabeblattes positioniert werden. Anhand der Einstellungen für **x** (rechts) und **y** (oben) wird das Layoutblatt bezüglich des linken unteren Randes (0,0) auf dem Ausgabeblatt verschoben. Die Verschiebungsbeträge werden in den Einheiten angegeben, die auch unter **Vorschau** verwendet werden. Die **Vorschau**-Ansicht liefert Ihnen sofort den Zusammenhang zwischen Dokumentengröße (rot), Papierformat (schwarz) und tatsächlichem Druckbereich (blau).

8.2 Drucken

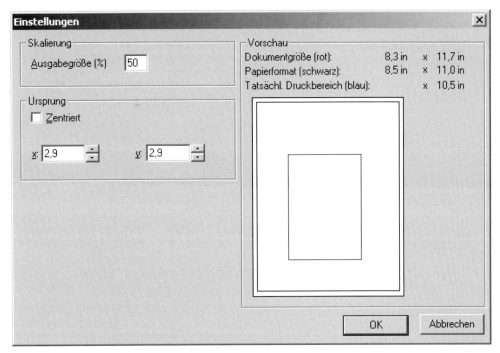

Abb. 8.13: Dialogfenster Einstellungen

5.a Bestätigen Sie die Einstellungen mit **OK** und das Dialogfenster **Einstellungen** schließt sich.

6.a Klicken Sie auf OK, nachdem Sie im Dialogfenster **Layout-Fenster drucken** alle Parameter festgelegt haben. Wenn Sie als Seitenbereich **Alles, Aktuelle Seite** oder **Seiten** gewählt haben, wird der Druckbefehl ausgeführt

ODER:

4.b Wenn Sie als Seitenbereich **Druckbereich** gewählt haben und auf OK klicken, wird ein **Fadenkreuz** eingeblendet, um den Druckbereich mit einem **Zaun** im Layoutfenster zu identifizieren. Ein Klick mit der linken Maustaste legt den ersten Zaunpunkt fest. Danach ziehen sie das Rechteck auf und legen den zweiten Zaunpunkt durch einen weiteren Klick mit der linken Maustaste fest.

5.b Es erscheint das Dialogfenster **Druckbereich**, in dem Sie **Skalierung, Ursprung** und anpassen können.

6.b *Optional:* Wollen Sie einen bereits definierten Druckbereich löschen, so klicken Sie auf **xy-Bereich** und legen den neuen Druckbereich durch das Platzieren zweier Datenpunkte fest.

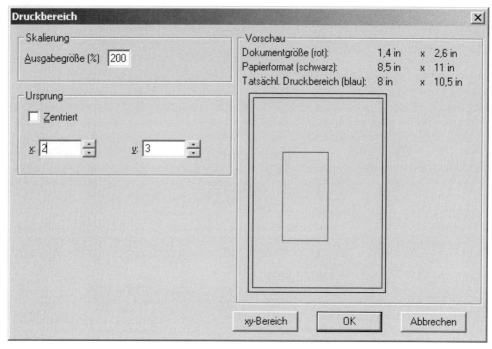

Abb. 8.14: Dialogfenster Druckbereich

7. Durch Bestätigen mit **OK** wird der Druckbefehl ausgeführt.

Tipp: *Wollen Sie eine Verschiebung des Ursprungs mit Nachkommastellen angeben, so müssen Sie im Dialogfenster **Einstellungen** statt einem Komma einen Punkt als Dezimaltrennzeichen verwenden. Im Dialogfenster **Druckbereich** können Sie nur ganzzahlige Werte eingeben!*

Wichtig: *Die Skalierung verfügt über keinerlei geographische Intelligenz und ist wie das Vergrößern oder Verkleinern mit einem Fotokopierer zu verstehen. Das bedeutet, dass Maßstabsleisten bei einer anderen Ausgabegröße als 100 % ihre Aussagekraft verlieren und ungültig werden. Deshalb sollten diese nur bei der Ausgabegröße 100 % verwendet werden.*

8.3 Zusammenfassung

GeoMedia unterstützt neben der Druck- oder Plotausgabe des Karten- und Datenfensters auch die Erstellung eines Karten- oder Plotlayouts. Diesem Zweck dient das Layoutfenster. In jedem GeoWorkspace existiert nur ein Layoutfenster, das aber durchaus mehrere Layoutblätter mit einem parametergesteuerten Seitenlayout (Papiergröße, Ränder, etc.) enthalten kann. Man unterscheidet dabei zwischen Arbeitsblättern, welche die Kartengrafik

(Karten oder Kartenausschnitte und ihre zugehörigen Kartenelemente) beinhalten, und einem dem Arbeitsblatt angehängten Hintergrundblatt mit der Layoutgrafik, die gewöhnlich auf mehr als einem Kartenblatt dargestellt werden soll (Rahmen, Titel, Planspiegel, Firmenlogo etc.). Layoutblätter können eingefügt, gelöscht oder umbenannt werden. Ferner lässt sich ihre Sichtbarkeit ein- und ausschalten. Die Optionen des Layoutfensters bestimmen das Verhalten von Grafikbefehlen im Fenster bezüglich Raster, Symbole und Längenausgeben.

Ein neues Karten- oder Plotlayout wird entweder auf der Basis einer leeren Zeichenfläche, auf der Grundlage einer importierten Vorlage oder über das Exportieren eines Plotlayouts generiert. Zur Platzierung der verschiedenen Kartenelemente nutzt man intelligente SmartFrames. Diese Vorlagerahmen werden im Kartenlayout frei positioniert und mit den verschiedenen Elementen der Karten- und Layoutgrafik gefüllt. Dabei stehen verschiedene Optionen zur Verfügung. So erfolgt die Auswahl des einzufügenden Kartenausschnittes über die Definition eines geographischen Bereiches (definierbar über: Kartenfenster, vorhandenes Vieleck, Papierformat, Rechteck, Polygon, räumlicher Filter, geographischer Rahmen und projizierter Rahmen). Weitere Einfügeoptionen sind die Wahl des Plotmaßstabes, der die Größe des geographischen Bereiches in der Druckausgabe bestimmt, die Definition der Einpassungsmethode in den zugehörigen SmartFrame (Karte auf Rahmengröße anpassen oder umgekehrt) und die Festlegung des Einfügemodus (dynamisch oder statisch, d. h. mit oder ohne Aktualisierung).

GeoMedia unterstützt die Ausgabe des Karten-, Daten- und Layoutfenster auf Drucker oder Plotter sowie das Schreiben in eine Offline-Datei. Als Vorbereitung des Druckes gilt es, den Drucker zu wählen und zu konfigurieren sowie die Druckparameter (Papierformat, Ausrichtung, Seitenränder, Papiereinheiten und verschiedene weitere Parameter in Abhängigkeit vom Typ des zu druckenden Fensters) zu definieren. Darüber hinaus müssen unerwünschte Bestandteile des Fensterinhalts ausgeblendet und alle erwünschten Elemente (z. B. Nordpfeil oder Maßstab) eingeblendet werden, da die Fenster so gedruckt werden, wie sie auf dem Bildschirm erscheinen.

9 Customizing und Programmierung

Beim Starten von GeoMedia wird eine Standardumgebung geladen. Hierbei sind Inhalt, Bedeutung sowie Anordnung der Menüs, Symbolleisten und Tastaturbelegungen vorgegeben. Inhalt und Anordnung können aber beliebig an die eigene Arbeitsweise angepasst werden. Das heißt, man kann Menüs, Schaltflächen und Tastaturbelegungen entfernen, verändern sowie neue hinzufügen. Jedem dieser Steuerelemente können auch eigene Programme zugewiesen werden (s. Abschnitt 9.2).

9.1 Anpassen der Benutzeroberfläche

Über das Dialogfenster **Anpassen** (Aufruf über **Extras > Anpassen** im GeoMedia-Hauptmenü) können Sie Menüs, Symbolleisten und Tastenkombinationen verändern und ergänzen und so die Benutzeroberfläche nach Ihren Wünschen und Anforderungen gestalten. Dabei sind die individuellen Veränderungen der Oberfläche an den Benutzer gekoppelt. Das hat zur Folge, dass sich anderer Benutzer, die sich an dem Rechner einloggen, zuerst wieder die GeoMedia-Voreinstellungen präsentiert bekommen. Andererseits bedeutet dies aber auch, dass die getroffenen Anpassungen der Oberfläche für alle GeoWorkspaces gültig sind.

9.1.1 Symbolleisten

Die Anpassungen der Symbolleisten nehmen Sie auf der Registerkarte **Symbolleisten** des Dialogfensters **Anpassen** vor. Wenn Sie eine **Kategorie** auswählen, werden Ihnen alle darin verfügbaren **Schaltflächen** angezeigt. Klicken Sie eine **Schaltfläche** an, erhalten Sie im Feld **Beschreibung** eine ausführliche Erläuterung der Funktionalität des Icons. Um eine Schaltfläche in einer Symbolleiste hinzuzufügen, klicken Sie auf das Icon und ziehen Sie diese mit gedrückter linker Maustaste in die entsprechende Leiste. Sie wird dann an der mit dem Mauszeiger angezeigten Stelle eingefügt. Andererseits können Sie ein Icon aus einer Symbolleiste löschen, indem Sie es bei gedrückter **ALT**-Taste mit der linken Maustaste aus der Leiste ziehen und in einer beliebigen Position außerhalb ablegen.

Hinweis: *Können aus Platzgründen nicht alle Schaltflächen angezeigt werden, erscheint stattdessen das Listenfeld* **Befehle**.
Beachten Sie die Erläuterungen und Anweisungen, die über dem Feld **Beschreibung** *eingeblendet werden.*
Sie können auf **Extras > Anpassen** *auch über das Kontextmenü zugreifen. Klicken Sie mit der rechten Maustaste auf eine beliebige Menüleiste und wählen Sie dann* **Anpassen**.

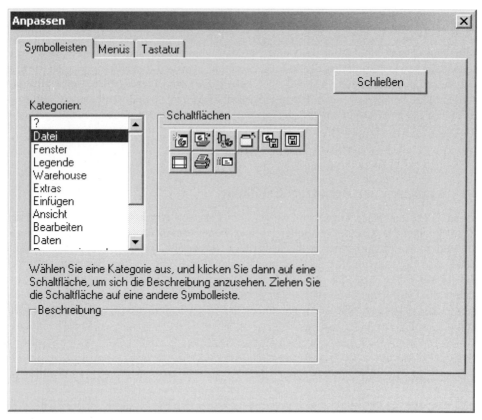

Abb. 9.1: Dialogfenster Anpassen-Symbolleisten

Verwaltet werden die Symbolleisten über das Dialogfenster **Ansicht -> Symbolleisten....** In diesem Fenster können Sie neue Symbolleisten anlegen, bestehende anpassen und die Sichtbarkeit der Symbolleisten über Checkboxen regeln. Zusätzlich wird hier festgelegt, ob die Schaltflächen **farbig** oder einfarbig, **groß** oder in normaler Größe sowie **mit einer QuickInfo** oder ohne diese versehen sind.

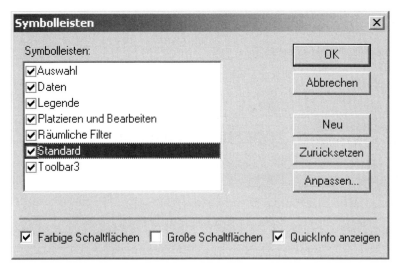

Abb. 9.2: Dialogfenster Symbolleisten

Durch **Neu** kann eine eigene, leere Symbolleiste mit einem benutzerdefinierten Namen angelegt werden. Mit dem Befehl **Zurücksetzen** wird die markierte Symbolleiste auf ihr ursprüngliches Aussehen zurückgesetzt. Bei einer benutzerdefinierten Symbolleiste wird die Schaltfläche **Zurücksetzen** durch **Löschen** ersetzt, da hier kein Ursprungszustand existiert. Mit dem Klicken auf **Anpassen...** kommt man in dasselbe Menü wie über **Extras > Anpassen...**.

Hinweis: *Eine neue Symbolleiste wird automatisch der Liste der Symbolleisten im Dialogfenster **Symbolleisten** anzeigen sowie dem Kontextmenü hinzugefügt.*

9.1.2 Menüs

In der Registerkarte **Menüs** können entweder die Pulldown-Menüs angepasst (Einträge ergänzen oder löschen) oder neue Menüs erstellt und hinzugefügt werden, um sich einen schnelleren Zugriff auf Befehle oder Programme zu verschaffen. Dies ist insbesondere dann wichtig, wenn man zusätzliche, eigene Teilprogramme über die Menüleiste ausführen möchte.
Um ein bestehendes Menü anzupassen, müssen Sie zuerst den **Fenstertyp** („*Keine*" Fenster, Kartenfenster „*Map*" oder Datenfenster „*Data*") auswählen. Wollen Sie einen Befehl aus dem Menü entfernen, markieren Sie die **Kategorie** und den **Befehl** und klicken Sie auf die Schaltfläche **Entfernen**; der Befehl wird dann aus dem Menü entfernt. Mittels **Alles zurücksetzen** wird der ursprüngliche Zustand wiederhergestellt. Darüber hinaus können Sie Menüs umbenennen, um die darin enthaltenen Befehle treffender zu bezeichnen oder Ihren persönlichen Präferenzen Rechnung zu tragen.

Wichtig: *Das Layoutfenster können Sie in der GeoMedia Version 4.0 nicht anpassen.*

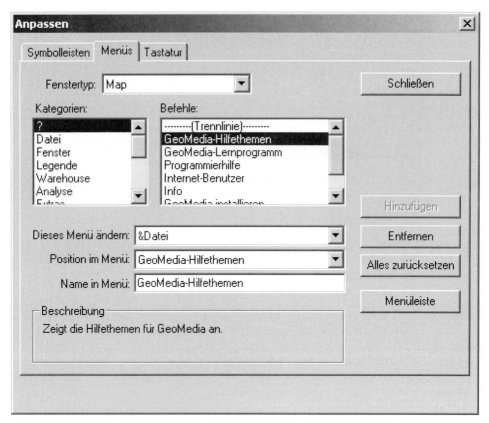

Abb. 9.3: Dialogfenster Anpassen-Menüs

Im Folgenden werden zwei Workflows beschrieben, wie man zuerst einen neuen Eintrag in der Menüleiste erzeugt und in einem zweiten Schritt einen Befehl in dieses neue Menü einträgt:

Hinweis: *In den Abbildungen* Abb. 9.4 *und* Abb. 9.5 *sind Nummern eingefügt, die mit den Nummerierungen der beiden folgenden Workflows übereinstimmen, um Ihnen nochmals die Reihenfolge der Bearbeitung zu verdeutlichen.*

Workflow: Einfügen eines zusätzlichen Menüs in die Menüleiste
1. Wählen Sie **Extras > Anpassen...** im GeoMedia-Hauptmenü.
2. Klicken Sie auf die Registerkarte **Menüs**, wo Sie zunächst den **Fenstertyp** auswählen, in dem Sie ein zusätzliches Menü einfügen wollen.
3. Klicken Sie auf die Schaltfläche **Menüleiste** und es öffnet sich das gleichnamige Dialogfenster.

9.1 Anpassen der Benutzeroberfläche

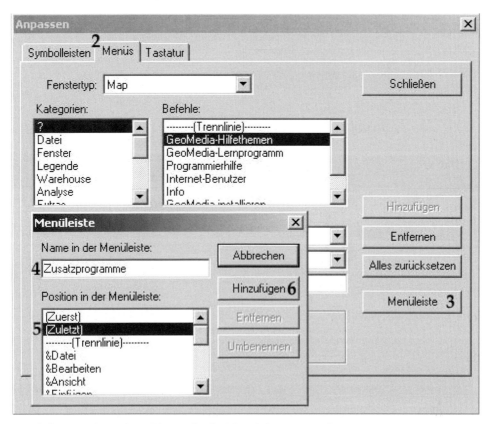

Abb. 9.4: Ablauf um einen Eintrag in die Menüleiste vorzunehmen

4. Vergeben Sie unter **Name in der Menüleiste** den gewünschten **Namen** für den neuen Eintrag.

Hinweis: *Wenn Sie über die Tastatur schnell auf das Menü zugreifen möchten, müssen Sie einen „memonischen Schlüssel" bestimmen, indem Sie ein Et-Zeichen (&) vor den entsprechenden Buchstaben schreiben.*

5. Legen Sie seine **Position in der Menüleiste** fest. Standardmäßig ist das Hinzufügen an der Position „*(Zuletzt)*" eingestellt. Die Position „*(Zuerst)*" ist die Alternative.
6. Bestätigen Sie mit **Hinzufügen** bzw. **Unten hinzufügen** den neuen Eintrag.
7. Fügen Sie einen weiteren Eintrag hinzu oder Schließen Sie das Dialogfenster **Menüleiste** über das entsprechende Icon rechts oben in der Titelleiste.
8. Wenn Sie das Dialogfenster **Anpassen** sodann **Schließen**, wird der neue Eintrag der Menüleiste hinzugefügt.

Workflow: Festlegen eines Befehls in einem Menü
1. Wählen Sie **Extras > Anpassen...** im GeoMedia-Hauptmenü.

2. Klicken Sie auf die Registerkarte **Menüs** und wählen den **Fenstertyp**, in dem ein Menü um einen oder mehrere Befehle erweitert werden soll.

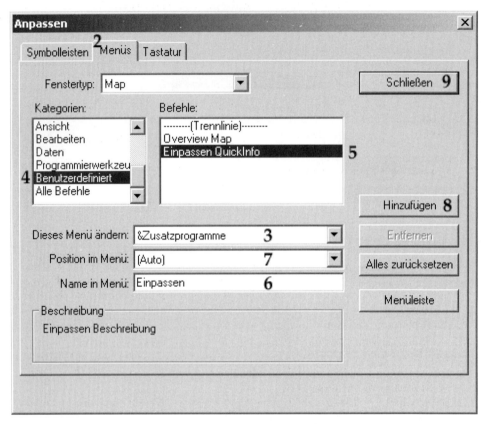

Abb. 9.5: Ablauf um einen Befehl zu einem Menü hinzuzufügen

3. Wählen Sie im Feld **Dieses Menü ändern:** das Menü, dem der Befehl hinzugefügt werden soll.
4. Wählen Sie die **Kategorie**, in welcher der einzufügende Befehl enthalten ist. Wenn es sich um einen eigenen Befehl (s. Abschnitt 9.2) handelt, wählen Sie „*Benutzerdefiniert*".
5. Markieren Sie den gewünschten **Befehl**.
6. Vergeben Sie für den Befehl einen **Namen im Menü**.
7. Legen Sie seine **Position im Menü** fest: „*(Auto)*" fügt den Befehl automatisch am Menü-Ende an; die Positionen „*(Oben)*" bzw. „*(Unten)*" sind selbsterklärend. Zum Einfügen an einer beliebigen Stelle im Menü, selektieren Sie den Befehl, hinter dem Sie den neuen Eintrag platzieren möchten.

Unter **Beschreibung** haben Sie nochmals eine Kontrollmöglichkeit.

8. Klicken Sie auf **Hinzufügen**.
9. **Schließen** Sie das Dialogfenster.

Abb. 9.6: Benutzerdefinierte Menüeinträge

Tipp: *Die Menüerweiterungen werden in der Windows-Registry im folgenden Pfad abgelegt:*
`HKEY_CURRENT_USER\Software\Intergraph\GeoMedia\04.00\`.

Mit der Schaltfläche **Alles zurücksetzen** im Dialogfenster **Anpassen** können Sie den ursprünglichen Zustand der Menüleiste wieder herstellen.

9.1.3 Tastatur

In der Registerkarte **Tastatur** können Sie Tastenkombinationen für häufig verwendete Befehle verwalten. Markieren Sie hierzu den entsprechenden **Befehl** sowie die **Kategorie**, aus der er stammt. In dem Feld **Beschreibung** erhalten Sie eine ausführliche Erläuterung über die Funktion. Falls dieser Befehl bereits mit einer Tastenkombination belegt ist, wird diese im Feld **Aktuelle Tasten** angezeigt und kann über die Schaltfläche **Entfernen** gelöscht werden. Aktivieren Sie das Eingabefeld **Neue Tastenkombination** und drücken Sie die vorgesehenen Tasten gleichzeitig. Falls diese Tasten bereits belegt sind, erhalten Sie die Information, welchem Befehl diese Verbindung bereits zugeordnet ist. Mit **Zuweisen** wird die neue Tastenzuordnung ausgeführt.
Über die Schaltfläche **Alles zurücksetzen** können Sie die ursprüngliche Tastaturbelegung wieder herstellen. Mit **Schließen** verlassen Sie das Dialogfenster.

Tipp: *Wenn Sie das Eingabefeld **Neue Tastenkombination** löschen wollen, aktivieren Sie dieses Feld und drücken die **Rück**-Taste (**Backspace**-Taste).*

Wichtig: *Die Software akzeptiert Kombinationen von bis zu <u>drei</u> Tasten maximal. Eine der Tasten muss dabei die **ALT**- oder **STRG/CTRL**-Taste sein (Beispiele: **ALT + J**, **STRG + J**, **ALT + STRG + J** oder **STRG + ALT + J**).*
*Steuerungstasten wie etwa **Num Lock**, **Print Screen**, **Scroll Lock** und **Pause** sind in Tastenkombinationen nicht zulässig!*

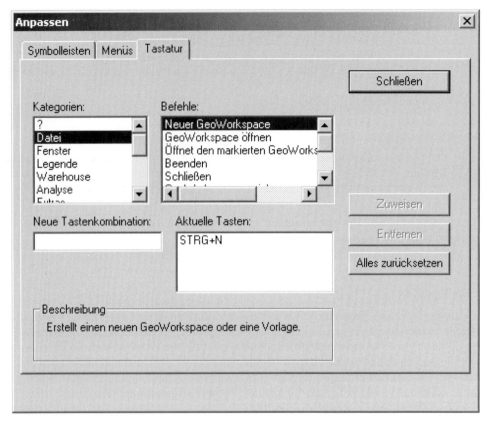

Abb. 9.7: Dialogfenster Anpassen-Tastatur

9.2 Programmierung

Die Software GeoMedia besteht aus einer objektorientierten Struktur. Wenn man diese Struktur kennt, so kann man eigene Programme entwickeln und diese im Zusammenspiel mit GeoMedia verwenden. Das Fachwort hierzu heißt OLE-Automation. Darunter versteht man die Fähigkeit von Objekten und Applikationen, Nachrichten über sogenannte Interfaces miteinander auszutauschen. Mit Hilfe von OLE-Automations-Werkzeugen, wie z. B. Visual Basic, Visual C++, Delphi etc., können objektorientierte Programme angepasst und erweitert werden. Die Möglichkeit, über diese Standardprogrammiersprachen GeoMedia auf einfache Art zu erweitern und als leicht handhabbare Entwicklungsumgebungen für Fachschalen nutzen zu können, verschafft dem Anwender und Softwareentwickler größte Vorteile. Aus diesem Grund ist das Customizing von GeoMedia weitaus rascher und einfacher vorzunehmen als bei anderen Geo-Informationssystemen.

Das Produkt GeoMedia besteht aus einer ganzen Reihe von Objekten oder Komponenten, die durch das GeoMedia-Framework (Automationsmodell) miteinander gekoppelt sind. In dieser Form haben Sie bereits GeoMedia kennen gelernt. In der Programmierung gibt es jetzt drei verschiedene Möglichkeiten, wie Sie GeoMedia erweitern können.

- Die erste Variante ist das Hinzufügen von eigenen Befehlen in das Framework und die Benutzeroberfläche von GeoMedia. Diese Befehle greifen auf GeoMedia-Objekte zu und lassen sich mit OLE-Automations-Werkzeugen entwickeln. Sie können Standardabläufe automatisiert oder erweitern GeoMedia um spezifische, nicht vorhandene Befehle.
- In der zweiten Möglichkeit startet und nutzt eine andere Anwendung GeoMedia-Funktionen. Dabei wird GeoMedia nicht notwendigerweise sichtbar, sondern die neue Anwendung greift auf das GeoMedia-Framework zurück.
- Die letzte Stufe nutzt dagegen nur die verschiedenen Softwarekomponenten von GeoMedia und fügt diese in einer neuen Anwendung mit anderen Komponenten zusammen. Dabei wird auch nicht das GeoMedia-Framework verwendet, sondern der Entwickler kombiniert das Zusammenspiel der verschiedenen Bausteine selbst. Diese Art der Programmierung bietet die größte Flexibilität, verlangt aber auf der anderen Seite auch das umfangreichste Fachwissen über die Struktur von GeoMedia-Objekten.

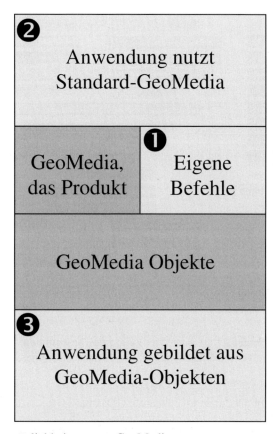

Abb. 9.8: Programmiermöglichkeiten unter GeoMedia

Diese Strukturen und Beziehungen sind im GeoMedia-Automationsmodell (siehe Abb. 9.9) dokumentiert. Das Modell folgt einem hierarchischen Aufbau. Die oberste Ebene stellt das Applications-Objekt, in diesem Fall also die GeoMedia-Anwendung, dar. Die zweite Ebene bildet das Document-Objekt, welches mit dem GeoWorkspace gleichzusetzen ist. Auf der dritten Ebene befinden sich die Verbindungen (Connections-Objekt), Legende (Legends-Objekt) und Anwendungsfenster (Windows-Objekt). In dieser Weise setzt sich das Automationsmodell immer weiter nach unten fort.

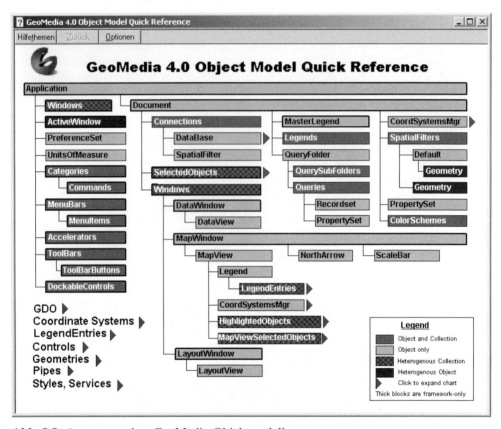

Abb. 9.9: Auszug aus dem GeoMedia-Objektmodell

Will man auf eine Eigenschaft oder Methode eines bestimmten Objektes zugreifen, muss man sich anhand dieses Modells vortasten. Die Eigenschaft eines einzelnen Datensatzes erhält man z. B. über:

> Application.Document.Connection.GDatabase.GRecordset

Objekte mit Pluralausdrücken, wie z. B. Connections oder GRecordsets, stellen Kollektionen dar. Diese sind Sammlungen von Objekten des gleichen Typs, z. B. ist jede einzelne Verbindung Teil der Verbindungs-Kollektion.

9.2.1 Vorbereitung der Programmierung

Wenn GeoMedia neben der reinen Anwendungsnutzung auch als Entwicklungsumgebung verwendet werden soll, bzw. es sollen Zusatzbefehle, die mit der Entwicklungsumgebung programmiert wurden, eingebunden werden, dann muss das GeoMedia-Verzeichnis in die Path-Variable des Betriebssystems aufgenommen werden.

Workflow: Ergänzung der Path-Variablen in Windows 2000 (Anmerkung: Auf Erläuterung der älteren Microsoft-Versionen 95, 98 und NT wird hier verzichtet)
1. Wählen Sie im Windows-Desktop **Start > Einstellungen > Systemsteuerung**.
2. Doppelklicken Sie auf **System**.
3. Wählen Sie auf der Registerkarte **Erweitert** die Schaltfläche **Umgebungsvariablen...**.
4. Markieren Sie im Feld **Systemvariablen** die Variable **Path** und klicken Sie auf **Bearbeiten...**.

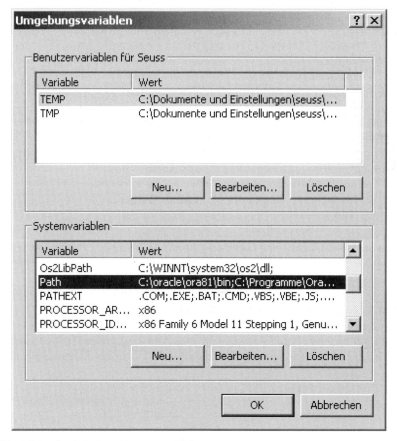

Abb. 9.10: Dialogfenster Umgebungsvariablen

5. Fügen Sie im Feld **Wert der Variablen** den Installationspfad für GeoMedia am Ende des bisherigen Eintrages an. Wenn Sie eine Standardinstallation durchgeführt haben, lautet der Eintrag: **C:\Programme\Geomedia\program**. Vergessen Sie das Semikolon vor dem Eintrag nicht!
6. Bestätigen Sie den Eintrag mit **OK**.
7. Schließen Sie alle Fenster wieder.

9.2.2 Einbinden eines Befehls mit dem GeoMedia-Befehlsassistenten

Der GeoMedia-Befehlsassistent ist ein Werkzeug zur einfachen Entwicklung von benutzerdefinierten Befehlen für GeoMedia. Die Erstellung eines Projekts in Visual Basic, in dem alle Befehlsserverfunktionen enthalten sind, wird damit weitgehend automatisch durchgeführt.

Der folgende Workflow zeigt Ihnen, wie Sie den Befehlsassistenten einsetzen können, und erklärt, wie ein einfacher Befehl erstellt und bearbeitet wird. Wenn der Befehl erstellt ist, können Sie ihn mit Hilfe einer Dynamic Link Liberary (DLL) in GeoMedia ausführen.

Der Befehlsassistent ist eine Zusatzfunktion (Add-In) von Visual Basic. Da dieses Add-In nur in englischer Sprache vorhanden ist, sind die folgenden Screenshots und Menüleisten in Englisch.

Workflow: Einrichten des GeoMedia-Befehlsassistenten
1. Starten Sie **Visual Basic**.
2. Wählen Sie aus der Menüleiste von **Visual Basic** die Option **Add-Ins > Add-In Manager...**.
3. Wählen Sie das Kontrollkästchen **GeoMedia Command Wizard** (Befehlsassistent).
4. Wenn der Befehlsassistent für die Erstellung von Befehlen verfügbar ist, erscheint er als Menüeintrag **GeoMedia Command Wizard...** im Visual Basic-Pulldown-Menü **Add-Ins**.

Hinweis: *Wird* **Visual Basic** *nach* **GeoMedia** *installiert, muss das Programm „regwiz.exe" im Verzeichnis „C:\Programme\GeoMedia\Wizard" ausgeführt werden, das den* **GeoMedia-Befehlsassistenten** *für* **Visual Basic** *registriert.*

Workflow: Verwendung des GeoMedia-Befehlsassistenten
1. Starten Sie **Visual Basic**.
2. Starten Sie den Befehlsassistenten über **Add-Ins > GeoMedia Command Wizard...** und es öffnet sich der Einführungsbildschirm des Befehlsassistenten.

Abb. 9.11: Dialogfenster Einführung Command Wizard (Introduction)

3. Vergeben Sie im Dialogfenster **Einführung** einen **Firmenname** und einen **Anwendungsnamen** (GeoMedia).
4. Wählen Sie, ob Sie ein **Neues Projekt erstellen**, eine **Befehlssatzinfo bearbeiten** oder eine **Befehlssatzinfo löschen** möchten. Um einen neuen Befehl erstellen zu können, müssen Sie ein neues Projekt anlegen.
5. Klicken Sie auf **Next >**.

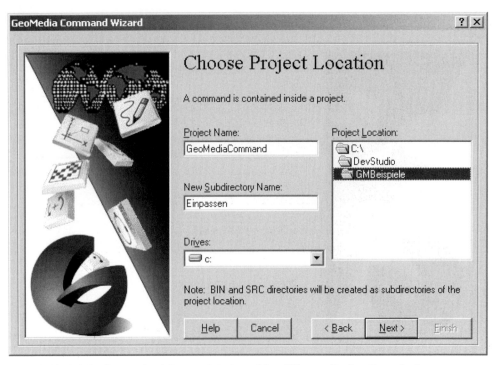

Abb. 9.12: Dialogfenster Projektverzeichnis wählen (Choose Project Location)

6. Vergeben Sie im Dialogfenster **Projektverzeichnis wählen** einen **Projektnamen.**
7. Wählen Sie das **Laufwerk** sowie das **Verzeichnis des Projekts** und geben Sie den Namen des **neuen Unterverzeichnisses** an, in dem das Projekt (der Befehl) abgelegt werden soll.

Wichtig: *Projektname und Befehlsname dürfen innerhalb des im System registrierten Befehlssatzes nur einmal vorkommen, weil der benutzerdefinierte Befehl unter Verwendung einer ProgID in der Form <Projektname>.<Befehlsname> in OLE registriert wird.*

8. Klicken Sie auf **Next >**.

9.2 Programmierung

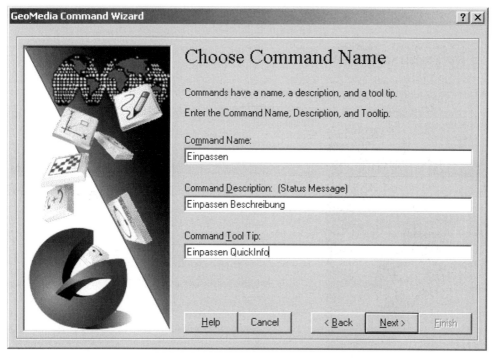

Abb. 9.13: Dialogfenster Befehlsnamen wählen (Choose Command Name)

9. Vergeben Sie im Dialogfenster **Namen für den Befehl wählen** einen **Befehlsnamen**, eine **Beschreibung** und eine **QuickInfo**.

Hinweis: *Haben Sie in der Befehlsassistenten-Einführung ein neues Projekt für die Befehlserstellung angelegt, erscheint die **Beschreibung** in der Statuszeile der Geo-Media-Anwendung, wenn der Mauszeiger kurz auf dem Befehl verweilt.
Die QuickInfo dient zugleich als Befehlsname im Dialogfeld **Anpassen**, welche Sie über **Extras > Anpassen** aufrufen.*

---

10. Klicken Sie auf **Next >**.
11. Fügen Sie im Dialogfenster **Bitmap für Symbolleiste hinzufügen**, falls vorhanden, eine benutzerdefinierte Schaltfläche (Bitmap) dem Projekt hinzu. Dieses selektieren Sie im Dialogfenster **Benutzerdefiniertes Bitmap auswählen** unter Angabe des vollständigen Pfades. Sie haben die Wahl zwischen einem „*Großen Bitmap in Farbe*", einem „*Großem einfarbigen Bitmap*", einem „*Kleinen Bitmap in Farbe*" und einem „*Kleinen einfarbigen Bitmap*".
12. Klicken Sie auf **Next >**.
13. Klassifizieren Sie Ihren Befehl im Dialogfenster Befehlsklassifizierung als **modal** oder als **nicht-modal** (**modeless**). Modal bedeutet, dass während der Befehlsausführung alle anderen Funktionen der Anwendung gesperrt sind. Bei einem nicht-modalen Befehl ist dies anders. Hier wird nach dem Aufruf die Steuerung wieder an die Anwendung zurückgegeben, d. h. es sind auch andere Funktionen möglich.

Ein nicht-modaler Befehl überwacht die Anwendungsfenster, um gegebenenfalls auf Ereignisse reagieren zu können. Er bleibt solange aktiv, bis er durch ein Ereignis deaktiviert wird.

14. Klicken Sie auf **Next >**.

Hinweis: *Befehle, die nicht-modale Dialogfenster (sie erfordern eine Aktion des Anwenders) benötigen, müssen in Visual C++ geschrieben werden.*

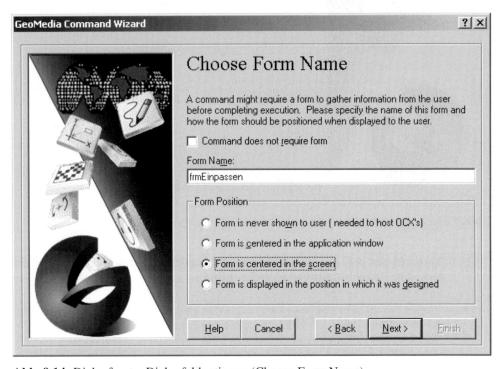

Abb. 9.14: Dialogfenster Dialogfeldoptionen (Choose Form Name)

15. Falls Ihr Befehl ein Dialogfenster benötigt, vergeben Sie im Dialogfenster **Namen für das Dialogfeld wählen** einen **Namen** und die **Position** des Fensters. Sie können wählen: „Dialogfeld wird dem Benutzer nicht angezeigt (für OCX)", „Dialogfeld ist im Anwendungsfenster zentriert", „Dialogfeld wird auf dem Bildschirm zentriert" und „Dialogfeld wird in der Position angezeigt, in der es definiert wurde".
16. Klicken Sie auf **Next >**.
17. Legen Sie, falls notwendig, im Dialogfenster **Bedingungen für Befehlaktivierung** benuterdefinierte Aktivierungsbedingungen (z. B. geöffneter GeoWorkspace, offene Warehouse-Verbindung mit Lesezugriff etc.) fest. Dies ist besonders für nicht-modale Befehle wichtig.
18. Klicken Sie auf **Next >**.

9.2 Programmierung

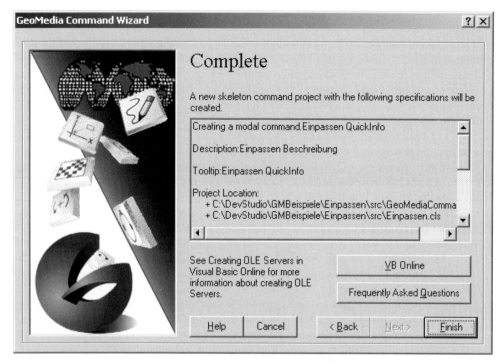

Abb. 9.15: Dialogfenster Zusammenfassung (Complete)

19. Das Dialogfenster **Zusammenfassung** zeigt Ihnen die Einstellungen an, die Sie mit dem Befehlsassistenten zur Definition der Anforderungen und Spezifikationen Ihres Befehls getroffen haben. Überprüfen Sie diese und klicken Sie auf **Finish**, so dass das Projektgerüst fertiggestellt wird. Mit **< Back** können Sie noch Änderungen an Ihrem Projekt vornehmen.
20. Bestätigen Sie die Sicherheitsabfrage mit **Yes**.
21. Jetzt können Sie das Visual Basic Projekt in Visual Basic weiter bearbeiten.

Hinweis: *Der Befehlsassistent erzeugt zwei Verzeichnisse „\bin" und „\src". Das \bin-Verzeichnis enthält eine <Befehlsname>.ini-Datei, in der alle im Befehlsassistenten getroffenen Spezifikationen abgelegt sind. Im „\src"-Verzeichnis liegt der Quellcode des Visual Basic Projektes.*

Damit ist die Aufgabe des Befehlsassistenten abgeschlossen. Er wird jetzt nur noch benötigt, wenn Sie Änderungen an den Randbedingungen Ihres Befehls vornehmen bzw. den Befehl wieder aus dem GeoMedia-Befehlssatz löschen wollen.

9.2.3 Integration eines Befehls in GeoMedia

Nachdem das Grundgerüst für den benutzerdefinierten Befehl erstellt ist, wird das Programm mit Visual Basic erstellt. Da dies individuell von dem gewünschten Programm abhängt und je nach Pflichtenheft unter Umständen mit größerem Programmieraufwand verbunden ist, wird dieses Vorgehen hier nicht weiter erläutert. Der letzte Schritt vor der Einbindung in GeoMedia ist dann das Erzeugen einer DLL und Registrierung dieser DLL für GeoMedia.

Workflow: Registrierung einer DLL
1. Erzeugen Sie eine DLL in Visual Basic über **Datei > Befehlname.dll erstellen....** Dabei wird die DLL im „\bin"-Verzeichnis des Projektes gespeichert.
2. Schließen Sie Visual Basic.

Im nächsten Schritt müssen Sie die DLL und die .ini-Datei (s. Abschnitt 9.2.2) mit dem Hilfsprogramm InstallUsrCmd über die Eingabeaufforderung registrieren.

3. Klicken Sie dazu im Windows-Desktop auf **Start > Programm > Zubehör > Eingabeaufforderung**. Es öffnet sich die MS-DOS Eingabeaufforderung.
4. Wechseln Sie in das Visual Basic Projektverzeichnis (z. B. cd c:\devstudio\gmbeispiele\einpassen\bin).
5. Geben Sie zur Registrierung einen DOS-Befehl mit folgender Syntax ein: **Install UsrCmd <Befehlsname>.dll <Befehlsname>.ini**.
6. Bestätigen Sie das Dialogfenster **InstallUsrCmd** mit **OK**.
7. Schließen Sie die Eingabeaufforderung mit dem Kommando **Exit**.

Wichtig: *Sie können keinen Befehl installieren, wenn gleichzeitig GeoMedia geöffnet ist.*

Wichtig: *Sie können einen Benutzerbefehl, der auf einem Rechner geschrieben wurde, ohne Verwendung des Befehlsassistenten auf einem anderen registrieren.*

Das Tool InstallUsrCmd ist ein Stapelbefehl, der benutzerdefinierte Befehle auch dann registriert, wenn Visual Basic oder der Befehlsassistent nicht auf dem Rechner installiert sind. Voraussetzung für den Befehl sind lediglich die entsprechenden Dateien <Befehlsname>.dll und die <Befehlsname>.ini. Durch den Stapelbefehl wird der benutzerdefinierte Befehl in der Systemregistrierung auf dem entsprechenden Rechner registriert.
Nach der Installation kann der Befehl über das GeoMedia Menü **Extras > Anpassen** (s. Abschnitt 9.1) über ein Menü, eine Schaltfläche oder eine Tastenkombination zugänglich gemacht werden.

Tipp: *Folgende Optionen stehen Ihnen für den Befehl InstallUsrCmd zur Verfügung:*
 -h Hilfe anzeigen
 -? Hilfe anzeigen
 -s im Hintergrund (unterdrückt die Anzeige, die die Beendigung der Installation meldet)
 /reg Registrierung
 /prod Name des Produkts
 /u deinstallieren

Mit diesem Wissen sind Sie jetzt in der Lage, eigene Befehle und Programme in GeoMedia einzubinden, und somit die Funktionalität nach Ihren Wünschen zu erweitern.

Weitere Informationen zur Programmierung finden Sie
- für den Einsteiger unter: **Start > Programme > GeoMedia > Programmieren in GeoMedia**
- für den Fortgeschrittenen unter: **Start > Programme > GeoMedia > Programmierumgebung**

Zusätzlich zeigt der Visual Basic-Objektbrowser immer den aktuellen Stand der GeoMedia-Objekte mit ihren Eigenschaften, Methoden und Konstanten an.

9.3 Zusammenfassung

Zur Anpassung der Benutzeroberfläche an die individuelle Arbeitsweise eines Benutzers beinhaltet GeoMedia die Möglichkeit, Menüs, Symbolleisten und Tastenbelegungen zu modifizieren. Um den persönlichen Gewohnheiten und Präferenzen Rechnung zu tragen und den Zugriff auf häufig benutzte Befehle zu beschleunigen, können neue Symbolleisten generiert, in vorhandene Leisten Befehle hinzugefügt oder entfernt werden, aber auch ganze Symbolleisten gelöscht bzw. neue Tastenkombinationen definiert werden.

Neben dem Customizing stellt die Programmierung den zweiten großen Bereich der Anpassung dar. Mit Hilfe von gängigen Standardprogrammiersprachen lassen sich eigene Anforderungen realisieren und in GeoMedia einbinden. Damit kann die vorhandene Funktionalität von GeoMedia nahezu unbeschränkt erweitert werden.

10 Ausblick auf die weiteren Softwareprodukte der GeoMedia-Produktfamilie (Stand: März 2002)

Neben dem hier ausführlich beschriebenen Produkt GeoMedia gehören noch GeoMedia Professional, GeoMedia WebMap und GeoMedia WebMap Professional (früher: GeoMedia WebEnterprise) zu den Kernprodukten der GeoMedia-Familie. GeoMedia Pro(fessional) umfasst dabei den vollen Funktionsumfang von GeoMedia, ergänzt diesen aber besonders um Funktionen zur Datenerfassung, Datenvalidierung und dem Datenmanagement (Schreibzugriff auf Oracle Spatial, SQL-Server und IBM DB2).

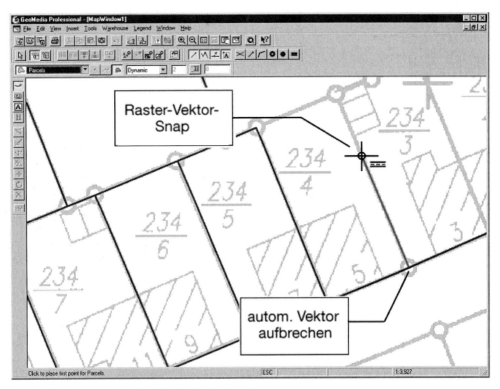

Abb. 10.1: Screenshot GeoMedia Professional

Abgerundet wird die Produktpalette durch GeoMedia WebMap, das die Möglichkeit eröffnet, raumbezogene Daten über Internet/Intranet für jedermann – nicht nur für GIS-Experten – zur Sichtung und für Analysezwecke zur Verfügung zu stellen. Besonders hervorzuheben ist, dass GeoMedia WebMap auf alle Intergraph-Datenserver zugreifen kann und damit beliebige GIS-Daten ohne Konvertierung im Web verwendet werden können.

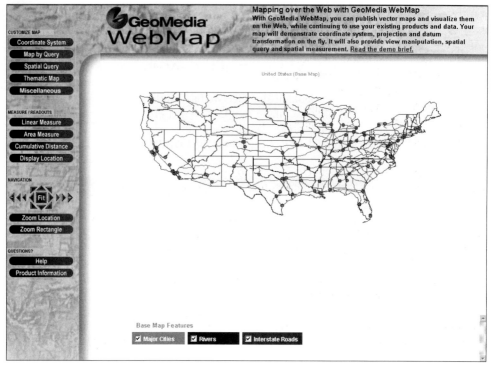

Abb. 10.2: Beispiel mit GeoMedia WebMap

Neben den Kernprodukten GeoMedia, GeoMedia Professional und GeoMedia WebMap wird die Produktfamilie durch eine Reihe weiterer Lösungen ergänzt. Dabei wird unterschieden, ob es sich bei den Anwendern um Erfasser, Nutzer oder Betrachter handelt.
Auf der Erfassungsseite unterstützt der GeoMedia Transaction Manager das Arbeiten in einer Multi-User-Umgebung sowie den Aufbau einer Historienverwaltung.
Im Nutzerbereich wird GeoMedia durch GeoMedia Terrain, GeoMedia Image, GeoMedia Image Professional und SMMS ergänzt. Bei GeoMedia Terrain handelt es sich um ein digitales Geländemodell auf der Basis eines TIN-Modells. Mit diesem können Sie Oberfläche generieren, farbcodierte Höhenanzeigen erzeugen, perspektivische 2D-Ansichten und 3D-Szenen mit Flügen durch das Gelände ableiten.
GeoMedia Image und GeoMedia Image Professional unterstützen die komplexe Bearbeitung von Rasterdaten, wodurch die Fähigkeit im Umgang mit Rasterdaten erheblich erweitert wird.
SMMS steht für Spatial Metadaten Management System und besteht aus den drei Produkten SMMS, SMMS for GeoMedia und GeoConnect. Diese Werkzeuge dienen zum Erstellen und Pflegen von Metadateninformationen (Beschreibung der Daten) und sind sowohl für den Desktop als auch für das Web verfügbar.
Auf der Ebene des bloßen Betrachtens von Daten wird es – nach zwischenzeitlichem Angebotsstopp – nun wieder den GeoMedia Viewer geben. Dieses kostenlose Programm erlaubt das Verbinden mit ACCESS-, Shape- und CAD-Dateien und unterstützt einfaches Be-

10 Ausblick auf die weiteren Softwareprodukte der GeoMedia-Produktfamilie

trachten und Navigieren in den Daten. Zusätzlich werden einfache attributive Abfragen unterstützt.

Neben den Kernprodukten gibt es eine Reihe von Industrielösungen für bestimmte Anwendungssegmente. Zu den Industry Solutions gehören:
- GeoMedia PublicWorks Manager
- GeoMedia Parcel Manager
- GeoMedia Transportation Manager
- GeoMedia Transportation Analyst
- Digital Cartographic Suite
- Map Publisher
- Intergraph Aeronautical Charting System (IACS).

Weitere Informationen finden Sie unter: http://www.intergraph.com/gis.

Intergraph adressiert auch den Wachstumsmarkt Location Based Services (LBS). Dazu gründete Intergraph Ende 2000 eine eigenständige Division namens IntelliWhere. Mit den auf GeoMedia WebMap Professional basierenden Produkten IntelliWhere LocationServer, IntelliWhere OnDemand und IntelliWhere RetrieverService stehen datenformat- und endgeräteunabhängige LBS-Lösungen zur Verfügung. Weitere Informationen erhalten Sie unter http://www.intelliwhere.com.

Für Sommer 2002 ist die nächste Version von GeoMedia, als Version 5.0, angekündigt. Im **Anhang C** finden Sie eine Aufstellung der geplanten neuen Funktionen und Verbesserungen.

11 Intergraph-Hochschulprogramm

Intergraph kooperiert für die Betreuung der deutschsprachigen Hochschulen und Fortbildungseinrichtungen exklusiv mit dem Institut für Kommunale Geoinformationssysteme (IKGIS). Seit November 1998 betreibt das IKGIS, ansässig am Geodätischen Institut der Technischen Universität Darmstadt, unter Leitung von Professor Dr. H. Schlemmer, das Intergraph Competence Center for Education (ICCE).

Abb. 11.1: Startbildschirm ICCE

Ziel dieses erfolgreichen Programms ist die exklusive Unterstützung von Hochschulen, Schulen sowie Aus- und Weiterbildungsinstitutionen in Deutschland, Österreich und der Schweiz durch ein umfangreiches Angebot an geeigneten Softwarelizenzen, Schulungen, Hotline sowie einem umfassenden Internet-Angebot. So wurden bisher mehr als 8.000 Semesterlizenzen kostenfrei an Studenten verteilt und ihnen damit der Einstieg in die innovative GIS-Welt von GeoMedia eröffnet.
Ein weiterer Schwerpunkt des ICCE ist das Team GeoMedia for Education. In ihm sind die Hochschulen auf freiwilliger und kostenloser Basis zusammengeschlossen, die GeoMedia im Rahmen ihrer Ausbildung einsetzen. Dadurch ist eine Plattform für den Erfahrungsaustausch und die gemeinsame Nutzung von Wissen rund um GeoMedia vorhanden. Folgende kostenfreien Leistungen werden den Mitgliedern geboten:

- Zum gegenseitigen Austausch von Erfahrungen und Informationen zwischen den Mitgliedern des Teams GeoMedia for Education können sich die Mitglieder des Teams GeoMedia for Education mit ihren GeoMedia-Anwendungen und -Projekten kurz vorstellen. Somit entsteht sowohl ein Forum für die Hochschulnutzer als auch ein Bereich, in dem kommerzielle GeoMedia-Anwender Partner für interessante Projekte finden können.
- Die Mitglieder erhalten regelmäßig die neuesten Informationen über die GeoMedia-Produktfamilie, Frequently Asked Questions (FAQ) der GeoMedia-Nutzer und sonstige technische Tipps.
- Team-Mitglieder erhalten Zugriff auf den passwortgeschützten Team-Bereich, in dem umfangreiches Schulungsmaterial, Daten, White Papers sowie etliche Zusatzprogramme und benutzerdefinierte Befehle inklusive Quellcodes zum Download bereitstehen.
- Kostenfreie Hotfixes werden den Team-Mitgliedern auf den Teamseiten zur Verfügung gestellt.
- Link-Liste für weitere Informationen rund um GeoMedia.

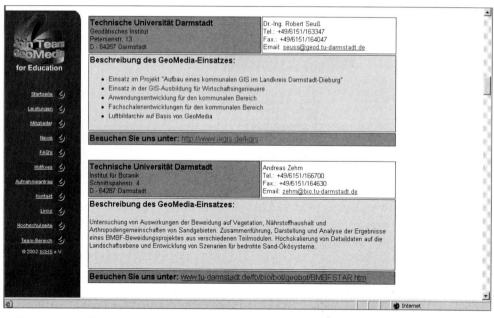

Abb. 11.2: Mitgliederbeschreibung Team GeoMedia for Education

Weitere Informationen zum Intergraph-Hochschulprogramm finden Sie unter:
http://www.ikgis.de/intergraph oder http://www.intergraph.de/education

12 Literatur

Goodman, J. (2001): *GeoMedia Customization Get Started Guide*,
    http://www.giscafe.com/GISVision/Aug/GeoMedia_Custom_Commands.html
Intergraph: *Arbeiten mit GeoMedia*, Online-Hilfe auf Software-CD
Intergraph: *Arbeiten mit GeoMedia Professional*, Online-Hilfe auf Software-CD
Intergraph (1999): *GeoMedia Customizing*, INTERGRAPH Geoanwendungen
Limp, W. & D. Harmon (1999): *Inside GeoMedia*, OnWord Press, Santa Fe,
    ISBN 1-56690-185-5.

Anhang A:
Beschreibung der beiliegenden CD

1. GeoMedia-Testversion

Um die beiliegende GeoMedia-Testversion zu installieren, legen Sie die CD ein. Wechseln Sie in das Verzeichnis „LW:\GM4dt" und führen Sie die Datei „*GMMasterSetup.exe*" aus. Beachten Sie, dass GeoMedia die Version 2.5 der Microsoft Data Access (MDAC) voraussetzt. Haben Sie diese noch nicht installiert, so beginnen Sie zuerst mit der Installation der MDAC 2.5. Ist die MDAC bereits auf Ihrem Rechner vorhanden, so erhalten Sie einen entsprechenden Hinweis. Installieren Sie danach GeoMedia 4.0 als „Standard"-Installation. Bei dieser Variante werden auch alle Beispieldaten von Intergraph sowie alle Datenserver mit installiert.

Als Name und Firma müssen Sie zwingend *GeoMedia 4.0* eintragen und als Seriennummer verwenden Sie folgenden Eintrag: *En366g71005315*. Dieser Evaluation-Key ist bis zum *12.7.2002* gültig.

Ein weiterer 90-Tage-Evaluation-Key wird nach Ablauf des oben genannten Zeitpunkts der Gültigkeit des hier abgedruckten Evaluation-Keys an jeden Leser nur einmal vergeben.

Einen neuen kostenlosen Key mit einer Gültigkeit von drei Monaten erhalten Sie, wenn Sie eine E-Mail mit folgenden Angaben an *geomedia@huethig.de* senden:

Kunden-Nr. (bei Direktbezug vom Verlag):
Beleg-Nr. (bei Direktbezug vom Verlag):
Buchhandlung (Name, Straße, PLZ/Ort):
Name:
Vorname:
Firma/Institution:
Straße:
PLZ/Ort:

2. Daten

INTERGRAPH Demodatensatz „*Deutschland*"

Im Verzeichnis „LW:\Deutschland" der CD befindet sich eine verbesserte Version der Demodaten „Deutschland". Kopieren Sie die Datei „*Deutschland_Neu_2002.gws*" in Ihren Ordner „LW:\Geoworkspaces" und die Datei „*Deutschland_Neu.mdb*" in „LW:\Warehouses" auf Ihrer Festplatte. Entfernen Sie den Schreibschutz der beiden Dateien.

DER KNOPF des terramapservers für GeoMedia

Der terramapserver
Der terramapserver ist branchenweit die technologisch und wirtschaftlich bedeutendste Vertriebsplattform für Geodaten im Internet. International gilt der terramapserver als die

Referenz für einen Geodatenserver mit höchsten Ansprüchen hinsichtlich Datenmenge, Hochverfügbarkeit, Skalierbarkeit und Performanz. Aus Sicht der Intergraph GeoMedia WebMap-Technologie zeigt der terramapserver, zu welchen Leistungen GeoMedia Web-Map Professional (GeoMedia Web Enterprise) fähig ist.

DER KNOPF
Um Geodaten noch schneller und einfacher zu den Kunden zu bringen, stehen leistungsfähige Geo-Basisdienste bereit. Innerhalb des eBusiness-Konzeptes von Terra Map Server stehen diese Dienste als Web-Services zur Verfügung. Zahlreiche Anbieter von GIS- und CAD-Lösungen vertreiben spezielle Implementierungen dieser am Markt neuartigen Zugriffsmöglichkeit auf Geodaten unter dem Synonym „DER KNOPF". Dank seiner schnellen Verbreitung gilt DER KNOPF als Standardlösung für die Nutzung von Geodaten und Geo-Basisdiensten per eBusiness.
GeoMedia-Nutzern bietet DER KNOPF den direkten Zugriff auf die Dienste und Daten des terramapservers ohne Umweg über einen Web-Browser. Alle Informationen und Daten sind sofort abrufbar; die übermittelten Geodaten speichert DER KNOPF direkt und georeferenziert in dem aktuellen GeoWorkspace. Die Recherche- und Beschaffungszeiten von Geodaten verkürzt DER KNOPF auf nur wenige Minuten und hilft so Zeit und Kosten zu sparen.

Die Dienste
Folgende Dienste stehen auf dem terramapserver bereit:
- **Adressverortung (GeoCoder)** lokalisiert und referenziert Adressen. Ein komfortabler Ortsverzeichnisdienst korrigiert fehlerhafte Eingaben und lässt auch unvollständige Angaben zu. Sie erhalten die richtige Koordinate zu einer Adresse und finden so z. B. bequem und schnell ein bestimmtes Gebäude.
- **Datenauskunft (DataInfo)** ermittelt für Ihren individuellen Kartenausschnitt die verfügbaren Daten. Technisch betrachtet, liefert dieser Dienst einen Auszug aus der ISO-konformen Metadatenbank. DER KNOPF zeigt diesen Datenauszug als Katalog der in dem definierten Gebiet verfügbaren Geodaten an.
- **Datenübertragung (MapRequest)** liefert Geodaten zu einem definierten Gebiet. Die von Ihnen gewünschte Karte oder das angeforderte Luftbild wird direkt übermittelt und georeferenziert in Ihren aktuellen GeoWorkspace eingebettet.
- **Aktualitätsauskunft (DateInfo)** liefert für eine bestimmte Koordinate eine Auskunft über die Aktualität der Geodaten. Dieser Dienst schafft planerische Sicherheit.
- **Route** berechnet eine Route zwischen Standorten oder Koordinaten.
- **Geodatenbestellung (OrderGeodata)** ist kein Dienst im eigentlichen Sinne. Über diese Teilfunktion DES KNOPFES können Sie aus Ihrer GeoMedia-Anwendung größere Datenmengen mit Hilfe der üblichen Auswahlfunktionen direkt bestellen.

Alle KNOPF-Dienste sind plattform- und geräteunabhängig und können prinzipiell in beliebigen Applikationen eingebettet werden. Aktuelle Informationen dazu finden Sie auf der terramapserver-Internetseite http://www.terramapserver.com.

DER KNOPF in GeoMedia

Um DEN KNOPF in GeoMedia nutzen zu können, benötigen Sie GeoMedia, einen Internetzugang und die entsprechende KNOPF-Applikation. Die jeweils aktuelle KNOPF-Version können Sie aus den Internet-Seiten des terramapservers downloaden. Einen Link dazu finden Sie auch in der Beschreibung DES KNOPFES auf der Buch-CD.

Den Käufern dieses Buches bietet Terra Map Server die Möglichkeit, den GeoMedia-KNOPF kostenlos für einen begrenzten Zeitraum zu testen. Die Beschreibung, wie Sie Ihr persönliches Testexemplar DES KNOPFES für GeoMedia erhalten, finden Sie ebenfalls auf den genannten Web-Seiten beschrieben.

Nachfolgend finden Sie noch ein Beispiel für die Anwendung DES KNOPFES in GeoMedia:

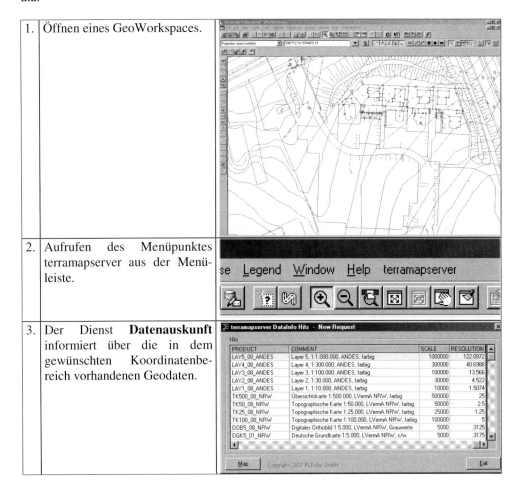

1.	Öffnen eines GeoWorkspaces.	
2.	Aufrufen des Menüpunktes terramapserver aus der Menüleiste.	
3.	Der Dienst **Datenauskunft** informiert über die in dem gewünschten Koordinatenbereich vorhandenen Geodaten.	

4.	Der Dienst **Datenübertragung** liefert ohne Unterbrechung Ihres Arbeitsprozesses die gewünschten Geodaten und bettet diese georeferenziert in Ihren GeoWorkspace ein.	

NAVTECH

Der Datensatz der Firma NavTech enthält ein Gebiet nordwestlich von München. Folgende Objektklassen sind in dem Warehouse „*DSampleData.mdb*" enthalten:
- Administrative Grenzen (AdminBndyB, AdminBndyC), Orts- und Gemeindegrenzen
- Beschriftung der administrativen Grenzen B (AdminBndyBLabels); Ortsnamen
- Autohilfe (AutoSvc): Tankstellen, Autohäuser
- Landnutzung (LandUseA): Parkplätze, Industriegebiete, Flughäfen
- Fernstraßen (MajHwys): Autobahnen, Bundesstraßen, wichtige Durchgangsstraßen
- Benannte Orte (NamedPlc): Straßennamen
- Nachgeordnete Straßen (SecHwys): Straßen in Ortschaften mit Straßennamen
- Ortsstraßen (Streets): Nebenstraßen in Ortschaften mit Straßennamen
- Flächenhafte Gewässer (WaterPoly): Seen und Flüsse, teilweise mit Namen
- Linienhafte Gewässer (WaterSeg): Flüsse und Bäche, mit Namen.

Um die Daten mit GeoMedia zu betrachten und zu analysieren, verfahren Sie wie folgt:
1. Kopieren Sie die Datei „LW:\NAVTECH\DSampleData.gws" von der CD in Ihr Verzeichnis „\GeoWorkspaces" auf der Festplatte und ebenso die Datei „LW:\NAVTECH\DSampleData.mdb" in Ihr Verzeichnis „\Warehouses".
2. Entfernen Sie den Schreibschutz der beiden Dateien.
3. Starten Sie GeoMedia, und öffnen Sie den vorhandenen GeoWorkspace „*DSampleData.gws*". Es werden die Daten in einem vordefinierten Layout geladen.
4. Experimentieren Sie mit den Daten.

Anhang A: Beschreibung der beiliegenden CD 225

Ingenieurbüro Wenninger

Der Datensatz des Ingenieurbüros Wenninger enthält Straßendaten aus dem Bereich Stuttgart. Folgende Dateninhalte sind darin enthalten:
- Straßen (BAB, Hauptstraßen, Nebenstraßen, usw.)
- Gemeinden (Stadt, Gemeinde, Ortsteil, usw.)
- Besondere Flächen (Friedhof, Flughafen, See, Park, Wiese, usw.)
- Points of Interest als thematische Karte (Denkmal, Feuerwehr, Marktplatz, usw.).

Um die Daten mit GeoMedia zu betrachten und zu analysieren, verfahren Sie wie folgt:
1. Kopieren Sie die Datei „LW:\Wenninger\Stuttgart_feste_Geometriegroesse.gws" von der CD in Ihr Verzeichnis „\GeoWorkspaces" auf der Festplatte und ebenso die Dateien „LW:\Wenninger\NDF Stuttgart.mdb" und „*Stuttgart_3008_1.mdb*" in Ihr Verzeichnis „\Warehouses".
2. Entfernen Sie den Schreibschutz für die Dateien.
3. Starten Sie GeoMedia, und öffnen Sie den vorhandenen GeoWorkspace „*Stuttgart_feste_Geometriegroesse.gws*". Es werden die Daten in einem vordefinierten Layout geladen.
4. Experimentieren Sie mit den Daten.

Katasteramt Darmstadt

Der Datensatz des Katasteramtes Darmstadt beinhaltet kommunale Daten der Gemeinde Nieder-Klingen im Landkreis Darmstadt-Dieburg. Folgende Dateninhalte sind darin enthalten:
- ALK Nieder-Klingen
- Fluren Nieder-Klingen
- ATKIS Nieder-Klingen
- BPlan-Umringe Nieder-Klingen
- Vier Orthofotos
- Ein Blatt der Topographischen Karte 1:25.000 im Rasterformat
- Kulturdenkmäler
- Kanal.

Um die Daten mit GeoMedia zu betrachten und zu analysieren, verfahren Sie wie folgt:
1. Kopieren Sie die Datei „LW:\Nieder-Klingen\Nieder-Klingen.gws" von der CD in Ihr Verzeichnis „\GeoWorkspaces" auf der Festplatte und ebenso das komplette Verzeichnis Nieder-Klingen mit allen Unterverzeichnissen und Dateien in Ihr Verzeichnis „\Warehouses".
2. Entfernen Sie den Schreibschutz für die Dateien und Verzeichnisse.
3. Starten Sie GeoMedia, und öffnen Sie den vorhandenen GeoWorkspace „*Nieder-Klingen.gws*". Es werden die Daten in einem vordefinierten Layout geladen.
4. Experimentieren Sie mit den Daten.

Anhang B:
Funktionalitätsvergleich GeoMedia 4.0 / CADdy++ GeoMedia / GeoMedia Professional 4.0

BEFEHL / FUNKTION	GEOMEDIA	CADDY++ GEOMEDIA	GM PRO-FESSIONAL
Allgemeine Funktionalität			
Objektklassendefinition	☑	☑	☑
Thematische Karte	☑	☑	☑
Layout-Werkzeuge	☑	☑	☑
Join	☑	☑	☑
Rückgängig/Wiederherstellen		☑	☑
Datenbankfunktionen			☑
Analysen			
Attributive Abfrage	☑	☑	☑
Räumliche Abfrage	☑	☑	☑
Pufferzonen	☑	☑	☑
Entfernung messen	☑	☑	☑
Räumliche Schnittfläche	☑	☑	☑
Räumliche Differenz	☑	☑	☑
Geokodierung			
Koordinaten geocodieren/identifizieren	☑	☑	☑
Adresse identifizieren	☑	☑	☑
Adresse suchen	☑	☑	☑
Beschriftung			
Text einfügen	☑	☑	☑
Beschriftung (für die gesamte Objektklasse)	☑	☑	☑
Interaktive Beschriftung	☑	☑	☑
Interaktive Beschriftung mit Ausrichtung		☑	☑
Platzieren/Editieren			
Linien erzeugen	☑	☑	☑
Punkte erzeugen	☑	☑	☑
Flächen erzeugen	☑	☑	☑
Bögen erzeugen		☑	☑
Koinzidenz beim Erzeugen von Linien/ Flächen aktivieren			☑
Koinzidenzerhalt beim Editieren von Linien/ Flächen aktivieren			☑
Freies Digitalisieren		☑	☑
Digitalisiertablett		☑	☑
Linienobjekte beim Platzieren/Editieren unterbrechen			☑

BEFEHL / FUNKTION	GEOMEDIA	CADDY++ GEOMEDIA	GM PRO-FESSIONAL
Platzieren/Editieren (Fortsetzung)			
Koinzidenz erhalten beim Platzieren/ Editieren			☑
Polygonzug einfügen			☑
Flächen über topologische Maschen einfügen			☑
Flächen interaktiv über topologische Maschen einfügen			☑
Vorhandene Geometrie beim Digitalisieren nutzen		(☑)	☑
Im Abstand digitalisieren		☑	☑
Punkte/Symbolik drehen		☑	☑
Im Winkel platzieren		☑	☑
Nächsten Punkt in Entfernung entlang eines Objektes erzeugen		☑	☑
Nächsten Stützpunkt/Endpunkt im Abstand und in Richtung vom Startpunkt platzieren		☑	☑
Präzisionskoordinateneingabe		☑	☑
Editierkommandos			
Geometrie editieren	☑	☑	☑
Geometrie fortsetzen	☑	☑	☑
Schieben	☑	☑	☑
Drehen	☑	☑	☑
Objekte löschen	☑	☑	☑
Geometrie löschen	☑	☑	☑
Objekt kopieren		☑	☑
Objekt parallel kopieren		☑	☑
Auf Schnittpunkt trimmen		☑	☑
Bis Schnittpunkt verlängern		☑	☑
Objekte zusammenfügen			☑
Objekte teilen			☑
Schnittpunkt einfügen		☑	☑
Objektklasse ändern		☑	☑
Geometrie nachdigitalisieren			☑
Überprüfen und Korrigieren			
Geometrie/Verbindung überprüfen			☑
Geometrie/Verbindung korrigieren			☑
Dynamisches Abarbeiten der Fehlerliste			☑
Punktfang			
Smart snap (PickQuick)	☑	☑	☑
Vektorfangfunktion	☑	☑	☑
Rasterfangfunktion		☑	☑
Einzelne Punktfangoptionen de-/aktivieren		☑	☑

Anhang B: Funktionsvergleich 229

BEFEHL / FUNKTION	GEOMEDIA	CADDY++ GEOMEDIA	GM PRO-FESSIONAL
Registrierung			
(Raster-) Bild einfügen	☑	☑	☑
Bildregistrierung		☑	☑
Vektorregistrierung (Transformation)		☑	☑
Attributive Manipulation			
Standardattributwerte festlegen	☑	☑	☑
Länge berechnen	☑	☑	☑
Fläche berechnen	☑	☑	☑
Umfang berechnen	☑	☑	☑
Spätere Attributierung		☑	☑
Attribute aktualisieren			☑
Attribute mit Text aktualisieren			☑
Letztes Attribut übernehmen			☑
Read only Daten-Server			
ESRI Shape	☑	☑	☑
ArcInfo Binary	☑	☑	☑
MapInfo Binary	☑	☑	☑
Bentley Systems DGN (MicroStation)	☑	☑	☑
AutoCAD	☑	☑	☑
Intergraph MGE	☑	☑	☑
Oracle Object	☑	☑	☑
Oracle Relational	☑	☑	☑
Intergraph FRAMME	☑	☑	☑
Microsoft SQL Server	☑	☑	☑
CADdy Binary Server		☑	
Read / Write Daten-Server			
Microsoft ACCESS	☑	☑	☑
Oracle Object			☑
Oracle Relational			☑
Microsoft SQL Server			☑
Export			
ESRI Shape			☑
Bentley Systems DGN (MicroStation)			☑
MapInfo MIF			☑
Oracle Object			☑
Microsoft SQL Server			☑

Anhang C:
Neue Funktionen in GeoMedia 5.0 (Stand: März 2002)

Datenzugriff

Auswahllisten – Erstellung von attributiven Auswahllisten/Codelisten durch Anwendung von Datenbankspeicher- und Zugriffsmechanismen von GeoMedia Pro für die folgenden Read/Write Datenserver: ACCESS, Oracle Object, Microsoft SQL Server.

Unterstützung zusammengesetzter Schlüssel – Existierende mehrspaltige Primärschlüssel werden erkannt.

Export zu Shapefile – Übernahme des Export zu Shapefile-Befehls in GeoMedia.

Datenserver
Textdatei-Datenserver
- Erzeugung von GeoMedia-Objekten aus Textdateien
- Einbinden eines Assistenten zur Behandlung von unterschiedlichen Textformaten
- Unterstützung von gängigen GPS-Formaten.

SmartStore-Datenserver
MapInfo
- Unterstützung von MapInfo 6.5.
- Export in das in MapInfo verwendete Workspace-Koordinatensystem (vorher wurden die Daten immer in Geographische Koordinaten exportiert).

MGE Segment Manager
- Automatische Anzeige von Koordinaten im Kartenfenster.

Oracle Objekt Modell
- Unterstützung von Oracle 9i.

CAD
- Unterstützung von AutoCAD 2002
- Unterstützung von Zellen im Befehl „Zeichnungsdatei darstellen..."
- Verbesserter IGDS-Scanner im CAD-Server zur Unterstützung von Zellenerweiterungen. Bisher werden Zellen als Punkte behandelt, wobei deren Grafik verloren ging. Es ist möglich, den Symbolik-Dialog und das Werkzeug „Erzeuge Symbol" zu verwenden, aber die Geometrie bleibt nicht erhalten. Dies ist nicht konsistent zu der Arbeitsweise des AutoCAD-Scanner.

Benutzerfreundlichkeit
- Unterbrechung der Darstellung, wenn die ESC-Taste verwendet wird.
- Ausschneiden und Einfügen von Zeilen im Datenfenster statt nur Zellen.
- Der Verbindungsassistent überprüft, ob eine default.csf-Datei in MapInfo-, Arc-Info- und ArcView-Warehouses vorhanden ist.
- Verbindungsassistent überprüft, ob eine .ini-Datei in MapInfo-, ArcInfo- und ArcView-Warehouses existiert.
- Unterstützung von LIKE Wildcards in Abfrage-Dialogen.

Präsentation

Gitter und Gradnetze
- Werkzeuge für die Erstellung und die Beschriftung von Koordinatenlinien und Gradnetzen im Layoutfenster.

Neue Techniken zur Textplatzierung
- Platzierung von gekrümmten Texten.
- Automatische Orientierung – Automatische Platzierung der Beschriftung, die sich an der zu beschriftenden Geometrie orientiert. Für flächenhafte Objekte orientiert sich die Geometrie an der längsten Kante.
- Instanz-basierte Symbolik für Textobjekte.
- Führungslinien – Unterstützt die Erstellung von Führungslinien für individuelle Beschriftungs- und Textinstanzen. Führungslinien werden automatisch verändert, wenn der Text bewegt wird. Einfache Maßpfeile und Endpunkte werden unterstützt.
- Platzierung von doppeltem Linientext, der durch eine horizontale Linie getrennt wird, die automatisch durch die Länge des längsten Textstückes ausgerichtet wird.

Auflösen von Textkonflikten
- Korrektur oder Vermeidung von überlappenden Texten oder Textblöcken.
- Entfernen von doppelten Beschriftungen – folglich wird nur eine Beschriftung beibehalten, wenn in den Daten mehrere Objekte dieselbe Beschriftung enthalten (z. B. Linien, die die Beschriftung „Hauptstrasse" besitzen).

Symbolik
- Benutzerdefinierte Linientypen – Erstellung von Liniensymboliken (punktierte Linien und Linienmuster), die allen linienartigen Geometrietypen zugewiesen werden können (Linien und Flächenumringe).
- Symbol Editor – unterstützt die Fähigkeit, Kartensymbole für punkthafte Objekte zu konstruieren und zu editieren.

Layoutverbesserungen
- Verbesserung der Gruppierungs-Mechanismen für Kartengrafik im Layoutfenster.
- Unterstützung der Größenveränderung der Maßstabsleiste im Layoutfenster.
- Nachziehen der Veränderung in der Legende, wenn die Kartengrafik aktualisiert wird.
- Verbesserte Darstellung der Legendengrafik, wenn die Legende in der Größe angepasst wird.

Weitere Funktionen
- Bestimmung von absoluten Werten (metrische und englische Einheiten) für alle Linienartenklassen, die eine lineare Breite definieren (Punkte, Linien, Flächenumringe).
- Benutzerdefinierte Eingabeeinheiten der Symbolgrößen.

Anhang C: Neue Funktionen in GeoMedia 5.0

Raster

- Bildtransparenz.
- Anzeigen von 11-bit und 33-bit Bildern (beinhaltet IKONOS Unterstützung)
- Masseneinfügen von Rasterbildern – Erlaubt dem Anwender mehrere georeferenzierte Bilder in einem Arbeitsgang durch die Benutzeroberfläche einzufügen.
- Möglichkeit, mehrere Rasterbilder als ein Legendeneintrag zu behandeln.
- Anzeigen des ECW Rasterformats.
- Möglichkeit, Raster als eine Objektklasse zu behandeln. Dies erlaubt das Speichern von Attributen zu einer Rasterobjektklasse, Abfrage, usw.

Analyse

Ausdrücke
- Unterstützt die Berechnung von on-the-fly dynamischen Attributen, die auf geometrischen Messungen und/oder Attributwerten basieren.
- Unterstützt einfacher Berechnungsfunktionen, wie eine Benutzeroberfläche mit mathematischen/trigonometrischen, statistischen, textlichen und geometrischen Operatoren mit kontextsensitiver Syntaxhilfe.

Verschmelzung
- Verschmelzung von Objekten innerhalb derselben Objektklasse, basierend auf räumlichen oder attributiven Kriterien.

Umwandlung von selektierten Objekten in eine Abfrage
- Dies ermöglicht die Eingabe eines Auswahlsatzes von Objekten in andere Befehle, wie z. B. Beschriftung oder Pufferzonenbildung.

Pufferzonen
- Unterstützung einer variablen Breite von Pufferzonen, basierend auf einem Attributfeld.
- Implementierung der Pufferzone als eine dynamische Abfrage.

Erweiterungen des Befehls „Geometrie analysieren"
- Der Befehl „Geometrie analysieren" wird dadurch verbessert, dass er die Koordinaten für punkthafte Objekte (ähnlich dem Point Loader in MGE) und die Richtung oder das Azimut von Linien berechnet.

Erweiterung von räumlichen Abfragen
- Verwendung eines verbesserten räumlichen „NOT" Operators.

Weitere Funktionen
- Erkennung zwingender Felder im Eigenschaften-Dialog.
- Unterstützung von Linien und Punkten in Räumlicher Differenz.

3D
- Der Anwender kann eine Z-Auflösung definieren.

Koordinatensystem

- Benutzerangepasste Datumstransformation.
- „Laden" und „Speichern unter..."-Schaltflächen/-Möglichkeiten, wo immer die Eingabe eines Koordinatensystems erforderlich ist.
- Es ist zulässig, das Koordinatensystem in Datenbanken mit Lesezugriff zu betrachten.
- Unterstützung des Koordinatensystems Schweiz LV03 (Landesvermessung 1903).
- Unterstützung des Koordinatensystems Schweiz LV95 (Landesvermessung 1995).
- Geodätisches Datum Japan 2000.
- Geodätisches Datum Neuseeland 2000.
- Koreanisches Datum 1995.
- Hong Kong Datum 1980.

Benutzeranpassung

- User-definable Select Set Properties command.
- BufferPipe.
- MergePipe.
- FunctionalAttributesPipe.
- SchemaProjectionPipe.
- CustomFilterPipe.

Anhang D:
Verzeichnis der Dateiendungen und ihrer dazugehörigen Programme

DATEIENDUNG	NAME	PROGRAMM/DATEIART
bmp	Bitmap	Rasterformat
cel	MicroStation Zellendatei	Bentley Systems MicroStation
crd	MGSM Koordinatendatei	Intergraph MGSM
csd	CAD-Serverschemadatei	CAD-Serverschema
csf	Koordinatensystemdatei	Koordinatensystemdatei
dgn	MicroStation Design-File	Bentley Systems MicroStation
dll	Dynamic Link Library	Eigene Programmkomponente
dwg	Drawing	Autodesk AutoCAD
dxf	Drawing Exchange Format	Autodesk AutoCAD
emf	Erweiterte Metafile-Datei	Raster- und/oder Vektorformat
fsm	Symboldatei	Intergraph GeoMedia Symbolbibliothek
glt	Layout-Vorlagendatei	Intergraph GeoMedia
gws	GeoWorkspace	Intergraph GeoMedia
gwt	GeoWorkspace-Vorlage	Intergraph GeoMedia
igr	SmartSketch-Zeichnungsdatei	Intergraph SmartSketch
igt	SmartSketch-Vorlagendatei	Intergraph SmartSketch
ini	Initialisierungsdatei	ASCII-Datei
jgw	JPEG World File	ASCII-Datei
mdb	Datenbank	Microsoft
mdt	Vorlage	Microsoft
mge	MGE Projektdatei	Intergraph MGE
pdf	Portable Document Format	Adobe Acrobat
pfm	Type 1 Schriften	Schriftart
prm	MGSM Parameterdatei	Intergraph MGSM
prs	Druckdatei	ASCII-Datei
sdw	MrSID World File	ASCII-Datei
sym	Symboldatei	Intergraph GeoMedia
tfw	TIFF World File	ASCII-Datei
tif	Tagged Image File	Rasterformat
trv	ASCII-Geometriedefinition	Intergraph GeoMedia
ttf	True Type Font	Schriftart
txt	Textdatei	ASCII-Datei
wmf	Windows Meta File	Raster- und/oder Vektorformat

Anhang E:
Links für weitere Informationen zu GeoMedia

Deutschsprachige Internetseiten zu GeoMedia

GeoMedia-Startseite Intergraph Deutschland	http://www.intergraph.de/gis/products/core_products
GeoMedia-Startseite Intergraph Schweiz	http://www.geomedia.ch
Intergraph Hochschulvertrieb	http://www.ikgis.de/intergraph
InterGIS Mapping- & GIS-Branchenmagazin	http://www.intergraph.de/news
CADdy^{++} GeoMedia	http://www.caddy.de
GeoMedia Tutorial der FH Oldenburg	http://www.gis-forum.info/studium/tutorials/stepbystep/Geomedia_Tutorial/start.html

Englischsprachige Internetseiten zu GeoMedia

GeoMedia-Startseite Intergraph USA	http://www.intergraph.com/gis/geomedia
Team GeoMedia	http://www.teamgeomedia.com
Tools für GeoMedia	http://www.intergraph.com/gis/demos/tools.asp
Ressourcen rund um GeoMedia	http://www.mygeomedia.com
Northern California GeoMedia User Group	http://www.fargeo.com/ncgug
Wisconsin Intergraph GeoSpatial Users Community	http://www.co.ozaukee.wi.us/igug
GeoMedia Customization	http://www.giscafe.com/GISVision/Aug/GeoMedia_Custom_Commands.html
GeoMedia Info-Listen	http://www.ingr.com/gis/joinlists.asp
Intergraph GeoSpatial User Community	http://www.intergraph.com/gis/community
Global Link newsletter	http://www.intergraph.com/gis/newsletter

Programmierung

Programmiertipps	http://www.mygeomedia.com

Sonstige Internetseiten

GeoTIFF	http://www.remotesensing.org/geotiff/geotiff.html
Beispieldaten für GeoTIFF	ftp://ftp.remotesensing.org/pub/geotiff/samples
Aufbau einer .tfw (World) Datei	http://www.genaware.com/html/support/faqs/imagis/imagis15.htm

Anhang F:
Links zu GeoMedia WebMap Beispielen

terramapserver	http://www.terramapserver.com
Geoshop Hessen	http://www.geoshop.hkvv.hessen.de/lvshophlva/index.asp
Landesentwicklungsplan Hessen	http://www.landesplanung-hessen.de
InGeoForum	http://www.ingeoic.de
Erschließung Wohngebiet	http://web.ivc.de/G200/Startseite.htm
Gastronomie Herzogenaurach	http://web.ivc.de/City_Herzogenaurach/Willkommen.asp
Umweltbundesamt Österreich	http://gis.ubavie.gv.at
GemView® Web	http://212.103.66.28
Stadtplan London	http://www.buzzlondon.com
WebKIS online	http://www.webkis.gisquadrat.com
Stadt Magdeburg	http://stadtplan.magdeburg.de
Vermessungsamt Zürich	http://www.geomedia.ch/vazworld
Intergraph Demo-Seite	http://maps.intergraph.com/GWMDemo

Anhang G:
Hinweise zum Erstellen von .ini-Dateien

Eine **.ini-Datei** ist eine ASCII-Datei, die mit einem Texteditor wie Notepad erstellt werden kann. Einsteiger und jene Anwender, die sich noch etwas unsicher fühlen, können sich auch des **INI-Assistenten** von GeoMedia bedienen, um eine .ini-Datei zu generieren und die Variablen der .ini-Datei (Schlüsselwörter) zu setzen. Den INI-Assistenten von GeoMedia finden Sie als kostenloses Dienstprogramm auf der Produkt-CD. Er führt Sie durch den kompletten Erstellungs- oder Überprüfungsprozess einer .ini-Datei. Der Assistent verfügt über selbstdokumentierende .ini-Variablen, die Ihnen helfen, die erforderlichen Einträge und Schlüsselwörter festzulegen.

Nach der Installation starten Sie den GeoMedia INI-Assistenten, mit einem Doppelklick auf „**LW:\Programme\GeoMedia\Program\GeoINIwz.exe**" im Stammverzeichnis Ihres Computers. Befolgen Sie dann einfach die Anweisungen in den einzelnen Dialogfeldern, um .ini-Dateien zu erstellen oder zu überprüfen.

Bei der Speicherung Ihrer .ini-Dateien sollten Sie folgendes beachten:

> **Wichtig:** *GeoMedia sucht .ini-Dateien zuerst im Warehouse-Ordner. Wird im Warehouse-Ordner eine .ini-Datei gefunden, verwendet GeoMedia diese. Wenn die Software aber keine .ini-Datei in diesem Ordner findet, sucht sie im Projektordner. Um Verwirrung darüber zu vermeiden, welche .ini-Datei GeoMedia verwenden wird, empfiehlt es sich daher, die .ini-Datei stets im jeweiligen Projektordner abzulegen.*

Sachwörterverzeichnis

Abfrage 8, 14, 133
  attributive 133
  bearbeiten 166
  darstellen 165
  Datenserver-spezifische 140
    MGSM 140
    Oracle 140
  Filter 135
  kombinierte 140
  löschen 167
  räumliche 137
  räumliche Operatoren 137
Adressen identifizieren 159
Analyse 133, 167
Ansichtsmanipulation 88
ArcInfo 41
ArcView 37
Ausgabe an eine Objektklasse 56
AutoCAD 37

Befehlsassistent 204, 209, 210
Benutzeroberfläche
  anpassen 193
  Menüs 195
  Symbolleisten 193
  Tastatur 199
Bezugssystem 9

CAD-Datenserver 33
  ini-Datei 33
CADdy^{++} GeoMedia 2, 17
CAD-Schemadefinitionsdatei 26, 36, 37
CAD-Serverschema 35

Darstellungspriorität 92
Dateiablage 13
Datenbankverknüpfung 31, 32
Datenfenster 5, 14, 125, 130
  drucken 185
  Funktionen 128
  Inhalt ändern 130
  öffnen 126
  Zusammenfassung 132

Datenimport
  ArcInfo 41
  ArcView 38
  AutoCAD 37
  DGN 26
  MapInfo 43
Datenserver 17, 47
  DB/2 47
  FRAMME 47
  MGE 47
  MGE DM 47
  MGE SM 47
DLL registrieren 210
Drucken 132, 177, 182, 184, 185, 186, 187
  in Datei 187
Druckparameter 182, 183, 185, 187, 191

ESRI 37

Fangfunktionen 72
Feld 3
fraktales Zoomen 110

GeoMedia Professional 1, 213
GeoMedia WebMap 1, 213
GeoMedia WebMap Professional 1, 213
Geometrie
  analysieren 161
  bearbeiten 73
  fortsetzen 70, 73
  hinzufügen 71
  löschen 73, 153
Geometrietyp 61
GeoWorkspace 5
  Ansichtskoordinatensystem 9
  Beispiel 5
  Dateien 12
  erstellen 5, 6
  Koordinatensystem 7, 8
  öffnen 6, 12
  schließen 6, 11
  schnelles Laden 14

senden 13
speichern 8, 11
Vorlage 5, 9, 11
Vorlagedatei 6
Grafikattribute 31

Importstatistik 55
Industry Solutions 215
Intergraph 1

Join 153

Kartenfenster 5, 14, 85, 130
  arbeiten mit 86
  Darstellungseigenschaften 91
  Darstellungsmaßstab 91
  drucken 183
  Eigenschaften 89
  Nenn-Kartenmaßstab 91
  neu 11
Kartengrafik einfügen 173
Kartenlayout 169
  exportieren 180
  Hintergrundblatt 176
  Hintergrundblatt erzeugen 176
  Kartengrafik einfügen 172
  Vorlage 177
Kontextmenüs 3
Kontrollkästchen 2
Koordinaten identifizieren 159
Koordinatensystem 27, 30
  Basisbezugssystem 24, 38
  Ellipsoidparameter 10
  Geodätisches Datum 10, 25
  Geographischer Bereich 10, 25, 38
  Projektion 10
  Projektionsalgorithmus 10, 24
  Projektionsparameter 10, 25
Koordinatensystemdatei 23, 36, 41

Layoutblatt 169
  verwalten 176
Layoutfenster 5, 169
  Arbeitsblatt 169
  drucken 187
  Grundkenntnisse 169
  Hintergrundblatt 169
  Optionen 180

Legende 8, 92
  anpassen 114
  Eigenschaften 93
  Hauptlegende 113
  Inhalt 94
  Statistik 96
  Symbolik ändern 98
  Symbolikschlüssel 94
  Titel Legendeneintrag 95
Location Based Services 215

MapInfo 43
Maßstabsanzeige 117
Maßstabsleiste 117
Messen 120

Nordpfeil 115

Objektdefinition 27, 30
  Assistent für 30, 32
Objekte
  beschriften 143
  Darstellungseigenschaft ändern 96
  Darstellungspriorität 97
  Flächenobjektklasse Symbolik 103
  laden 62, 63
  Linienobjektklasse Symbolik 101
  Lokalisierbarkeit 113
  Punktobjektklasse Symbolik 100
  Textobjektklasse Symbolik 105
Objektklasse
  darstellen 86
  erstellen 64, 65
  externe Datenquelle 76
  kopieren 75
  Objekte einfügen 68
  Text 74
ODBC 46
OLE-Automation 200
Optionsmenüs 3
Optionsschalter 3
Oracle 44

Path-Variable 203
PickQuick 4, 176, 228
PinPoint 4, 170
Plotmaßstab 174
Präzisionskoordinaten 120

Primäre Geometrie 31
Programmierung 200
   Befehlsassistent 204
Pufferzone 149
Pulldown-Listen 3

Raster 181
Rasterdaten 78
  bearbeiten 82
  Binärbild 108
  Graustufen-/Farbbild 109
  löschen 82
  Symbolik ändern 108
räumliche Differenz 158
räumliche Filter 22, 50
räumliche Operatoren 142
räumliche Schnittflächen 156

Scanneroptionen 27, 32
Schaltflächen 2
Schriftfont 106
Skalierungsbereich 110
SmartFrame 169
SmartLocate 71
SQL-Server 45
Steuerungselemente 2
Symbolbibliothek 106, 235
Symbol-Browser 182
Symbole 106
Symbolik 57
Systemvoraussetzungen 1

Templates 5
Text
  Ausrichtung 74
  bearbeiten 75
tfw 78, 80, 81, 235, 237
thematische Darstellung 8, 110, 145
TIFF 78, 80, 81, 235

Vektordaten 61

Warehouse 17
  ACCESS 17, 18
    Koordinatensystem 19
  ACCESS erstellen 18
  ACCESS-Verbindung 17
  Assistent für Warehouseimport 53
  auffrischen 8
  CAD 23
  importieren 53
  Typen 17
  Übersichtsverbindung 51
  Verbindung 8, 17
    bearbeiten 48, 50
    löschen 49
  Verbindungsassistent 19, 47, 49, 50
  Verbindungsparameter 22
  Verbindungsstatus 21, 49
  Vorlage 18, 59
WebGIS 1

Zeichnungsdateien
  darstellen 35